本书由青海师范大学文学院资助出版

《汉书》文学个性初探

李成林 著

陕西师范大学出版总社 西安

图书代号 ZZ24N0878

图书在版编目（CIP）数据

《汉书》文学个性初探 / 李成林著． -- 西安 : 陕西师范大学出版总社有限公司, 2024. 6. -- ISBN 978-7-5695-4458-9

Ⅰ. K234.104.2

中国国家版本馆 CIP 数据核字第 2024L5L595 号

《汉书》文学个性初探
《HANSHU》WENXUE GEXING CHUTAN

李成林　著

选题策划	曾学民
责任编辑	杨　凯
责任校对	宋丽娟
封面设计	鼎新设计
出版发行	陕西师范大学出版总社 （西安市长安南路 199 号　邮编 710062）
网　　址	http://www.snupg.com
经　　销	新华书店
印　　刷	西安报业传媒集团
开　　本	787 mm×1092 mm　1/16
印　　张	16.25
字　　数	330 千
版　　次	2024 年 6 月第 1 版
印　　次	2024 年 6 月第 1 次印刷
书　　号	ISBN 978-7-5695-4458-9
定　　价	81.00 元

读者购书、书店添货或发现印刷装订问题，请与本社高等教育出版中心联系。
电　话：（029）85307864　85303622（传真）

前　言

汉武帝《察茂才异等诏》云："盖有非常之功，必待非常之人。"[1]司马迁之后，史家著述的传统并未中断，短短半个多世纪的时间，就先后有二十多人曾续写过《太史公书》。范晔《后汉书·班彪列传》载："彪既才高而好述作，遂专心史籍之间。武帝时，司马迁著《史记》，自太初以后，阙而不录，后好事者颇或缀集时事，然多鄙俗，不足以踵继其书。彪乃继采前史遗事，傍贯异闻，作后传数十篇，因斟酌前史而讥正得失。"这些"好事者"，据本传李贤注、《汉书》颜注及刘知幾《史通·古今正史》篇，计有刘向、刘歆、冯商、孟柳、扬雄、阳城衡、褚少孙、史岑[2]、梁审、肆仁、晋冯、段肃、金丹、冯衍、韦融、萧奋、刘恂等人，郑樵《通志·总序》又添入贾逵[3]。续补作品多已失传，故其成就固无足论，但这么多人争先恐后的探索和努力充分说明，"记汉事"，在当时已经成为一个巨大而富有挑战性的课题摆在时人面前。谁能在《太史公书》之后堪此重任，再铸辉煌，无疑是众多学人延颈观望，或者甚至起而为之的

---

[1] 严可均.全上古三代秦汉三国六朝文：第一册[M].上海：上海古籍出版社，2009：143.

[2] 据《文选·史孝山〈出师颂〉》李善注，名"史岑"者有二人：字子孝者仕王莽之末，字孝山者当和熹之际，其间间隔百有余年。然则范晔《后汉书》所云"王莽末，沛国史岑子孝亦以文章显"者，无误，但李贤注云"岑一字孝山，著《出师颂》"者误（详见《前四史：后汉书》，中华书局1997年版，第2610页）。

[3] 郑樵《通志·总序》："自昭帝至平帝，凡六世，资于贾逵、刘歆。"详见郑樵《通志·总序》，中华书局1987年版，志一中。

重要学术事项。王充抚班固背而谓曰"此儿必记汉事"①，也正从一个角度反映了这一境况。大浪淘沙，历史最终选择了班固，而班固也终究无负于历史，写下了彪炳千秋、足与《史记》媲美的一代巨著——《汉书》。范晔《后汉书·班彪列传》附《班固传》载，"固以为汉绍尧运，以建帝业，至于六世，史臣乃追述功德，私作本纪，编于百王之末，厕于秦、项之列，太初以后，阙而不录，故探撰前记，缀集所闻，以为《汉书》。起元高祖，终于孝平王莽之诛，十有二世，二百三十年，综其行事，傍贯《五经》，上下洽通，为《春秋》考纪、表、志、传凡百篇。固自永平中始受诏，潜精积思二十余年，至建初中乃成。当世甚重其书，学者莫不讽诵焉。"②"甚重其书"，"莫不讽诵"，语意颇强劲，透露出当时学者对这部期待已久的大作面世，是何等的趋之若鹜，以至于当时通儒马融都"伏于阁下，从昭受读"《汉书》③，可见其成就之高，影响之大。

一

《汉书》之能如此显赫，大概主要有这样几个方面的原因：

首先，《汉书》应时而生，断汉记事，以恢廓的气势，宏大的规模和严密的体系记录了西汉一代的史实，为当时突出的时代性课题交上了一份令人满意的答卷，餍人心意。

其次，从时代思潮来说，《汉书》的出现也是应时之需，契合世务。白寿彝先生主编的《中国史学史教本》中，通过将《汉书》与著作年代相近的王充《论衡》相比较，进而指出："《论衡》书中一再尖锐地批评俗儒'好褒古而贬今''尊古卑今'的偏见，

---

① 《后汉书·班彪列传》李贤注引谢承《后汉书》（详见《前四史：后汉书》，中华书局1997年版，第1330页）。

② 前四史：后汉书[M].北京：中华书局，1997：1334.

③ 《后汉书·列女传·曹世叔妻》云："时《汉书》始出，多未能通者，同郡马融伏于阁下，从昭受读。""昭"即班昭，班固之妹，也是一位"博学高才""有节行法度"的才女（详见《前四史：后汉书》，中华书局1997年版，第2785页）。在此书中的《马融列传》中有如下记载：融"才高博洽，为世通儒，教养诸生，常有千数，涿郡卢植，北海郑玄，皆其徒也""注《孝经》《论语》《诗》《易》《三礼》《尚书》《列女传》《老子》《淮南子》《离骚》"（详见《前四史：后汉书》，中华书局1997年版，第1972页），在当时可谓学界泰斗。《后汉书》中虽未明言马融跟随班昭研习《汉书》是在什么时候，但马融在当时必有着显学硕儒的身份。以他的地位和影响力而能如此，《汉书》面世后产生的"轰动效应"不难想见。

原因即在儒生自生下来读的就是记述和颂扬三代的书,朝夕讲习,不见汉书,谓汉劣不若。""为了驳倒复古倒退论者,迫切需要一部记载汉史的著作。若有擅长著述的人修成这样一部记载汉代政治功业的'汉书',让读书人从小诵习,那么其价值即可与六经相比!王充所言,深刻地反映了时代召唤'汉书'出世。班固恰恰也意识到撰写汉书的需要,并且以艰苦的史学实践做出成功的回答。这是他的一大贡献。""班固不满意'以汉代继百王之末',固然表现出其正宗思想,但主张'大汉当可独立一史',客观上又具有破除当时浓厚的复古倒退思想的积极意义","满足了社会思想前进的要求"。① 这也即是历来所说的《汉书》"宣汉"的创作旨趣。《论衡》并有《宣汉》《恢国》等篇,极论汉德,褒扬备至,更明班固之"宣汉",实非一己之私念,而是有着深厚的现实土壤,亦从时代之风焉。

再次,官方的态度。与《太史公书》问世后遭到朝廷长期封杀、秘而不宣的境遇不同,《汉书》著成而"当世甚重","学者莫不讽诵",正说明它的流通之广,传播之速。这与二者的著作性质有很大关系。司马氏虽"世典周史"②,职掌太史,但《史记》却属于私家著述,所以其记载历史,敢于无所避讳,口诛笔伐,尤其加上司马迁是耻遭宫刑之后"发愤著书",笔意难免愤慨不平,多激切之语,所以书成而不得流布。直至成帝时,大将军王凤仍以"《太史公书》有战国纵横权谲之谋,汉兴之初谋臣奇策,天官灾异,地形厄塞"③的凶书目之;东汉末王允则更有"昔武帝不杀司马迁,使作谤书,流于后世"④之语。而《汉书》不同。《汉书》的作者班彪、班固父子均是正统文人,"宣汉"的思潮在当时也已形成氛围,更重要的是,《汉书》从写作之初就有皇权的干涉和介入。范晔《后汉书·班彪列传》附《班固传》载,"父彪卒,归乡里。固以彪所续前史未详,乃潜精研思,欲就其业。既而有人上书显宗,告固私改作国史者,有诏下郡,收固系京兆狱,尽取其家书。"幸赖班固弟班超诣阙上书,具言事件本末,宽解上意,班固遂不仅被无罪释放,得除兰台令史,且"复使终成前所著书"⑤。可以说,经历这一变故之后,班固撰写《汉书》,实际已成奉诏修史了。而班固所作

---

① 白寿彝.中国史学史教本[M].北京:北京师范大学出版社,2000:73-75.
② 前四史:史记[M].北京:中华书局,1997:3285.
③ 前四史:汉书[M].北京:中华书局,1997:799.
④ 前四史:后汉书[M].北京:中华书局,1997:2006.
⑤ 前四史:后汉书[M].北京:中华书局,1997:1334.

《典引》序云:"永平十七年,臣与贾逵、傅毅、杜矩、展隆、郗萌等召诣云龙门,小黄门赵宣持《秦始皇帝本纪》问臣等曰:'太史迁下赞语中,宁有非耶?'臣对:'此赞贾谊《过秦》篇云,"向使子婴有庸主之才,仅得中佐,秦之社稷未宜绝也。"此言非是。'即召臣入问:'本闻此论非耶?将见问意开寤耶?'臣具对素闻知状。诏因曰:'司马迁著书,成一家言,扬名后世,至以身陷刑之故,反微文刺讥,贬损当世,非谊士也。司马相如洿行无节,但有浮华之辞,不周于用,至于疾病而遗忠,主上求取其书,竟得颂述功德,言封禅事,忠臣效也,至是贤迁远矣。'"① 这样的诏书,无疑是给了班固明确的暗示:史臣著书,何"谊"何不"谊"。班固正是带着如此沉重的脚镣完成了《汉书》的写作,所以"《汉书》之得成,更两世,阅变故,如是其不易也"②。但毕竟有了皇家的支持,终能使《汉书》流通无碍,广为传诵。

最后,《汉书》的记述风格,或者说它的文学个性合于当时士人的审美趣味,能深为时人所倾心品赏,这是它被"莫不讽诵"的重要根由所在。《说文解字》以"讽""诵"二字互训③,正是指的背诵、朗读、传诵之义。若没有优美铿锵、值得再三玩味的文字,《汉书》何能引人入胜至于如此!那么,是什么样的文学风格,使《汉书》受到这样的追捧呢?

二

大要说来,《汉书》的文学个性,可从"雅""丽""正""密""壮""博"等方面来把握。"雅""丽"重在其语言风格,"正""密"主要表现于结构和叙事方面,而"壮""博"也是其行文上的突出特征。语言的"雅"和"丽",本书将在第二章进行详细讨论,"正""密"的风格也将在第四、第五章谈到。这里重点谈谈其"雅"的另一方面,即气度之雅,以及它"壮""博"的行文风格。

---

① 萧统.文选[M].李善,注.上海:上海古籍出版社,1986:2158.
② 详见明代张溥所辑《汉魏六朝百三家集》,光绪己卯夏信述堂重刻本。
③ 《说文解字注·言部》:"讽,诵也。从言,风声。""诵,讽也。从言,甬声。"据段玉裁注,"讽"乃背诵之义,"谓不开读也";"诵"则"非直背文,又为吟咏以声节之。"(详见许慎撰,段玉裁注《说文解字注》,上海古籍出版社1988年版,第90页)。看来《汉书》不仅仅胜在文辞,即声韵也是其优长。

《汉书》气度之雅，体现在它雍容大度的规模和紧缓相宜、辞气不迫的叙述。这和班固所生活的时代的气格有莫大的关系。西汉建国，高祖"躬神武之材，行宽仁之厚，总揽英雄……文武相配"①，"规摹弘远"②，气势恢宏的开国气象奠定了两汉厚重大气的整体时代氛围。但相比而言，东汉又自具一种儒教长期濡染下雅正温厚的别样气质。光武帝刘秀年及弱冠即已"之长安，受《尚书》"，即位后"退功臣而进文吏，戢弓矢而散马牛"，并且曾自言"吾理天下，亦欲以柔道行之"。③云台二十八将中的大部分人也都出身学养深厚的地主或官吏家庭，很多人都与刘秀一样曾游学长安，他们自身都具备儒学修养，如冯异精通《左氏春秋》，祭遵"少好经书"④，李忠"好礼修整"⑤。所以东汉从开国气象上就体现出雍容温润的氛围，这种氛围在光武、明、章、和帝时期得到了最好的延续传承。和帝之后，历代登基君王皆年幼甚至尚处襁褓，大权旁落，国势波谲云诡，气象顿衰，但整体的国家气度依然保持了厚重和温润。而从自身的修养和性情看，范晔《后汉书·班固传》载，"固字孟坚。年九岁，能属文诵诗赋，及长，遂博贯载籍，九流百家之言无不穷究。所学无常师，不为章句，举大义而已。性宽和容众，不以才能高人，诸儒以此慕之。"⑥可见班固早慧，受过良好的教育，不仅具备非常深厚的学力和文化功底，而且性情温和，不衿才，不气傲，自有一种雍容气质。因而，生活于明、章、和时期，善于思考历史、又深深领受了深厚家学和时代气息的班固，其笔下的历史记载，自多了一种雅润之气。当然，两汉的气质异中有同，其厚重与高大一脉相承。我们读《汉书》，感觉到它有一种大气魄，自具汉世文章才有的那种壮气淋漓。她记载西汉二百多年的历史，统摄全局，点面俱到。全书"纪""表""志""传"四体结合，八十余万字，作者如辔在手，从容驾驭，指点万里江山于掌次之间，一点也不显得促迫急进。诚如同为史家的范晔对《汉书》给出的评语："若固之序事，不激诡，不抑抗，赡而不秽，详而有体，使读之者亹亹而不厌，信哉其能成名。"⑦"不激诡，不抑抗"，正是对《汉书》气度之雅最好的注解！一部如此

---

① 前四史：汉书[M].北京：中华书局，2007：1997：1090.
② 前四史：汉书[M].北京：中华书局，2007：1997：81.
③ 前四史：后汉书[M].北京：中华书局，1997：1，85，69.
④ 前四史：后汉书[M].北京：中华书局，1997：738.
⑤ 前四史：后汉书[M].北京：中华书局，1997：754.
⑥ 前四史：后汉书[M].北京：中华书局，1997：1330.
⑦ 前四史：后汉书[M].北京：中华书局，1997：1386.

制作规模的史著，能"使读之者亹亹而不厌"，除了高超的文字功夫和叙事技巧，没有盈乎其间的雍容之气导引穿梭，是绝不容易办到的。而这样的评价正出自一位同样有着高超史学、文学修养的范晔之口，更显得弥足珍贵，分外厚实。拿《汉书·霍光传》来说，对这位西汉中期权极一时、性格矛盾复杂的人物，班固在记述时采取分段推进、块状拼接的模式①，分则见某时某事，合则传主及其家族壮大、衰微乃至夷灭的历程清晰可辨。宋代徐中行评曰："《霍光传》杂而不乱，事详词整，叙事最优。"明代茅坤评曰："荆川云此传头绪最多……（霍）光之功过不相掩处，传中一一指次如画，岂得称头绪多耶？当是《汉书》第一传。"②霍光本人是昭帝时代历史的缩影，而班固也正通过《霍光》一传，复次展现了那段历史。娓娓叙来，缓急得当，雍容大雅，气度不凡。

至于其"壮"的文风，虽然前人言之甚少，但我们阅读《汉书》，则是时时可以感受到《汉书》行文有非常壮气的一面。如：

> 本朝短世，国统三绝，是故王莽知汉中外殚微，本末俱弱，亡所忌惮，生其奸心；因母后之权，假伊周之称，颛作威福庙堂之上，不降阶序而运天下。诈谋既成，遂据南面之尊，分遣五威之吏，驰传天下，班行符命。汉诸侯王厥角稽首，奉上玺韨，惟恐在后，或乃称美颂德，以求容媚，岂不哀哉！③

这是《汉书·诸侯王表》前的一段说明性文字。这里没有用到一次颇能使句意婉转婀娜的句末语气词"也"，感叹语气稍强的"矣"字也没出现。语句简短，气势强劲，文脉密塞，一气呵成。末尾"岂不哀哉"四字断而有力，颇有丈夫气。又如，《史记·大宛列传》赞末"至《禹本纪》《山海经》所有怪物，余不敢言之也"④，语意尚存委婉，但在《汉书·张骞李广利传》赞中，此句被出以："至《禹本纪》《山海经》所

---

① 详见本书第五章第一节内容。
② 凌稚隆.汉书评林[M]//吴平，曹刚华，查珊珊.《汉书》研究文献辑刊：第二册.北京：国家图书馆出版社，2008：353.
③ 前四史：汉书[M].北京：中华书局，1997：396.
④ 前四史：史记[M].北京：中华书局，1997：3179.

有，放哉！"①干净利落，语断气足，显得十分壮武。类似情形《汉书》中触处多有。有时更施以浓烈渲染，夹用"雷霆""虎豹"等字词，带动文势特显壮力。另外，班固在叙写战斗，或者描述军戎悍将等斩伐立功的场面时，特定的一段，甚至整篇文章都会呈现出迥异于前后语境的风貌，酣畅痛快，壮气淋漓。前者可以《李陵传》为代表，后者则以《傅常郑甘陈段传》为典型。②其实，如果能允许不拘泥于《汉书》，而放眼班固的所有文章，则不难看出，无论全篇还是某一段落，都有其程度不同的为文壮气的一面。骆鸿凯先生在《文选学·读选导言》中引证《文心雕龙·体性》篇所论的"八体"时，对其中"壮丽"一体，即引班固《典引》为证。③

考其根由，大概与班氏家族传统不无关系。《汉书·叙传》云："班氏之先，与楚同姓，令尹子文之后也。子文初生，弃于瞢中，而虎乳之。楚人谓乳'谷'，谓虎'於菟'，故名谷於菟，字子文。楚人谓虎'班'，其子以为号。秦之灭楚，迁晋、代之间，因氏焉。"④是则班氏虽本南人，但世居北地。班固虽不曾避地楼烦，但他生于扶风郡（今陕西咸阳），幼时曾随其父班彪避难河西，后东归洛阳，又因父亲任职辗转至徐，经年再回洛阳。二十多岁时，因父卒故，归乡居忧，直至而立之年终返洛阳定居，并奉召修史⑤。终其一生，几乎都在北方活动。《隋书·文学传序》云："江左宫商发越，贵于清绮；河朔辞义贞刚，重乎气质。"⑥班固长期熏染于北方雄浑厚重的风气习俗，出之于文，"辞义贞刚"的一面自是骨殖于中的。又，班氏家族人才辈出，《汉书·叙传》并云："始皇之末，班壹避地于楼烦，致马牛羊数千群。值汉初定，与民无禁，当孝惠、高后时，以财雄边，出入弋猎，旌旗鼓吹，年百余岁，以寿终，故北方多以'壹'为字者。"延至班固祖父辈班伯，又是一位"家本北边，志节慷慨，数求使匈奴"的豪杰。其弟班斿"博学有俊材"，"有子曰嗣，显名当世"。⑦其胞妹为成帝婕

---

①前四史：汉书[M].北京：中华书局，1997：2705.
②详本书第五章第二节和第三章第五节相关内容。
③同时引为例证的还有扬雄《河东赋》，并云"凡陈义俊伟，措辞雄瑰者，皆入此类。"详见骆鸿凯《文选学》，中华书局1989年版，第306页。
④前四史：汉书[M].北京：中华书局，1997：4197.
⑤郑鹤声.班固年谱[M].上海：商务印书馆，1933：34.
⑥魏征.隋书[M].北京：中华书局，1973：1730.
⑦前四史：汉书[M].北京：中华书局，1997：4203.

好，《汉书·外戚传》有传。其次弟班稚即班固祖父，为人"方直自守"①。到班彪，也是"性沉重好古"②，为文大气硬朗，观其《对隗嚣问》《论史记》等可知。一脉相承至于班固、超、昭兄妹，俱为人杰，"孟坚文章领著作，仲升（笔者按，班超字仲升）武节威西域"③，班昭"博学高才""有节行法度"④，并续撰《汉书》。真正是"一门济美，世莫与俦"⑤。在这样的家族传统、家庭环境的熏陶和影响下，班固文章的硬气壮力，就不值得大惊小怪了。

再来说说《汉书》"博"的风格和表现。汉代自儒学一尊，思想趋同，经学迅猛发展，学术群体不断壮大、脉络不断延伸⑥，最终使得"博学"成为一种风尚、一种追求，当然，也尽可以用"博学"来许人和自许。因而，"博"的修养深为时人所重。《汉书·师丹传》载，"丞相方进、御史大夫孔光举丹论议深博，廉正守道，征入为光禄大夫、丞相司直"⑦，以"博"为荐举人才的重要标尺之一。扬雄《答刘歆书》："心好沉博绝丽之文"⑧，班彪赞曰："考观诸儒之议，刘歆博而笃矣"⑨，班固称许班彪"学不为人，博而不俗"，并说自己"专笃志于博学"⑩，共通的讲究都是一个"博"字。这种喜尚移位于文章著述，《汉书》中便表现得相当明显。首先，《汉书》设十《志》，对西汉乃至先秦的各种社会现象，包括礼乐文化、律历刑法、货殖经济、天文地理、五行郊祀、九流百家、著作学术等进行详简得宜的记述，包罗万象，无所不有，而且颇显整饬条理，体现得雍雍容容，大气磅礴。较《史记》新增《刑法志》《五行志》《地理志》《艺文志》，特别是专设"地理""艺文"两《志》，这是著作史上第一次将这两项列入正史记载，确属不同凡响的创见。《地理志》对自古及今的山川地理、风物

---

① 前四史：汉书[M].北京：中华书局，1997：4203.

② 前四史：后汉书[M].北京：中华书局，1997：1323.

③ 详见明代张溥所辑《汉魏六朝百三家集》，光绪己卯夏信述堂重刻本。

④ 前四史：后汉书[M].北京：中华书局，1997：2784.

⑤ 郑鹤声.班固年谱[M].上海：商务印书馆，1933：2.

⑥ 王国维《汉魏博士考》一文对此有专门考述。

⑦ 前四史：汉书[M].北京：中华书局，1997：3503.

⑧ 严可均.全上古三代秦汉三国六朝文：第一册[M].上海：上海古籍出版社，2009：400.

⑨ 前四史：汉书[M].北京：中华书局，1997：3131.

⑩ 前四史：汉书[M].北京：中华书局，1997：4225.

地貌、郡县设置和变迁等进行了详细梳理，时夹议论和感叹[1]，体现出作者关心社稷民生的人文情怀，十分难能可贵。《艺文志》虽是删辑刘歆《七略》而成，但将它引入正史记载，班固却是第一人，功不可没。当中六艺、诸子、诗赋、兵书、术数、方技具在，兼收并蓄，体现出极大的包容性。对经籍播迁、学术承传，也都进行了精审的总结和说明，考源溯流，评骘风生。这些都突出体现了《汉书》海纳百川、博大精深的记史精神；其次，班固非常突出地利用了合传、类传的形式，结合《表》体，在《汉书》中尽最大限度地记录西汉的人物事迹[2]，容量博大，内容丰富；再次，《汉书》载录了大量历代的诏令奏疏、诗歌谣谚，以及人物之间的书信、辩论等，广博之至。这些作品题材、体裁不一，辐射面宽，对作者的记述起到了很好的补充和支撑作用，也为著于缣帛之上的历史增加了厚度和实感，使其倍显质重。比如，仅《五行志》开头近千字，"先引'经曰'一段是《尚书·洪范》文，次引'传曰'一段是伏生《洪范五行传》文，又次引'说曰'一段是欧阳、大小夏侯等说，乃当时列于学官、博士所习者。以下则历引《春秋》及汉事以证之，所采皆董仲舒，刘向、歆父子说也，而歆说与传说或不同，志亦或舍传说而从歆。又采京房《易传》亦甚多，今所传京氏《易传》中皆无之。"[3] 何其广博精要！最后，《汉书》尚博，有时以宏博正大为胜。比如，为儒林立专传，是司马迁和班固共同的特识，因为儒学具有重大的文化和历史意义。然其意义如何重大、儒林如何辉煌衍变，都不能忘记孔子孜孜矻矻、筚路蓝缕的开创和奠基之功。《史记·儒林列传》开篇对孔子的叙及十分简略：

> 孔子闵王路废而邪道兴，于是论次《诗》《书》，修起礼乐。适齐闻《韶》，三月不知肉味。自卫返鲁，然后乐正，《雅》《颂》各得其所。世以混浊莫能用，是以仲尼干七十余君无所遇，曰"苟有用我者，期月而已矣"。西狩获麟，曰"吾道穷矣"。故因史记作《春秋》，以当王法，其辞微而指博，后世学者多录焉。[4]

---

[1] 如"'君子之德风也，小人之德草也'，信矣""可贵哉，仁贤之化也""痛乎，道民之道，可不慎哉"。详见《前四史：汉书》，中华书局1997年版，第1654、1658、1661页。
[2] 详见本书第一章第二节内容。
[3] 王鸣盛. 十七史商榷[M]. 陈文和，王永平，张连生，等校点. 南京：凤凰出版社，2023：77.
[4] 前四史：史记[M]. 北京：中华书局，1997：3115.

比较之下,《汉书·儒林传》开篇新撰二百多字,郑重地就孔子对儒学的意义进行了一番宏论:

> 古之儒者,博学乎《六艺》之文。《六艺》者,王教之典籍,先圣所以明天道,正人伦,致至治之成法也。周道既衰,坏于幽、厉,礼乐征伐自诸侯出,陵夷二百余年而孔子兴,以圣德遭季世,知言之不用而道不行,乃叹曰:"凤鸟不至,河不出图,吾已矣夫!""文王既没,文不在兹乎?"于是应聘诸侯,以答礼行谊。西入周,南至楚,畏匡厄陈,奸七十余君。适齐闻《韶》,三月不知肉味;自卫反鲁,然后乐正,《雅》《颂》各得其所。究观古今篇籍,乃称曰:"大哉,尧之为君也!唯天为大,唯尧则之。巍巍乎其有成功也,焕乎其有文章!"又曰:"周监于二代,郁郁乎文哉!吾从周。"于是叙《书》则断《尧典》,称乐则法《韶舞》,论《诗》则首《周南》。缀周之礼,因鲁《春秋》,举十二公行事,绳之以文、武之道,成一王法,至获麟而止。盖晚而好《易》,读之韦编三绝,而为之传。皆因近圣之事,以立先王之教,故曰:"述而不作,信而好古";"下学而上达,知我者其天乎!"①

这段文字宏博正大,立意高远,提振全文,使"儒林"的意义有了更高起点。近人李景星说《汉书·儒林传》"大致虽本《史记》,而叙次处较《史记》特详。开言一段直从六学大义说起,即比《史记》为胜。"② 又如《货殖传》,明代王鏊说"班氏《货值》《游侠》二传议论纯正。"③ 茅坤说:"班掾传《货殖》而推本于国家之经制,所见出太史公之上一等矣。"④ 李景星亦言:"《史记·货殖传》极写富豪势力,以寓愤激之意;是传(按,指《汉书·货殖传》)亦写富豪势力,但归本于上,以见世变,而不专寓一人私愤,此其得也……(《汉书·货殖传》)虽大致不出《史记》,较之《史记》更显出一种典雅庄重精神,此自是班氏特长。开首序论,穷源究委,见先王有定制,故财

---

① 前四史.汉书[M].北京:中华书局,1997:3589.
② 李景星.四史评议[M].韩兆琦,俞樟华,校点.长沙:岳麓书社,1986:244.
③ 凌稚隆.汉书评林[M]// 吴平,曹刚华,查珊珊.《汉书》研究文献辑刊:第三册.北京:国家图书馆出版社,2008:19.
④ 凌稚隆.汉书评林[M]// 吴平,曹刚华,查珊珊.《汉书》研究文献辑刊:第三册.北京:国家图书馆出版社,2008:19.

用足而教化兴；后世无定制，故奸富多而人心坏。议论极为纯正。"①这些都是《汉书》博而正大的一面。

三

对《汉书》文学特点和成就的研究已经积累了丰厚的成果，前期以评点式、分散性的成果为多，新中国成立后相继有多篇有相当学术分量的论文发表。近年来，关于《汉书》文学性和班固文学思想的研究方兴未艾。

《汉书》文风典雅宏深，为同时代学者吟赏、讽诵不辍，已如前述。及至魏晋六朝，文风愈益丽靡，骈偶、声律的讲究大行其道，《汉书》在这方面无疑又具先驱性质②，遂造成"六朝《汉书》之学盛于《太史公书》"③的现象。另外，《汉书》好用古字、生字，时人多未能通，所以自汉代起就有很多学者为之做注。降至唐代，颜师古总汇诸家，取精去粗，集《汉书》注疏之大成，成果相沿至今。而刘知幾《史通》一书从肯定断代为史的角度扬班抑马，更为光大《汉书》之学推波助澜。唐宋时期，随着古文运动的不断深入，士人们对《汉书》简雅晓畅的文字风格大为推崇，欧阳修、苏轼等人都对《汉书》钟爱有加，黄庭坚若久不读《汉书》，便觉"照镜则面目可憎，对人则语言无味"④，豪放的苏舜钦更是以《汉书》作为下酒的"佳肴"，每读至会心处，便要抚案狂饮一杯，其岳父不无欣赏地笑着断言，"有如此下物，一斗诚不为多也。"⑤可见《汉书》之醇美可味！到明代，《汉书》更受到空前的追捧，朱元璋不仅自己喜欢《汉书》，还以《汉书》作为礼物赏赐给受俘的元朝官员郭云。清代值得特别称道的是王先谦作《汉书补注》，汇集宋、清学者校订、考据、注释《汉书》的丰硕成果，大大推进了《汉书》的注释和研究工作，更见出学者们对《汉书》的推重。

及至今日，海内外学者对《汉书》史学、文学价值，其成书过程、版本流传，班固的家世和人格等等问题，都在开展着日益精密的研究工作。本书仅是自己读书过程的呈现，心得的凝练，称不上厚重，惟真诚地接受读者的批评指正。

---

①李景星.四史评议[M].韩兆琦，俞樟华，校点.长沙：岳麓书社，1986：249.
②详见本书第二章第二节内容。
③刘咸炘.刘咸炘学术论集：史学编[M].黄曙辉，编校.桂林：广西师范大学出版社，2007：171.
④凌稚隆.汉书评林[M]//吴平，曹刚华，查姗姗.《汉书》研究文献辑刊：第一册.北京：国家图书馆出版社，2008：27.
⑤龚明之.中吴纪闻[M].上海：上海古籍出版社，1986：39.

目 录

第一章 《汉书》的结构特色 / 001

第一节 分体结构特色 / 001

一、《表》体结构 / 002

二、《志》体结构 / 006

三、《纪》体结构 / 011

第二节 合传、类传论 / 013

一、多设合传、类传的原因探析 / 014

二、《汉书》合传、类传的特点和优点 / 017

第三节 篇章结构探妙 / 025

一、外向型结构 / 029

二、内向型结构 / 032

第二章 《汉书》的语言个性（上）/ 040

第一节 "雅"的总体风貌 / 040

第二节 《汉书》语言"典雅"风格探微 / 048

一、句式整齐，富有节奏感 / 049

　　二、语言的骈俪 / 052

　　三、"正"之视域里的情感、语言和叙事 / 067

　第三节　《汉书》语言的赋化倾向 / 073

　　一、赋的史化 / 073

　　二、史的赋化 / 084

第三章　《汉书》的语言个性（下） / 094

　第一节　人物语言 / 094

　第二节　对话艺术 / 107

　　一、善于营造特定的语境和气氛 / 107

　　二、虚字和修辞手法的妥帖使用，让对话摇曳生姿，情韵十足 / 109

　　三、《汉书》善写辩论 / 110

　　四、《汉书》善于利用人物之间的"书面对话" / 112

　　五、省写式对话 / 114

　第三节　修辞艺术 / 117

　第四节　虚字遣用 / 122

　第五节　语言的随遇而迁 / 131

第四章　《汉书》的叙事艺术（上） / 140

　第一节　《史》《汉》叙事风格的递变 / 140

　　一、从奇到正 / 142

　　二、由疏而密 / 152

　第二节　《汉书》对近世史传文风的振起 / 158

第五章 《汉书》的叙事艺术（下）/ 173

第一节 叙事框架 / 173

一、灵活多变的叙事模式 / 173
二、叙事的块状特征 / 179
三、依事立体 / 183

第二节 叙事的一般特点 / 187

一、典型化叙事 / 187
二、善于营造情境 / 189
三、独到的战争描写 / 190
四、注重突出细节 / 193
五、叙事风格多变 / 199
六、对比、断续之法 / 202
七、讲究遣词用字 / 204

第三节 叙事的调节 / 209

一、精美的景物描写 / 210
二、"列女"角色的穿插 / 213
三、合理的虚构艺术 / 215
四、诗歌的调节作用 / 219
五、以叙事作为调节 / 222

第四节 幽默讽刺的笔法 / 224

参考文献 / 238

第一章

《汉书》的结构特色

诚如柳诒徵先生所云:"史事之去取有识,史事之位置亦有识。盖去取者为史之初步,而位置者为史之精心。"[①]杨义《中国叙事学》也认为,"一篇叙事作品的结构,由于它以复杂的形态组合着多种叙事部分或叙事单元,因而它往往是这篇作品的最大的隐义之所在。他超越了具体的文字,而在文字所表述的叙事单元之间或叙事单元之外,蕴藏着作者对于世界、人生以及艺术的理解。在这种意义上说,结构是极有哲学意味的构成,甚至可以说,极有创造性的结构是隐含着深刻的哲学的。"[②]结构,的确在叙事作品中有着独特魅力和崇高价值。《汉书》的纷繁多彩,即可首见于其甫一启卷便给人深刻印象的结构设计,完整、自足、灵动而精巧。

第一节 分体结构特色

《汉书》尊重和承袭了《史记》的很多内容,即使总体的结构安排亦大致趋同(见表1.1):

表1.1 《史记》《汉书》整体结构比较

书名	本纪	世家	表	书(志)	列传
《史记》	12	30	10	8	70
《汉书》	12	0	8	10	70

[①]柳诒徵.国史要义[M].上海:华东师范大学出版社,2000:188.
[②]杨义.中国叙事学[M].北京:中国社会科学出版社,2006:27.

除了"世家"一栏差别醒目，其余均套滚在几个相同的数字里。无论这些数字代表什么[①]，总之《汉书》的整体结构是循着《史记》模式的。那么《汉书》不囿于、取异于《史记》的地方，就更值得关注。

一、《表》体结构

《汉书》八《表》跟《史记》的十《表》在功能上保持了一致，即表的内容是全书构造的重要组成部分，不仅补足了其余几项内容，而且跟《纪》和《传》形成了互补、互动的关系。很多在《纪》《传》中不予记录的人和事，通过表1.2则一目了然：

表1.2　《史记》《汉书》"表"体结构一览

书名	"表"体结构
《史记》	三代世表第一
	十二诸侯年表第二
	六国年表第三
	秦楚之际月表第四
	汉兴以来诸侯王年表第五
	高祖功臣侯者年表第六
	惠景间侯者年表第七
	建元以来侯者年表第八
	建元已来王子侯者年表第九
	汉兴以来将相名臣年表第十
《汉书》	异姓诸侯王表第一
	诸侯王表第二
	王子侯表第三上
	王子侯表第三下

[①] 唐代司马贞、张守节等人都对此有深入阐发，以张氏观点较为全面，影响也更深远，其《史记正义·论史例》云："太史公作《史记》，……作本纪十二，象岁十二月也。作表十，象天之刚柔十日，以记封建世代终始也。作书八，象一岁八节，以记天地日月山川礼乐也。作世家三十，象一月三十日，三十辐共一毂，以记世禄之家辅弼股肱之臣忠孝得失也。作列传七十，象一行七十二日，言七十者举全数也，余二日象闰余也，以记王侯将相英贤略立功名于天下，可序列也。合百三十篇，象一岁十二月及闰余也。"详见《前四史：史记》附录，中华书局1997年版。

002

续表

书名	"表"体结构
《汉书》	高惠高后文功臣表第四
	景武昭宣元成功臣表第五
	外戚恩泽侯表第六
	百官公卿表第七上
	百官公卿表第七下
	古今人表第八

可以看出，较之《史记》，《汉书》表格的设置体例显得整齐划一，阶梯感强——从《异姓诸侯王表第一》到《诸侯王表第二》，再到《王子侯表第三》，恰恰反映了汉初分封诸侯王的历史演变过程：从异姓逐步收归为同姓，然后继续分封同姓王侯子弟，以分割其土地疆域和权力、利益，做到"支庶毕侯"①，最终实现中央政府权利的最大化和对诸侯王的绝对统治。这三个表格依次排列，正是西汉统治者逐步走向集权、专制的道路演示。这之后，再接以历代为西汉统治者地位的确立和巩固做出过重大贡献的《功臣表》，体例上又进了一层，而范围也有所扩大；接着，便是西汉一代统治集团内部盘根错节的《外戚恩泽侯表》，意义有所加深；然后继以《百官公卿表》，对西汉一代的官吏制度及其变革、人员调动等情况和盘托出。这样，七表叠加，总体构成对西汉政治舞台上各色人物事迹的大体归类和简要叙述，大致勾勒出西汉政坛二百年间风起云涌的面貌。从《异姓诸侯王表第一》到《百官公卿表第七》，建构西汉社会统治集团主体大厦的任务已告完成，所以无妨将这一涵括了政坛上辐射面最广的百官公卿的表格作为底盘，坚实、稳妥地托举起前面六表。这样，整体上这七表便呈现出金字塔式的阶梯状结构，从前到后，每一层表格间形成逐渐递进、逐步拓宽的关系，而合拢起来，最终形成一个封闭的小锥体，完全可以独立担当起演绎西汉政治态势的大任。

但《古今人表》在《汉书》诸表中确属另类。《汉书》作为一部断代史，在表格一栏建构了几乎完美的金字塔式结构以后，为何还要赘以一专门记载西汉建立以前各种人物的《古今人表》，且以己意将这些人断然划成九等，强分优劣？这似乎不是一

---

① 前四史：汉书[M]．北京：中华书局，1997：427．

个真正的史家所应持有的态度,与《汉书》整体体现出来的记述严正的风格存在扞格。笔者怀疑,《古今人表》并非出自班固之手,而是东汉中后期,随着品评人物风气的兴起和风行之后才会有的产物。只因表前说明文字太少,甄别存在一定困难,暂列三条不成熟的看法,其余俟考。

首先,从《古今人表》开头的一段文字来看:

> 自书契之作,先民可得而闻者,经传所称,唐、虞以上,帝王有号谥,辅佐不可得而称矣,而诸子颇言之,虽不考乎孔氏,然犹著在篇籍,归乎显善昭恶,劝戒后人,故博采焉。孔子曰:"若圣与仁,则吾岂敢?"又曰:"何事于仁,必也圣乎!""未知,焉得仁?""生而知之者,上也;学而知之者,次也;因而学之,又其次也;困而不学,民斯为下矣。"又曰:"中人以上,可以语上也。""唯上智与下愚不移。"传曰:譬如尧、舜,禹、稷、高与之为善则行,鲧、讙兜欲与为恶则诛。可与为善,不可与为恶,是谓上智。桀、纣,龙逢、比干欲与之为善则诛,于莘、崇侯与之为恶则行。可与为恶,不可与为善,是谓下愚。齐桓公,管仲相之则霸,竖貂辅之则乱。可与为善,可与为恶,是谓中人。因兹以列九等之序,究极经传,继世相次,总备古今之略要云。[①]

不仅殊少四言句,且不见对偶句,不合班固为文习惯。而且整段文字干涩少韵,文气卑弱,风格与其余七表之前的文字明显有异。

其次,一般认为,敢于突破常规,变断代为通史,本是《汉书》结体的一大亮点,如其十《志》中很多内容就是这方面颇值得称道的。但我们注意到,其《志》中诸如《刑法志》《食货志》《郊祀志》等确在一定程度上带有通史性质,但它们记述的下限——无一例外——都延伸至西汉末。也就是说,它们都是从古到今的记述。而反观《古今人表》,却只有"古"而没有"今",它的记载下限戛然止于汉代建立以前。如果《志》《表》同出班固之手,何以体例前后大相径庭至于如此?当然,古来也有学者认为班固志古略今,是刻意避开西汉诸帝及权贵,并且意存以古鉴今。如钱大昕《廿

[①] 前四史:汉书[M].北京:中华书局,1997:861.

第一章 《汉书》的结构特色

二史考异》）："予谓今人不可表，表古人以为今人之鉴，俾知贵贱止乎一时，贤否著乎万世；失德者虽贵必黜，修善者虽贱犹荣。后有作者，继此而表之，虽百世可知也。观孟坚《序》但云究极经传、总备古今之略要，初不云褒贬当代，则知此表首尾完具，小颜所云，盖未喻孟坚之旨。"①"小颜"是指颜师古，在注《汉书》时曾提出《古今人表》"但次古人而不表近人者，其书未毕故也。"②聚讼纷纭，存疑待考。

其三，班固生活的东汉初期，是经过西汉末波动、战乱之后，生产、生活的恢复和发展阶段，人心思定。加上儒学尚处在兴盛时期，班固也深受儒家思想熏染，中庸的义理和处世准则对他固然不会陌生。所以，将历史人物以"智""愚"的标准列为九等、强行分类安排的现象，无论从当时的社会风气、学术环境、审美趋向，还是从班固本人的学识和修养来看，都实在嫌出现得太过突然。因为即使到了儒学衰微的汉末三国时，刘邵的《人物志》尚且都没有走到这样的极端。

据范晔《后汉书》班固本传，班固去世时，《汉书》尚未最后完成。《后汉书·列女传》记载"曹世叔妻"即班固之妹班昭的事迹，明确写道"兄固著《汉书》，其八表及《天文志》未及竟而卒。和帝诏昭就东观藏书阁踵而成之"；又云："时《汉书》始出，多未能通者，同郡马融伏于阁下，从昭受读，后又诏融兄续继昭成之"③。刘知幾《史通·古今正史》也说："（班）固后坐窦氏事，卒于洛阳狱，书颇散乱，莫能综理。其妹曹大家博学能属文，奉诏校叙。又选高才郎马融等十人，从大家受读。其八表及《天文志》等，犹未克成，多是待诏东观马续所作。而《古今人表》尤不类本书。"④《古今人表》"尤不类本书"的现象一直困惑着后学，吕思勉先生也认为："史表之例，最不可解者，莫如《汉书·古今人表》……此表，盖续《史记》者所撰，后人编入《汉书》，初非孟坚自乱其例也。"⑤根据上述材料，《汉书》的八《表》和《天文志》是和帝命班昭补作，又命马续帮助完成的。玩其文，范晔和刘知幾所谓班固未及完成的"八表"之"八"，实在应该作序数讲，而不是指的总数——即，"八表"指的是"第

---

① 钱大昕.廿二史考异[M].方诗铭，周殿杰，校点.上海：上海古籍出版社，2014：112.
② 前四史：汉书[M].北京：中华书局，1997：861.
③ 前四史：后汉书[M].北京：中华书局，1997：2784-2785.
④ 刘知幾.史通[M].浦起龙，通释.上海：上海古籍出版社，2008：241-242.
⑤ 吕思勉.吕著史学与史籍[M].上海：华东师范大学出版社，2002：227.

八表"，并非"八表"的总体。而这"第八表"，正是《古今人表》。

二、《志》体结构

至于十《志》，则更是《汉书》的重中之重了。明胡应麟说，"史之难在志"①，后来章学诚也提出修志有"五难"："清晰天度难，考衷古界难，调剂众议难，广征藏书难，预杜是非难"②，可见"志"体在史书中的地位之高，写作之难。毋论内容，仅从结构安排来说，《汉书》十《志》也自有其精妙独到之处。

首先，它合并了《史记》的《律书》《历书》为《律历志》，《礼书》《乐书》为《礼乐志》，这与它在列传部分对于与《史记》重合内容的重新剪裁、搭配具有异曲同工之妙。这样一合并，不仅使内容更加紧凑，而且保持了各《志》名目的整齐划一，全用两字为名，有意追求体例的严整。这正好印合了章学诚所谓"班则近于方以智"③。

其次，体例严正规整更突出地表现在十志排列的顺序。按通行本《史记》的八书为：《礼书》《乐书》《律书》《历书》《天官书》《封禅书》《河渠书》《平准书》，两相比较，《汉书》十志为《律历志》《礼乐志》《刑法志》《食货志》《郊祀志》《天文志》《五行志》《地理志》《沟洫志》《艺文志》。显然，《汉书》的调整、排序更具条理和内在逻辑，近代史家刘咸炘对此有精到看法："按班书《律历》居首，重授时也，黄钟为万事根本。次之以《礼乐》《刑法》《食货》《郊祀》，皆制度也。礼不行而刑始生，货财盛而淫祀始兴，平准均输则酷刑所由起也。次《天文》而《五行》联，次《地理》而《沟洫》联，皆有源流，无定制者也。《艺文》为学术总汇，而《天文》《五行》《地理》《沟洫》皆专家之学，实统于《艺文》也。"④

第三，互补成动态的历史。《汉书》十《志》自成体系，内容广博，其意义不仅仅在于记载史实、史料，更可贵的是，《汉书》的《志》与其《纪》《传》之间还存在一种互动关系，十《志》的内容很好地扣住了《纪》和《传》的记载，它们在互相补充、互为参照的关系中，给我们呈现了一种动态的历史。比如，《武帝纪》遵循"纪"的体

---

① 胡应麟.少室山房笔丛[M].上海：上海书店，2009：132.
② 章学诚.文史通义校注[M].叶瑛，校注.北京：中华书局，1985：384.
③ 章学诚："史氏继《春秋》而有作，莫如马、班，马则近于圆而神，班则近于方以智也。"详见叶瑛《文史通义校注》，中华书局1985年版，第49页。
④ 刘咸炘.刘咸炘学术论集：史学编[M].黄曙辉，编校.桂林：广西师范大学出版社，2007：187.

例，以编年的形式简洁地记事，总体上看，是一种偏于静态的描述，都是类似下面的记载：

（建元三年）闽越围东瓯，东瓯告急。遣中大夫严助持节发会稽兵，浮海救之。未至，闽越走，兵还。①

（建元六年）闽越王郢攻南越。遣大行王恢将兵出豫章，大司农韩安国出会稽，击之。未至，越人杀郢降，兵还。②

（元光五年）夏，发巴蜀治南夷道，又发卒万人治雁门阻险。③

这种记述笔调沉静，没有抑扬，不寓褒贬，完全是事件的罗列，直露但显苍白。如果不借助联想，那么这样记述的历史，正如同其记述本身一样，平整、安静而无波澜，如一条静静流淌着的宽而深的河流。然而，如果我们联系本书《食货志》中的相关记载，便似乎一下子沉浸下去，恍然大悟：原来宽阔平静的水面下，暗藏的竟是如此的翻腾起伏、波澜壮阔：

武帝因文、景之蓄，忿胡、粤之害，即位数年，严助、朱买臣等招徕东瓯，事两粤……唐蒙、司马相如始开西南夷……彭吴穿秽貊、朝鲜……及王恢谋马邑，匈奴绝和亲，侵扰北边，兵连而不解，天下共其劳。干戈日滋，行者赍，居者送，中外骚扰相奉，百姓抏敝以巧法，财赂衰耗而不赡。入物者补官，出货者除罪，选举陵夷，廉耻相冒，武力进用，法严令具。兴利之臣自此而始。④

其后，卫青岁以数万骑出击匈奴……时又通西南夷道……东置沧海郡……又兴十余万人筑卫朔方，转漕甚远，自山东咸被其劳，费数十百巨万，府库并虚。⑤

---

① 前四史：汉书[M]. 北京：中华书局，1997：158.
② 前四史：汉书[M]. 北京：中华书局，1997：160.
③ 前四史：汉书[M]. 北京：中华书局，1997：164.
④ 前四史：汉书[M]. 北京：中华书局，1997：1157.
⑤ 前四史：汉书[M]. 北京：中华书局，1997：1158.

> 其明年，票骑仍再出击胡，大克获。浑邪王率数万众来降，于是汉发车三万两迎之。既至，受赏，赐及有功之士。是岁费凡百余巨万。①
>
> 天子为伐胡故，盛养马，马之往来食长安者数万匹，卒掌者关中不足，乃调旁近郡。而胡降者数万人皆得厚赏，衣食仰给县官，县官不给，天子乃损膳，解乘舆驷，出御府禁藏以赡之。②

武帝多欲，又矜征伐之功，然而胜利、辉煌的表象下掩盖着的，却是下层官吏和劳苦大众沉重之极、几不能堪的经济负担。况且这还不够，请看：

> 及至孝武及位，外事四夷之功，内盛耳目之好，征发烦数，百姓贫耗，穷民犯法，酷吏击断，奸轨不胜。于是招进张汤、赵禹之属，条定法令，作见知故纵、监临部主之法，缓深故之罪，急纵出之诛。其后奸猾巧法，转相比况，禁罔浸密。律、令凡三百五十九章，大辟四百九条，千八百八十二事，死罪决事比万三千四百七十二事。文书盈于几阁，典者不能遍睹。是以郡国承用者驳，或罪同而论异。奸吏因缘为市，所欲活则傅生议，所欲陷则予死比，议者咸冤伤之。③

经济上已经背负着沉重负担的劳苦大众，尚须防范这密如织网的繁多律令，生杀大权被奸吏随意操控。《郊祀志》中武帝铺天盖地的祭祀和封禅活动，《五行志》《沟洫志》中记载大量频发的自然灾害，再结合《卫青霍去病传》《司马相如传》《公孙弘卜式倪宽传》《张骞李广利传》《酷吏传》《匈奴传》《西南夷两粤朝鲜传》《西域传》等列传中的相关记载一起阅读，我们发现，班固笔下的历史是动态的，它复活了。《纪》《传》《志》合看，我们才算对于所谓"汉武大帝"的时代，从上到下，由表及里，有了比较全面、真切的体认。班固以一位正义史家的胸襟和气度，精心组织材料，安排结构，充分带动《纪》《志》《传》三体，多角度穿插叙述，正、反、优、劣多维铺开，

---

① 前四史：汉书[M].北京：中华书局，1997：1161.
② 前四史：汉书[M].北京：中华书局，1997：1161.
③ 前四史：汉书[M].北京：中华书局，1997：1101.

第一章 《汉书》的结构特色

使之能够互相补足，互为参照，共同演绎出动态的、活的历史。

动态互补的结构关系并不仅存于《志》与《纪》《传》之间，即使在十《志》内部，各《志》也并非完全彼此独立。为打破形式上十《志》各自为营的单调局面，班固借助相关内容的穿插记录，来实现《志》与《志》的联系和补充，依然保持着整体结构的动态性。比如《郊祀志》中对武帝"敬鬼神之祀"的诸多事迹用了大量篇幅予以详细记载。这么多大张旗鼓的祭祀和封禅活动，每一次都势必花费巨额经费，那么，是什么在支撑着这么庞大的财政支出呢？班固不忘在《食货志》中予以交代：

> 元封元年，卜式贬为太子太傅。而桑弘羊为治粟都尉，领大农，尽代仅斡天下盐铁……置平准于京师，都受天下委输。召工官治车诸器，皆仰给大农。大农诸官尽笼天下之货物，贵则卖之，贱则买之。如此，富商大贾亡所牟大利，则反本，而万物不得腾跃。故抑天下之物，名曰"平准"。天子以为然而许之。于是天子北至朔方，东封泰山，巡海上，旁北边以归。所过赏赐，用帛百余万匹，钱、金以巨万计，皆取足大农。①

尤其是本段末"于是天子北至朔方"几句话，便很自然地将《食货志》与《郊祀志》联结起来，并形成一表一里的互动关系。

又如《刑法志》云："今郡国被刑而死者岁以万数，天下狱二千余所，其冤死者多少相覆，狱不减一人，此和气所以未恰者也。原狱刑所以蕃若此者，礼教不立，刑法不明，民多贫穷，豪杰务私，奸不辄得，狱豻不平之所致也。"② 将"礼教不立，刑法不明"作为刑狱繁苦、和气未恰的第一位原因，足见出班固对于社会深层问题的洞悉，和对立教设礼的高度重视。无独有偶，同样的思想也贯穿于《礼乐志》中："世祖（按，指东汉光武帝）受命中兴，拨乱反正，改定京师于土中。即位三十年，四夷宾服，百姓家给，政教清明，乃营立明堂、辟雍。显宗即位，躬行其礼，宗祀光武皇帝于明堂，养三老、五更于辟雍，威仪既盛美矣。然德化未流洽者，礼乐未具，群下无所诵说，而庠序尚未设之故也。"③《礼乐志》末尾再予以重申："今海内更始，民人

---

① 前四史：汉书[M]. 北京：中华书局，1997：1175.
② 前四史：汉书[M]. 北京：中华书局，1997：1109.
③ 前四史：汉书[M]. 北京：中华书局，1997：1035.

归本，户口岁息，平其刑辟，牧以贤良，至于家给，既庶且富，则须庠序礼乐之教化矣。"① 这样，礼教思想同时串起了《刑法》和《礼乐》两《志》，且都紧密联系当时现实，做到《志》与《志》之间、二《志》与现实之间的互动共存。《食货志》中更是记载了不少老百姓因为食、货不足，生存困难，起而犯禁的事例，与《刑法志》有着千丝万缕的联系，这都是其动态性结构安排的体现。

最后，就十《志》各篇的体例而言，同样呈现出"动态"的特点。它既有通史体，如《律历志》《刑法志》《食货志》《郊祀志》《五行志》《地理志》《艺文志》等，又有断代体，如《礼乐志》《天文志》《沟洫志》等；既有记述体，即主要以记载、罗列史实为主，如《律历志》《食货志》《郊祀志》《五行志》《地理志》《天文志》等，又有评述体，即记载过程当中适时插入评价、议论性文字，且占篇幅较大，如《刑法志》《礼乐志》中就掺入了大量作者本人的论见，《沟洫志》也因为全录贾让的《治河三策》而带上了浓浓的议论色彩，而《艺文志》则多对各种著作和学术现象进行了评述。所以，无论针对什么内容，班固都能从记载需要出发，灵活变通，不拘体例，富于灵动性。

附带说说《世家》的问题。《世家》一体，可以说，在《史记》属于必要，然而对《汉书》来说，取消《世家》反而值得称道。道理再明显不过了。司马迁的时代，战国遗留以及汉初分封的诸侯王都还有相当势力，或者至少还能产生一些重大影响，正如司马迁所说，"三十辐共一毂"②。这些分封的侯国有权势、有实力，"忠信行道，以奉主上"③，如同众星一样共同拱护着中央朝廷这个"北辰"。所以太史公专设"世家"一体，给他们以应有的地位，至少从《太史公自序》所述写作主旨来看是这样。当然"世家"所记不限于此，孔子、陈涉等人也位列其中，这自是司马迁的圆通之处。然而自景帝削藩，武帝进一步广封诸侯子弟之后，汉代中央逐步实现集权化，而"诸侯惟得衣食税租，不与政事。至于哀、平之际，皆继体苗裔，亲属疏远，生于帷墙之中，不为士民所尊，势与富室无异"④，甚而至于"贫者或乘牛车"⑤的地步，与汉初情形已经

---

① 前四史：汉书[M]. 北京：中华书局，1997：1075.
② 前四史：史记[M]. 北京：中华书局，1997：3319.
③ 前四史：史记[M]. 北京：中华书局，1997：3319.
④ 前四史：汉书[M]. 北京：中华书局，1997：396.
⑤ 前四史：汉书[M]. 北京：中华书局，1997：2002.

形同霄壤。所以班固能从实际情况出发，而不囿于《史记》旧体，毅然取消"世家"，显得既合理，又切实。

三、《纪》体结构

再来看十二本纪。在与《史记》记载重合的部分，汉高、文、景、武帝固可不论，班固保留了吕后的位置，插进一《惠帝纪》，去除一《项羽本纪》，这里便可窥出马、班二人为史的一点本色。班固作史，如老儒赴宴，重规行矩步，揖让有度；而马迁之史，却如健少在野，张弛自如，哀乐在我。一板正典雅，一奇气纵横。对此章学诚说得比较到位："马书体圆而用神，班书体方而用智。"① 刘咸炘又补充道："然方智之中，仍有圆神者存。"② 的确，《汉书》十二本纪总体体现出一种圆融、平稳，显别于《史记》的棱角分明。在名与实的问题上，司马迁以自己卓越的史识，宁肯做到弃名求实，所以对享祚短暂、无多少实权的惠帝径直剔除，而把本纪中宝贵的一席之地留给了当时重权在握、实际左右政局的吕后，作《吕太后本纪》；但班固不然，他是既求名又责实的，既然"孝惠短世，吕后称制"，③ 那么当然要保留当时的实际统治者吕后在本纪的地位，作《高后纪》；但惠帝作为西汉皇朝史上实实在在当过皇帝的一员，且班固以"内修亲亲，外礼宰相"的"宽仁之主"④ 称许之，故而一本正经地插入《惠帝纪》，坚实地确立并维护了本纪"犹《春秋》之经，系日月以成岁时，书君上以显国统"⑤ 的体例。而且吕后之能入本纪，还有一个重要原因，就是汉初刘邦在位及去世以后的很多朝政大事都与她有关，有些甚至是对汉朝的稳固起着决定性作用的，比如诛杀韩信、彭越，最终就是通过吕后之手得以完成，所以班固在《汉书·外戚传》中说："吕后为人刚毅，佐高帝定天下"⑥。而刘邦去世后，又是吕氏一党对刘姓统治地位产生了极其严重的威胁，推其祸首，仍在吕太后。对这样一位关键人物，马、班二人均将她写入

---

① 章学诚.文史通义校注[M].叶瑛,校注.北京：中华书局,1985：49.
② 刘咸炘.刘咸炘学术论集：史学编[M].黄曙辉,编校.桂林：广西师范大学出版社,2007：174.
③ 前四史：汉书[M].北京：中华书局,1997：4237.
④ 前四史：汉书[M].北京：中华书局,1997：92.
⑤ 刘知幾.史通[M].浦起龙,通释.上海：上海古籍出版社,2008：29.
⑥ 前四史：汉书[M].北京：中华书局,1997：3937.

本纪，是处理得非常得体的。不同的是，迁史《吕太后本纪》行文颇类列传，而班书则严格遵照"纪"的文体规范，在《高后纪》中依年月记载大事，却将吕后阴狠、嫉妒诸如制造人彘等事件，统统挪到《外戚传》中，保持了纪体本色，这也是班固著史重平、正的表现。刘知幾在《史通·本纪》篇说："纪者，既以编年为主，唯叙天子一人。有大事可书者，则见之于年月；其书事委曲，则付之列传。"①正合于《汉书》之例。

那么相比之下，项羽在刘邦登位之前，就已经连同他昔日"分裂天下而威海内，封立王侯，政由羽出，号为'霸王'"②的赫赫功业一同湮灭了。刘知幾说："霸王者，即当时诸侯。诸侯而称本纪，求名责实，再三乖谬。"③所以，从本纪"书君上以显国统"的体例要求来说，项羽之不入本纪，是与班固的正统思想相符合的。"以汉代继百王之末"都心有不甘，而一定要"大汉当可独立一史"的班固，怎肯容忍"诈虐以亡"④的西楚霸王，厕身于代表着西汉国统的诸皇之列呢！项羽出《纪》入《传》，并被置之列传第一，与秦末战争中的首起发难者陈胜合传，显然班固是有更深的用意的。就《汉书》作为西汉一代的专史性质，和班固"宣汉"的创作旨趣来说，这样的安排应该是出于他精心经营。

这样一来，《汉书》也成功完成了本纪十二的结构安排任务：起自汉高，终于孝平，自足地形成了一个合抱型的小结构，置于全书之首。这里刘姓帝皇平整排列，呈现得内敛、有序、严肃而又略显沉闷，完全不同于《史记·本纪》贯通上下三千年的发散、外向、扩张型结构。

由于通史与断代史的着眼点和出发点不同，《史记》在体例的创制上有破有立，尤以几处大胆的调整表现突出：从《五帝本纪》到《秦本纪》，都是以朝代为记载单元，每一本纪，都可以看作是一个小小的断代史。仅从朝代的变动，便寄寓着多么深沉的历史沧桑感；而在《秦始皇本纪》到《孝武本纪》的依次记叙中，极具匠心地选取项羽为记载对象，而舍去了惠帝。这样一来次序安排让人十分醒目：《高祖本纪》之前，《秦始皇本纪》之后，赫然横着《项羽本纪》，似乎让人看到了秦汉之际几年间，战乱

---

① 刘知幾.史通[M].浦起龙，通释.上海：上海古籍出版社，2008：29.
② 前四史．汉书[M].北京：中华书局，1997：1826.
③ 刘知幾.史通[M].浦起龙，通释.上海：上海古籍出版社，2008：29.
④ 前四史．汉书[M].北京：中华书局，1997：4245.

动荡、波澜壮阔的历史画面；而《高祖本纪》之后，紧接以《吕太后本纪》，又似乎演示着吕氏乱朝、诸臣锄奸的血雨腥风。自此之后，文、景、武三本纪依次排列，复归于平静。所以，《史记·本纪》的结构设置和写法很圆活，棱棱角角，耐人寻味。回过头来再看，《汉书·本纪》的设置则要平静得多，完全依照帝王世系进行排列，除了《高后纪》的出现让人有一丝悸动，余下的，完全是波澜不惊的家谱式组合。所以可以说，《汉书·本纪》的结构设置呈现出静态，写法正派、矜持，这主要也是因为《汉书》作为西汉断代史本身的体制决定的。不过《汉书》也并非平静得没有一点光彩，它很好地利用了自己断代为史的优点。除了前文指出的《本纪》已成为一自足、封闭的圆形结构，即使整部《汉书》，它也是由西汉一代的开创者和终结者，即汉高祖刘邦和新朝王莽，来同样完成了本书的开篇和结尾。于是，又一个包裹全书（除了《叙传》）的大圆便形成了。加上十《志》、八《表》皆自足自立，独立成章，也都可看作圆形结构。这样，整部《汉书》便形成了圆中圆的套装型结构，每一层，都是环抱的、封闭的，同时又努力地与其他层面的记载互动共存、参照补充。内敛、收缩、完整和表面的静态，是它的主要特点。与《史记》包裹不住的动态结构形成鲜明对比。

但，《汉书》结构上更能激动人心的，是它的静中有动。这个"动"，突出表现在它在《列传》部分的精心组织和安排上。对《史记》大刀阔斧的改造，加上自己独出心裁的排列组合，给我们呈现了《汉书》结构精彩的另一面。

第二节　合传、类传论

《汉书》断汉记事，自汉高祖至王莽，所记历史不过二百三十余年；《史记》所载，贯通上下三千年，然而《汉书》选择立传的人物却远远多于《史记》。《史》《汉》二书各有列传七十，除去其《自叙》一篇，各六十九篇列传中，《史记》共有传主147人，《汉书》则339人！[1] 推其根由，无疑在《汉书》大量使用了人物合传和类传的形式。合传，即合数人于一传，如《张耳陈余传》《魏豹田儋韩王信传》《窦田灌韩传》等；

---

[1] 仅仅从传名所列及附传人物统计。当然，《汉书》中的一部分人物在《史记》是见载于其《世家》中的。

类传主要指依类立传,将形形色色的人物按类划分,如循吏、酷吏、儒林等,归于每一类目之下的几个人物组合成一篇传记。《汉书》中的类传共有六篇,计为《儒林传》《循吏传》《酷吏传》《货殖传》《游侠传》《佞幸传》。《外戚传》中的众多传主似乎也是以类相从,然而在更大的意义上她们只是合于一起,并立一传,故应作合传观;而合传中的一些,如《张冯汲郑传》之谏诤类①、《杨胡朱梅云传》之狂狷类等,又应看作类传。这种情形尚有很多。清赵翼曾对史书中的"类叙法"有过说明:"盖人各一传则不胜传,而不立传则竟遗之,故每一传辄类叙数人。"②以此对照《汉书》中的某些合传、类传,正符合其性质。《汉书》中合传又可同时视作类传的情况比较多,标准也不尽一律,本文暂不做严格的区分。但有一点非常明确——班固充分利用了合传和类传容量大、并十分利于集中凸显某几人共通特点的优长,最大限度地展示了西汉人物事迹的丰富多彩和社会生活的方方面面。

一、多设合传、类传的原因探析

《汉书》列传七十,除《叙传》以外,仅有十五篇是专为某一人列的单传,其余则均为合传或类传,几占全部列传的80%,比例之大,触目惊人。而且即使十五篇单人列传,因叙及子孙苗裔等,其中很多也都带有合传性质,比如《楚元王传》兼叙刘向、刘歆,《张汤传》兼叙张安世、张延寿,《杜周传》兼叙杜延年、杜缓、杜钦,《韦贤传》兼叙韦玄成,《萧望之传》兼叙萧育、萧咸、萧由,《冯奉世传》兼叙冯野王、冯逡、冯立、冯参,《翟方进传》兼叙翟宣、翟义等。所以,严格意义上的单人单传,《汉书》中只有《贾谊传》《董仲舒传》《司马迁传》《东方朔传》《扬雄传》《元后传》和《王莽传》,屈指可数。如此,则合传、类传62篇,占到列传总数的90%!七十列传的主体部分,无可置疑地由合传和类传占据。探究形成这种现象的原因,大致有以下几个方面:

(1) 规模《史记》,但不拘于《史记》成法。

合传、类传的设置,首创之功应归于太史公。司马迁创造性地使用合传和类传

---

①意谓此传所记张释之、冯唐、汲黯、郑当时四人均以直言敢谏著称,故合传。下文所说的"狂狷类"与此同理。

②赵翼.廿二史札记校证[M].王树民,校证.北京:中华书局,1984:191.

的模式，整齐结构，简化篇幅，组合人物，便利叙述，取得了巨大成功。后世史家遂尊之重之，依样遵循而不改斯道，已可窥知其巨大深远的意义所在了。班固写作《汉书》，不仅继承了《史记》合传、类传的结构手法，更重要的是他对此进行大刀阔斧的改造和发挥，更立标准，将各种人物重新"组装"，使之更显整齐、有序，分类感强，块状特征明显，再加以按时排序，如《陈胜项籍传第一》《张耳陈余传第二》《魏豹田儋韩王信传第三》《韩彭英卢吴传第四》等等，依次推进，每一组合不仅自足地形成一个独立的单元，而且代表着历史前进过程中的某一方面，或者某一阶段。班固匠心别裁，让大部分合传又多带类传的性质，同一传内人物之间多依类相从，并且这种相从明显暗含深刻的历史意味，如"赵尹韩张两王皆为贤三辅而合传，反映了宣帝朝重二千石的史实。蒯伍江息夫皆利口覆邦家之人，合传是为人们集中提供借鉴。杨胡朱梅云是独行传，王贡两龚鲍是逸民传，季布栾布田叔是节义传，傅常郑甘陈段是扬威边陲诸将的群英谱，匡张孔马则是谄谀自保者的百丑图。"①

另外，由于取消了《世家》一体，那么如何将《史记》中原属这一部分的人物抽出来进行新一轮分配组合，也是摆在班固面前的一大问题。班固精心设计，将这些人物事迹依类揉入《列传》中，重新搭配并排定座次，不仅无损人物风神，反而更加凸现了历史演进的阶梯性。如，作为汉代建立的前奏，秦末战争的首先发难者和取得"阶段性成果"的分别是陈胜和项羽，故二人合传，并居列传之首，由此便开启了轰轰烈烈的汉代历史进程，正如李景星所云："陈胜、项籍俱以草创之才为汉家驱除，班氏列于传首，自是真正史法。"②再经过《张耳陈余传第二》到《高五王传第八》的过渡，到《萧何曹参传第九》和《张陈王周传第十》，已是汉朝建立以后第一代和第二代丞相的两大阵营，代表了文治的一面。而紧随其后的《樊郦滕灌傅靳周传第十一》所记又都是汉初的虎虎猛将，展示了其时的赫赫武功。

班固或依时间阶段的推衍，或依人物事迹的相类，根据不同标准，灵活运用合传和类传的形式，拼装人物，组合事项，形成《汉书》列传的板块型结构模式，再大体依时间先后进行排序，整体列传部分自始至终就是一部部活的西汉断代史。所以说，

---

① 班固.中华传统文化百部经典：汉书[M].许殿才，解读.北京：国家图书馆出版社，2022：25.
② 李景星.四史评议[M].韩兆琦，俞樟华，校点.长沙：岳麓书社，1986：179.

班固取法《史记》，但又跳出《史记》，突破约束，以创作实践见证自己著作的文学个性，确属难能可贵。

（2）近二百年的西汉历史呈现得多姿多彩，涌现了大量值得记录和品评的各色人物。如何筛选和记录这些人物以及他们的事迹，既保留人物风神，又还以历史之真，是班固作为史家必须要面对的难题，无疑也是一项考验。而班固不愧为一位优秀的史学家和传记文学作家，他秉承《史记》又超越《史记》，更加成功地运用了合传和类传的模式，对各种人物进行"分类管理"。其优点有二：一是借助合传、类传，将纷乱复杂的人物及其社会关系按块划分、按时排序，非常便于操作。如《樊郦滕灌傅靳周传》，内中人物俱为西汉开国大将，"所起皆微，又多未尝特将"①，并都在平定汉初异姓王的叛乱中发挥过重大作用。分而观之，人物各自有不同凡响的经历，皆呈精彩，合而视之，则是西汉建国、定国的征战史；二是人物合并列传，利于集中和突出其特点，不仅可以共同反映历史的某一阶段或某个方面，而且能加深读者的阅读印象。如《杨胡朱梅云传》，这五人之间相互没有什么联系，但他们身上都表现出了狷介狂直的性格特点，尤其是杨王孙，关于他的全部传记内容其实很简单，完全可归结为一篇"裸葬论"。他以其"吾欲裸葬，以反吾真。……死则为布囊盛尸，入地七尺，既下，从足引脱其囊，以身亲土"的狂狷行为，以及"夫厚葬诚亡益于死者"②的阔达之论，为后人树立了一个极具鲜明个性的人物形象。班固选材精当，描述适中，不展开，不铺排，就裸葬写裸葬，完全是有意突出其狂狷，而略其余。下文对胡建、朱云、梅福、云敞的记载也都循着这一模式，只记耿介，干脆利落，他们每个人都以其"狂"的一面见证了自己，也给读者留下了非常深刻的印象。班固将这五人合传，集中展示了西汉社会礼教思想文化背景下的另一面。

（3）在不影响篇幅和七十列传总体结构构思的前提下，合传、类传的设置，能以最大容量、适宜最大限度地记录西汉社会形形色色的人物，展现其人才彬彬之盛况和社会的纷繁复杂。这不能不说与班固创作《汉书》的初衷和主旨——"宣汉"思想存在很大关系。班固就是要通过大量使用合传和类传，利用其容量大的优点，来尽可能多

---

① 李景星.四史评议[M].韩兆琦，俞樟华，校点.长沙：岳麓书社，1986：189.
② 前四史：汉书[M].北京：中华书局，1997：2908.

地网罗和筛选西汉历史人物,并将其分类整理。不仅能比较全面地反映西汉史实,同时在客观上也确实展现出西汉二百多年间涌现出的各类人物事迹。即使不看本传内容,只要翻一翻《汉书·列传》合传、类传的目录,我们直观、粗浅的印象里,就包括了从王(列传第二、三、四、五、六、八、十四、十七、二十三、三十三、五十)、侯(列传第十一、十六等)、将(列传第三、四、十一等)、相(列传第九、十、十二等),到士(列传第五十八)、商(列传第六十一)、吏(列传第五十九、六十)、侠(列传第六十二)、方士(列传第四十五)、狂狷(列传第三十七)等各种人物板块,诚所谓"济济多士"。其记载数量之众,范围之广,目之所及,不能不让人由衷慨叹西汉王朝人物之盛。从这些人物名字密密麻麻的排列中,我们就能深切感受到汉王朝曾有过的强盛与辉煌。当然,我们更可以由此目录清晰地把握西汉王朝由盛及衰的历史命脉。而这也许正是两千年前的班固费心设计如此众多的合传、类传的目的之一。

二、《汉书》合传、类传的特点和优点

通过比照不难发现一个有趣的现象,那就是大致而言,西汉一代的人才发展,似乎也在跟随国脉的延续道路,国盛则人旺,反之,国家衰落,人才也呈寂寥态势。从秦末战争一直到武帝时代,随着朝代的建立和国势的日隆,各种人才如雨后春草般大量涌现,可谓众星璀璨,彬彬极盛,仅就武帝一朝人才云集的状况,班固在《汉书》中就用饱含赞赏的笔调,进行了热情洋溢的评述,这便是著名的《公孙弘卜式兒宽传》赞:

> 是时,汉兴六十余载,海内艾安,府库充实,而四夷未宾,制度多阙。上方欲用文武,求之如弗及,始以蒲轮迎枚生,见主父而叹息。群士慕向,异人并出。卜式拔于刍牧,弘羊擢于贾竖,卫青奋于奴仆,日䃅出于降虏,斯亦曩时版筑饭牛之朋已。汉之得人,于兹为盛,儒雅则公孙弘、董仲舒、兒宽,笃行则石建、石庆,质直则汲黯、卜式,推贤则韩安国、郑当时,定令则赵禹、张汤,文章则司马迁、相如,滑稽则东方朔、枚皋,应对则严助、朱买臣,历数则唐都、洛下闳,协律则李延年,运筹则桑弘羊,奉使则张骞、苏武,将率则卫青、霍去病,受遗则霍光、金日䃅,其余不可胜纪。是以兴

造功业，制度遗文，后世莫及。①

观此，不能不让人叹服"时势造英雄"一语的正确和深邃。因而承担记载任务的史传，自然也将记述的重点指向秦末到汉武帝的这些人物。而这段历史，恰恰是《史记》《汉书》记述的重合点。所以，《汉书》会如何利用合传、类传，将这些人物进行新的组合、排列，使之呈现不同于《史记》的面貌，便成为我们首先关注的重点。关于《汉书》对《史记》相关篇目较为明显的调整，我们可通过列表显示，详见表1.3。

表1.3 《汉书》列传整合、增广《史记》一览

调整情况	《汉书》	《史记》	备注
整合	陈胜项籍传	项羽本纪	
		陈涉世家	
	魏豹田儋韩王信传	魏豹彭越列传	
		田儋列传	
		韩信卢绾列传	
	韩彭英卢吴传	淮阴侯列传	
		黥布列传	
	荆燕吴传	荆燕世家	
		吴王濞列传	
	季布栾布田叔传	季布栾布列传	
		田叔列传	
	高五王传	齐悼惠王世家	《汉书》增赵隐王如意、赵幽王友、赵共王恢、燕灵王建
	萧何曹参传	萧相国世家	
		曹相国世家	
	张陈王周传	留侯世家	王陵在《史记》附于《陈丞相世家》
		陈丞相世家	
		绛侯周勃世家	
	樊郦滕灌傅靳周传	樊郦滕灌列传	
		傅靳蒯成列传	

---

①前四史：汉书[M].北京：中华书局，1997：2637.

续表

调整情况	《汉书》	《史记》	备注
整合	张周赵任申屠传	张丞相列传	名异实同
	郦陆朱刘叔孙传	郦生陆贾列传	《汉书》增朱建
		刘敬叔孙通列传	
	淮南衡山济北王传	淮南衡山列传	息夫躬后于司马迁；其余散见于史记各篇，无单独列传
	万石卫直周张传	万石张叔列传	名异实同
	文三王传	梁孝王世家	《汉书》增代孝王刘参、梁怀王刘揖
	张冯汲郑传	张释之冯唐列传	
		汲郑列传	
	窦田灌韩传	魏其武安侯列传	
		韩长孺列传	
	景十三王传	五宗世家	《汉书》大大增补了《史记》，扩充了很多为《史记》所不载的内容，尤以河间献王的记载表现突出
	张骞李广利传		张骞在《史记》附于《大宛列传》，李广利的主要事迹也在此传
增广	李广苏建传	李将军列传	《汉书》增苏建、李陵、苏武
	武五子传	三王世家	《汉书》增列戾太子刘据、昌邑哀王刘髆
	严朱吾丘主父徐严终王贾传		对严助、朱买臣等，《史记》只在《酷吏列传·张汤传》中略有提及
	贾邹枚路传		《汉书》增设

从表 1.3 可以看出，班固对《史记》的相关篇章，是费过心思，动了大手术的，但承续、模范的痕迹也非常明显。若再结合《汉书》后文所新补的列传一起审视，约而言之，有以下几点：

（1）人物整合的整齐化。这个所谓"整齐"，主要是指《汉书》人物归类标准的相对显明，以及整体结构的稳定、有序。比如，与《史记》中《魏豹彭越列传》《黥布列传》《淮阴侯列传》《韩信卢绾列传》《田儋列传》这样略显琐碎的安排不同，《汉书》则专门抽调魏豹、田儋、韩王信组成列传第三，其出发点就在"周室既坏，至春秋末，诸侯耗尽，而炎、黄、唐、虞之苗裔尚犹颇有存者。秦灭六国，而上古遗烈扫地尽矣。

楚、汉之际，豪桀相王，唯魏豹、韩信、田儋兄弟为旧国之后，然皆及身而绝。"① 流露出班固看重世系的思想，也颇寄寓着他对周室彻底灭绝的悲惋；继而再将韩信、彭越、英布、卢绾四人，附带上吴芮，组成列传第四。这些人又都属于汉初异姓诸侯王，而且除了吴芮（他在此传中占的篇幅也最小），其余四人日后又都走上了反叛被诛的道路。再就五人的座次来看，班固又显系依据他们每个人在辅佐高祖定天下时的战功大小来排序。窥一斑可知全豹，这样的组织方式，使得《汉书》的人物合传显得眉目清晰，干净利落。

那么，既然拉杂、整合不同的人物至于不同的"小组"，《汉书》又是如何保持列传整体结构的稳而不乱的呢？关键就在横的组合与纵的分割的结合上。班固既注意将同时代或时代距离相近的人，按照不同的标准，如或以经历，或以性情，或以职位，或以命运等，划分成不同的板块组合在一起，同时又在总体结构上采用以时间先后排序的方法，按时代发展历程进行分割、排列，打造成台阶一样与历史同步推进的模式。当然，这也不是绝对的，历史前进过程本身的复杂性，注定要使这项工作不可能做到严格意义上的先后排序。所以班固也灵活地学习了《史记》"异代合传"的做法，宁可依从对人物本身而言意义更大的标准，而将不同时期的人物合在一传内，这是变通之处，也是尊重历史的表现。比如《严朱吾丘主父徐严终王贾传》，这八个人各自生活的年代，是直要从武帝到成帝的。但因为他们不仅都长于辞辩，而且都有"不忠其身，善谋于国"②的共同点，在西汉历史舞台上也算是一批具有独特属性的团体角色，故安排八人合传。

（2）更加值得提出或者说更为有意思的是，《汉书》各列传之间的阶梯式推衍进程，与其八《表》（实际上主要是前七《表》）的排列次序基本上呈同步状态。换句话说，《汉书》列传（包括合传）的组织方式，既充分遵从历史事实，又自觉融入全书的整体结构构思，很好地服务于大局。前文说过，《汉书》八《表》是一个锥体构造，从小到大，分段演进。其次序排列如下（第八种表格《古今人表》前文已有相关讨论，此处从略）：

---

① 前四史：汉书[M].北京：中华书局，1997：1858.
② 前四史：汉书[M].北京：中华书局，1997：4257.

第一章 《汉书》的结构特色

异姓诸侯王表——诸侯王表——王子侯表——高惠高后文功臣表——景武昭宣元成功臣表——外戚恩泽侯表——百官公卿表

而《汉书》列传的排列次序，也大体依着这一模式：

魏豹田儋韩王信传第三（异姓诸侯王表）→ 荆燕吴传第五（诸侯王表）→ 高五王传第八（王子侯表）
韩彭英卢吴传第四　　　　　　　　楚元王传第六、季布栾布田叔传第七
→ 萧何曹参传第九 → 张陈王周传第十（高惠高后文功臣表）……（直至百官公卿）

竟如此出奇地一致！这不能简单地看成是一种巧合。而因为隶属于每一类的人物数量众多，所以合传便显示了其独有的组织、包容能力，并提供和保证了总体结构安排按部就班的便利。由此可见，《汉书》合传结体微妙，而厥功亦伟，确实值得称道。

（3）因为合传、类传的数量很多，编排标准不一，记载内容也有异，所以其本身的结构安排也颇有引人注目之处。总体而言，《汉书》七十列传的结构设计颇有点像数学范畴里的坐标轴，若要说横线代表时间的前后推衍，那么纵线则为对应于每一时间点上并列分布于相同空间的各种"人物小组合"（即合传和类传），或单个人物传记（即独传）。对合传而言，这样的设计尤有意义。因为合传本身的容量大，多个人物事迹合在一起，就能反映出人物所属时代的一个"面"，较独传只局限某一人的"点"的状态要广泛、深入得多。所以从纵的方向看，不管并列于同一时间点（或段）的合传是多是少，分之则每一人物事迹具在，合之则是某一时期历史概貌的全景式展示。如果再要将它置于时间这条轴线上，结合其前后的各种合传一起审视，那么历史上人物的前赴后继、事态的前因后果便尽在眼前，一目了然。比如，从《列传》第一到《列传》第十三[①]，只要不细加苛求，大致都可并列置于时间轴的开端上。就其历史

---

①即《陈胜项籍传第一》《张耳陈余传第二》《魏豹田儋韩王信传第三》《韩彭英卢吴传第四》《荆燕吴传第五》《楚元王传第六》《季布栾布田叔传第七》《高五王传第八》《萧何曹参传第九》《张陈王周传第十》《樊郦滕灌傅靳周传第十一》《张周赵任申屠传第十二》《郦陆朱刘叔孙传第十三》。

容量来看，战争到和平，分封再平叛，乃至草拟律令、制定朝仪、营都建邑，囊括尽进；人物更是王、侯、将、相俱在，豪杰、辩士共存。汉初几十年间风云变幻的历史，仅通过这些合传的巧妙设置便可得其全貌。而要再沿时间轴往后推进，则西汉政治渐稳，国势日盛的发展历程，以致于其渐行渐衰的败亡之路，也正通过这些鲜活的合传设置，清晰地展现在我们眼前。举凡西汉的吏治、征伐、经济、外交等大政要事，文臣武将的人物风貌，我们都可通过《汉书》列传，尤其是合传、类传的编排晓其大概。总的来说，"汉初诸传反映的是西汉开国气象，列传的排列体现了武功文治格局。文景时期立传较少，重点记述几位政治家的活动和见解，体现了朝政的清静无为。武帝时期是重点记述阶段，文物人才之盛直追汉初。昭宣时期，稍为振作，魏相丙吉之传与萧曹的遥相呼应。元成之后则颓靡不振，弘恭、石显、王凤、王莽先后当政，匡张孔马之流从风而靡，虽有二三贤臣以直节立朝，无奈大江东去，他们已不能挽狂澜于既倒了。"[1]很显然，班固匠心独具，将自己的历史观察和独到见解深刻地融入了合传的编排上了。

另外，就某合传或类传中各单元的组合关系而言，班固也是根据记载需要，善于发现材料组织点，"不拘一格套人才"。分开来讲，可概括为这样几种类型：

（1）并列式编排传内各单元之间相对独立、互为平等，并存不悖，对外又自足成为一个整体，共同体现某一时期，或者某一阶级相同或相通的一面。如《杨胡朱梅云传》，所录全系狷介之人，而《眭两夏侯京翼李传》又都为方术之士。至于类传中的《循吏》《酷吏》《游侠》《佞幸》等传，则其共同特征更是再鲜明不过。

再深入一层还可发现，《汉书》合传、类传内部即使一般都呈并列关系，但不同的合传中，各组成单元之间还有"相类"与"相对"的不同。所谓相类，即指在同一划分标准之下，各个人物之间有着相同或相近的共性。如《万石卫直周张传》，其人都是身居显宦，又以持重、谨严和内敛著称，而《张冯汲郑传》中的四人又皆为忠直敢言，犯颜谏诤之臣，《傅常郑甘陈段传》，又似专为立功西域的悍将形象所设。绝大多数合传、类传都属此类，不胜赘举；然而也有些合传中，各成员之间却以某个方面很鲜明的相对，甚至相反的关系并存，全篇传记也是以此关系为主线，带动其整体叙事，

---

[1] 班固.中华传统文化百部经典：汉书[M].许殿才，解读.北京：国家图书馆出版社，2022：25.

往往给人以很深刻的印象。如《袁盎晁错传》，似乎是要更突出二人之间一对生死冤家的关系，"相对"的意味要盖过其"相类"的一面。至如《李广苏建传》，班固更显然是有意以李广、苏建为引子，出彩点落在李陵与苏武的叙写上，将此二人降与不降的对比意义进行到底，是典型的"相对"类型设置。

另外还需要提及的是，既然并列式编排的合传中，各成员呈对等关系，那么如何凸现其"同中之异"，在保持整体共性的同时，又不致泯去各个人物独有的特征呢？首先，人物自身的言行、经历，是其个性的最好证明和展现，所以班固于此甚为着意，灵活采取描写、叙述、议论等多种手法塑造人物，甚至径以人物自己的言行立传（如杨王孙论裸葬）。其次，便是通过篇末论赞，以带总结性质的文字表述班固对传中人物的看法，客观上也突出了人物各具的特点，如《隽疏于薛平彭传》赞：

> 隽不疑学以从政，临事不惑，遂立名迹，终始可述。疏广行止足之计，免辱殆之累，亦其次也。于定国父子哀鳏哲狱，为任职臣。薛广德保县车之荣，平当逡遁有耻，彭宣见险而止，异乎"苟患失之"者矣。①

就旗帜鲜明地摆出班固对传中各个人物的看法，同时简明扼要地总结了人物之间的"同中之异"，收束全文。

（2）串联式编排传内各组成单元之间，超越简单的互不关联的并列式存在，而更近于一种甲引出乙，乙又联结丙，依此类推、依次串联的关系。甲、乙、丙等单元可以是同时共存的，也可以是先后相次的。前者以《西域传》为代表，其中涉及西域诸国达五十余，面对数量如此庞大的记述对象，班固独借助其方位相属和距离远近，巧妙运用空间展开的线索，使其一一属联（着重号为笔者所加，下同）：

> 出阳关，自近者始，曰婼羌。……西北至鄯善，乃当道云。②
> 鄯善国，本名楼兰……鄯善当汉道冲，西通且末七百二十里。……③

---

① 前四史：汉书[M].北京：中华书局，1997：3053.
② 前四史：汉书[M].北京：中华书局，1997：3875.
③ 前四史：汉书[M].北京：中华书局，1997：3875.

且末国，王治且末城……北接尉犁，南至小宛可三日行。有蒲陶诸果，西通精绝二千里。①

小宛国，王治抒零城……②

精绝国，王治精绝城……③

自近者始，由一国牵引出连属的另一个或两个邻国，依空间方位由近及远逐次铺开。循此模式，将这些散落西域的小国家，如珍珠般串结在一起，紧凑而有条理。加上适时插入的大量叙事和补充介绍，详略分明，重点突出，使我们不仅详知其历史沿革、山川地理概况，就是从空间分布上，亦可依此绘制一幅西域诸国分布图。其结构精当，一至于此；而后者，即前后相次的情况，典型的例子莫过于《儒林传》。道理很简单，前后串联起这些儒林学士的，就是他们之间传授学问的师承关系。先生引来徒弟，徒弟带出徒孙，代代相沿，是谓有次第的串联。不烦例叙。④

（3）交错式编排传中人物关系错综复杂，彼此牵制，又互为因果，呈交叉型互动状态，故合传，以见特定的世态人情。可以《窦田灌韩传》为代表。本传以窦婴、灌夫与田蚡这两条战线、两个集团之间的矛盾斗争为主线，演绎了一出官场相争、终以俱亡的历史剧。行文亦以三人相继登场、露相之后，相互穿插、交往——矛盾升级——渐至高潮——终归平静的方式，交错推进情节。韩安国则作为客串角色附于传末，独立成为一重头戏。因为此传是班固整合《史记》的《魏其武安侯列传》《韩长孺列传》而成，文章内容也多因袭，实际上是班固欣赏并有意继承了司马迁组织合传结构的精髓，自出机杼者少，也无须我们多加交代。

（4）以上我们一直在讨论《汉书》列传部分中合传与类传结构方面的一些问题，但合传与类传之外，《汉书》尚有仅占全部列传五分之一的独传存在——虽然如前所说，很多独传其实只是合传的变形。放眼总观，便会发现《汉书》合传、类传与独传之间的配合，于整体列传的结构设计而言，同样有精到之处可述。说"配合"还不尽

---

① 前四史：汉书[M].北京：中华书局，1997：3879.
② 前四史：汉书[M].北京：中华书局，1997：3879.
③ 前四史：汉书[M].北京：中华书局，1997：3880.
④ 详见本书第五章第一节内容。

恰当，更准确地讲，应该谓之"调节"。无论是合传还是类传，如果仗着其数量的庞大，而施以太过密集的排列，于作者、于历史、于读者的阅读接受，都会显得沉闷、滞塞。所以，这个时候，适当杂以人物的单独列传，无疑是一剂清凉滴液，能够及时打破单调，制造新鲜，醒人眼目，调节了列传的结构和节奏，也调节了我们阅读时的接受情绪。我们不难发现，《汉书》每连续出以一连串合传或类传，便会有一二人物独传出来，担当起调节员的角色。

最后要补充的一点是，从总体结构设计来看，《汉书》七十篇列传，除末篇《叙传第七十》属总括、提纲的性质，其余作品大而化之，约可划分为三个板块的内容，也可以说成是三个阶段：第一篇《陈胜项籍传》，演绎的是西汉王朝正式建立以前群雄逐鹿、由纷乱走向统一的斗争过程，是为序曲部分；从列传第二《张耳陈余传》，因张耳做过汉初异姓诸侯王，其履历已实质性地跨入汉室，到列传第六十八《元后传》，元后见证和亲历了汉室的覆亡、被篡，这是西汉历史自始至终的完整展现，属主体部分；而列传第六十九《王莽传》，当然属于尾声。所以，《汉书》列传整体上就跟一台戏曲一样，首尾完整，层次分明，结构布局十分清晰。而且做到了框架设计完全切合历史实际，与历史相对应，同步呈现。

第三节　篇章结构探妙

倘着眼于单篇作品，《汉书》更展示了匠心独具的结构安排。

比如《贾谊传》。与《史记》将屈原、贾谊异代合传的安排不同，《汉书》为贾谊单独立传，并在保持《史记》引录贾谊《吊屈原赋》《鵩鸟赋》之外，更增入且全文引录贾谊《陈政事疏》等重要文献。近人李景星指出："班氏既为谊立专传，自不能与《史记》同例，故于《史记》原取二篇外，又增入《陈政事疏》《处置洛阳各国疏》《谏封淮南厉王诸子疏》。使后之人读前两篇，可以见其遭际之穷；读后数篇，可以知其经济之大。其所安置，俱有深意，并非苟为去取。"[①] 今人施丁认为："贾谊究属不是一般文人，而是政论家，其著名的政论《陈政事疏》乃千古杰作。《汉书》传写其人，详载

---

① 李景星.四史评议[M].韩兆琦，俞樟华，校点.长沙：岳麓书社，1986：198.

其论，实是抓住了贾谊最主要最本质之点；班固又引刘向'其论甚美，通达国体'之论，颇有识见。于此可见，'尺有所短，寸有所长'，班固也有胜过司马迁的史识。"①而从整体的篇章结构来看，《贾谊传第十八》正位于《文五王传第十七》之后，独立一传，之后才是《袁盎晁错传第十九》和《张（释之）冯（唐）汲（黯）郑（当时）传第二十》，很显然，这样的安排，是把贾谊放在文帝朝诸臣之首的。醒目的位置，彰显的是贾谊这位文帝一朝年纪最轻、资历最浅、离世也很早，却在政治、思想、史学和文学领域都有杰出建树的旷世奇才崇高的历史地位。

又如《王莽传》，这是《汉书》的最后一篇列传，也是《汉书》最长的一篇列传，完整记录了王莽的一生和"新朝"崛起又迅速陨亡的全过程，其实就是一部新朝史，洋洋洒洒四万五千余字！这样一篇大体制，没有很强的、高超的文字驾驭功力，是容易滑向漫漶、乏味的，但班固在此传中"每叙一事，前必有提纲，后必有收结，绝无平铺直叙之弊。更步步照应，处处点醒，如常山之蛇，击首则尾应，击尾则首应，击中间则首尾俱应。是以篇幅虽长，读之者不厌其烦。传末'天下悉归汉'一句，为通传总结。'世祖即位'三句，与'天下悉归汉'句相顾，又一总结。盖长篇文字不如是则收拾不住也。"②结构、叙事完美配合，大开大合，笔力非凡；而且传末"天下归汉"一句向前收束全书，"世祖即位"三句向后开启来世，不仅含有深长绵延的历史意味，同时也为整部《汉书》留下一个开放式的、蕴含无限展望寓意的结局。

试再以《元后传》为讨论对象。《元后传》赞语以"司徒掾班彪曰"领起，一般认为这整篇作品是班彪所著。细读文本，似可作这样的推断：

第一，本篇论赞明确点出是出自"司徒掾班彪"的观点，正是班固不愿"窃父书"③，尊重乃父作品的表现，但绝不能就此断定本篇正文必是班彪所为。《史记》《汉书》中多次出现过论赞部分全用他人观点的现象，比如《史记·秦始皇本纪》的文末赞语就全录贾谊《过秦论》，《汉书》中《董仲舒传》《东方朔传》等传文的论赞部分，也都明确摆出过刘向、刘歆、扬雄等人的观点。班固在引用刘向、扬雄诸人之论时，一般首冠以"赞曰"二字，与书中其他全由己出的论赞并无二致，而独于乃父所论，

---

① 施丁.汉书新注[M].西安：三秦出版社，1994：1583.
② 李景星.四史评议[M].韩兆琦，俞樟华，校点.长沙：岳麓书社，1986：259.
③ 参见顾颉刚《班固窃父书》，《史学史研究》，1993年第2期。

第一章 《汉书》的结构特色

明确以"司徒掾班彪曰"引起。这一是因为班彪曾系统地续写过《史记》[①],"司徒掾班彪曰"明显踵袭自"太史公曰"。这种有意进行且自成体系的续作,使得班彪的论赞也呈现得篇幅较长,系统而完整。班固尊之重之,全予引用,而不肯掠美,以"司徒掾班彪曰"的内容完整代替本著之"赞曰"。

但《元后传》正文内容应出自班固之手。元后作为外戚,在紧邻其本传、位置居前的《外戚传》中[②],作者已明确指出"孝元王皇后,成帝母也。家凡十侯,五大司马,外戚莫盛焉。自有传"[③]。说明这是作者有意的全局性安排:在写作《外戚传》时,已有为元后单独列传的构思。而与紧邻其后的《王莽传》合观,正可发现《元后传》和《王莽传》两篇作品的开篇手法真是一唱一和,《元后传》首句"孝元皇后,王莽之姑也"[④],正好对应《王莽传》首句"王莽字巨君,孝元皇后之弟子也"[⑤],这也可以说明所有这些作品,均系出自班固一人的构思和写作。《四库全书总目提要》就明确提出:"其述《外戚传第六十七》《元后传第六十八》《王莽传第六十九》,明以王莽之势成于元后,史家微意寓焉。"[⑥]更何况《元后传》和《王莽传》不仅内容多有重合,就是某些字句的运用,也都是完全雷同的(见下文)。另外,《元后传》正文末称呼光武皇帝为"世祖"[⑦],不符合《汉书》其他班彪之作中称呼光武为"今上"的用语习惯,很显然,这是从班固的角度和身份行文的。还有,从《元后传》整篇的行文看,无论是遣词造句的习惯,还是整体的文章风格,都明显是班固为文本色。

---

① 《后汉书·班彪列传》:"彪既才高而好述作,遂专心史籍之间。武帝时,司马迁著《史记》,自太初以后,阙而不录,后好事者颇或缀集时事,然多鄙俗,不足以踵继其书。彪乃继采前史遗事,傍贯异闻,作后传数十篇,因斟酌前史而讥正得失。"(详见《前四史:后汉书》,中华书局1997年版,第1324页)。又,唐刘知幾《史通·古今正史》:"《史记》所书,年止汉武,太初以后,阙而不录。……至建武中,司徒掾班彪……采其旧事,旁贯异闻,作《后传》六十五篇。"(详见刘知幾《史通》,上海古籍出版社2008年版,第241页)。

② 《元后传》为《汉书》列传第六十八,其前为《外戚传第六十七》,其后为《王莽传第六十九》。

③ 前四史:汉书[M].北京:中华书局,1997:3973.

④ 前四史:汉书[M].北京:中华书局,1997:4013.

⑤ 前四史:汉书[M].北京:中华书局,1997:4039.

⑥ 四库全书研究所整理.钦定四库全书总目[M].北京:中华书局,1997:619.

⑦ 见《元后传》正文末段:"初,红阳侯立就国南阳,与诸刘结怨。立少子丹为中山太守。世祖初起,丹降为将军,战死。"详见《前四史:汉书》,中华书局1997年版,第4035页。

第二，即使《元后传》为班彪所作，那么它在羼入《汉书》之时，必是经过了班固的精心修订和安排，不露痕迹地融入全书而成为其一部分。以此为出发点，在讨论《汉书》文章结构的意义上，我们以《元后传》作为参照和抽样，通过探讨此传，以求窥得《汉书》篇章结构艺术全豹之一斑，也是可以成立的。

抽取《元后传》作为分析样品，还有出自如下几点考虑：

首先，作者的处理态度吸引了我们的注意力。《汉书》在《匈奴传》之后紧续以《外戚传》，孝元皇后本属于外戚集团，然而却被从专为这一群体所立的《外戚传》中抽出来，独成一传，而且又置于《王莽传》之前。姑侄二人的传记一前一后，宣告了《汉书》列传部分的结束，同时也意味着西汉王朝已至尾声。诚如宋黄震所言："班氏以《外戚》列《匈奴》之后，非以汉世外戚之祸惨于匈奴欤？既复以孝元皇后别为之传，即继之以王莽而汉事终焉。吁，亦可悲矣！"[①]作者这样特意安排，值得我们格外关注。

其次，《元后传》是《汉书》唯一一篇专为某一位女性单独辟立的传记作品，这也是自《史记》所创纪传体史传以来的首篇女性独传。之前虽有吕后也曾独立占据一篇的篇幅，但吕后记入本纪，与列传在纪述体例上有别。更大的意义恐怕还在于，同样作为皇后的吕后和元后，对于前者，《汉书》继承《史记》而作《高后纪》；而于后者，《汉书》却独辟列传，予以专门记述，且与其本应所属的《外戚传》并行不悖。这显然是作者别有用心的安排。

再次，孝元皇后身历汉世五朝（宣、元、成、哀、平），又亲身经历和见证了自己的侄子王莽篡汉的全过程，她的身上凝结着西汉后期数十年的历史，她无疑也是西汉王朝衰落、败亡的缩影。所以，不妨说《元后传》以一篇列传的容量，叙写的却是西汉一代的颠覆史。小体积与大容量对比结合，正是依赖于结构上的巧妙设计。这实在是一个值得咀嚼的话题！

最后，《元后传》始终以元后为记载对象，与《张汤传》《杜周传》《韦贤传》等虽以单人命名，然而内容兼叙子孙，多少带点合传性质的列传不同，在单人单传的层面上，自有其代表性。

---

① 凌稚隆.汉书评林[M]//吴平.汉书研究文献辑刊：第3册.北京：国家图书馆出版社，2008：108.

《元后传》的结构，可从向外与向内两方面进行分析。

一、外向型结构

所谓外向型结构，指的是《元后传》作为独立个体，与其前后各列传之间的关联性。

元后之与《外戚传》，本属相合，却终立单传，形成并列，作者似有其特殊的用意："孝元王皇后，成帝母也。家凡十侯，五大司马，外戚莫盛焉。自有传。"① 但显然，这不过是浮光掠影的表面话——虽然已经对其单独成传有所暗示，但更本质的用意的揭示，却在《元后传》赞语和《叙传》中的这些表述上：

> 司徒掾班彪曰：……汉兴，后妃之家吕、霍、上官，几危国者数矣。及王莽之兴，由孝元后历汉四世为天下母，飨国六十余载，群弟世权，更持国柄，五将十侯，卒成新都。②

> 元后娠母，月精见表。遭成之逸，政自诸舅。阳平作威，诛加卿宰。成都煌煌，假我明光。曲阳歊歊，亦朱其堂。新都亢极，作乱以亡。述《元后传》第六十八。③

从这些文字会意，分明是将元后看作成、哀之时王氏专权，终致王莽篡汉的根源所在，语气之凌厉，甚至有元后当仁不让，几成罪魁祸首的意思在内。元后独立成一传，就是要明确显露汉朝之被篡，由来非一朝，而是有其数十年女后独统的积淀作基础的意思。所谓"家凡十侯"云云，不过是史家微言大义的隐晦笔法。

在这个意义上，与《元后传》关系更紧密的，正是其后紧随的《王莽传》。作者的这种安排，不可不谓匠心独载，其用心良若，更是让人钦佩。看看两篇传记的开首一句，便似乎能透露不少有趣而精妙之处：

---

① 前四史：汉书[M].北京：中华书局，1997：3973.
② 前四史：汉书[M].北京：中华书局，1997：4035.
③ 前四史：汉书[M].北京：中华书局，1997：4270.

> 孝元皇后，王莽之姑也。①
>
> 王莽字巨君，孝元皇后之弟子也。②

《元后传》甫一开篇，劈面即以"王莽之姑也"推介孝元皇后。不自他人引出，而偏偏首推王莽，盖有深意焉。清人周寿昌也早注意到这一点，他说："此传不先叙先世，而特书曰王莽之姑，明莽之祸，后实成之也。"③有了《元后传》作衬垫，《王莽传》轰轰烈烈的叙事大幕，便有了这样宏亮而醒目的开启：王莽此人正是"孝元皇后之弟子也"。两篇传记，开篇笔法一呼一应，殊为有趣。

除了这样的回旋呼应，二者的互补互动，同样是其外向型结构安排的重要内涵所在。

元后自元帝时立，元帝崩，成帝即位，遂被尊为皇太后，以太后弟王凤"为大司马大将军领尚书事，益封五千户。王氏之兴自凤始"。④从此便开启了王氏家族在汉代政坛马首是瞻的历史。至"河平二年，上悉封舅谭为平阿侯，商成都侯，立红阳侯，根曲阳侯，逢时高平侯。五人同日封，故世谓之'五侯'。太后同产唯曼，蚤卒，余毕侯矣。……王氏子弟皆卿大夫侍中诸曹，分据势官满朝廷"。⑤探其本源，无非是庙堂最高处赫然屹立的那块王氏招牌——元后。也正是这位元后，因为她的良心不忍，"怜弟曼蚤死，独不封，曼寡妇渠供养东宫，子莽幼孤不及等比，常以为语"，引得"平阿侯谭、成都侯商即在位多称莽者"，遂致"久之，上复下诏追封曼为新都哀侯，而子莽嗣爵为新都侯"⑥，从此才有了王莽的势位日隆，青云直上。在王莽的晋身阶梯上，可以说，元后推出了至关重要、也是力道最足的一把。至于到平帝时太后临朝而委政于莽，则更是大势已定了。这些内容，只有将它与《王莽传》中相关情事的记载对照合观，我们才能对历史事实的前因后果有个比较全面而深入的认识。反过来说，《王莽传》中元后的角色显得暗淡、晦涩，从一开始的居于主动，拔擢王莽，成帝崩后又

---

① 前四史：汉书[M].北京：中华书局，1997：4013.
② 前四史：汉书[M].北京：中华书局，1997：4039.
③ 班固.汉书补注[M].王先谦，补注.上海：上海古籍出版社，2008：6009.
④ 前四史：汉书[M].北京：中华书局，1997：4017.
⑤ 前四史：汉书[M].北京：中华书局，1997：4018.
⑥ 前四史：汉书[M].北京：中华书局，1997：4026.

"诏莽就第，避帝外家"①，太后尚显尊严有加。而自王莽得势，太后反成被利用的工具，莽每每"白太后下诏"②，直至后来干脆"令太后下诏曰"③，让我们看到的是一位处于暗厢、受人摆布的老姬。只有借助《元后传》，才得知她在这样惨淡的境遇中，也曾有过涕泣护玺、独守汉历等虽显微弱，却不乏忠节的抗争之举。两篇传记交互式补足，不仅使人物形象更显丰满，也呈现了完整而颇具动态意味的历史。此其一。

其二，两传之间的动态共存，还表现在牵一动万的某些字句的使用上。除了上文所举二者颇为别致的互涉式开篇手法外，《元后传》中特别强调的平帝"年九岁，当年被疾，太后临朝，委政于莽，莽专威福"④，在《王莽传》又重加指出：平帝"年九岁，太后临朝称制，委政于莽"⑤。许是由于这个事件非同一般，不仅是王莽成就其业的关键一步，也是元后和王莽姑侄二人地位和关系的转捩点，所以作者有意于前后两篇传记中，皆以相近甚至相同的字句重复点出，将它作为抓手，如一根绳索般牵住两传，大大加强了二者之间的互动性。与此相近的记载也曾出现于《外戚传》："平帝即位，年九岁，成帝母太皇太后称制，而莽秉政"⑥，字句稍有出入，且其意义也不如《元后传》和《王莽传》突出，但作者对此事的重视和有意强调却很显见。

如果我们不拘于《元后传》和《王莽传》二者之间，只看到其呼应和互动，而能拨高一层，将这两篇传记看作一个小整体，置之于全书结构的视域来审视，便又看到了《元后传》外向型结构的另一面，即：它对全书叙事节奏的调节作用。换言之，《元后传》的位置，恰处浓墨重彩的汉世各类人物的传记和篡汉者王莽的传记之间，是由汉到新的缓冲阶段，很好地起到了调节全书叙事节奏的作用，使得对于汉朝覆亡、江山易祚的叙写不至于太突兀。正因为有了《元后传》中对王氏一族渐兴而极盛的充分交代，如一座桥梁一般，连通了天汉至新莽之间的沟壑，遂让这条叙述的道路也显得平坦而自然。即使对于读者的情感接受而言，《元后传》也不啻一剂良药，以其过渡性质缓和了我们的阅读情绪。

---

① 前四史：汉书[M].北京：中华书局，1997：4041.
② 前四史：汉书[M].北京：中华书局，1997：4046.
③ 前四史：汉书[M].北京：中华书局，1997：4049.
④ 前四史：汉书[M].北京：中华书局，1997：4030.
⑤ 前四史：汉书[M].北京：中华书局，1997：4044.
⑥ 前四史：汉书[M].北京：中华书局，1997：4009.

二、内向型结构

所谓《元后传》结构的内向性，主要着眼于作品的内部，分析其自身的结构手法。《元后传》在结构上大致有以下数端值得留意。

1."千呼万唤始出来"的导引手法

《元后传》中，主人公元后的出场经过了层层的渲染。起始以"王莽之姑也"[1]带出，已觉不同凡响。继而笔锋宕开，以王莽"自谓"的宗族世序暗引元后，并以此内容为后文的《王莽传》张本，可谓一举多得。继而又施以浓墨，重点叙述元后之祖父王翁孺的事迹，突出他于武帝朝逐捕群盗时，网开三面，纵而不诛，至留活口万余之多，虽然终"以奉使不称免"，但他"吾闻活千人有封子孙，吾所活者万余人，后世其兴乎"[2]的感喟，已然埋下预言的种子。这让我们不禁联想起《于定国传》中，定国之父于公当年曾预言"我治狱多阴德，未尝有所冤，子孙必有兴者"[3]的记载，情节及手法何其相似。不同的是，《于定国传》中这一事件补叙于传末，而在《元后传》中，这样带点神秘色彩的事件却浓墨重彩地铺叙于开端，亦可见出班固对各列传篇章结构的设置因人而异的独到处理。

然而仅此一事，对于牵引元后尚嫌不够，所以有了下文更进一层的渲染：

> 翁孺既免，而与东平陵终氏为怨，乃徙魏郡元城委粟里，为三老，魏郡人德之。元城建公曰："昔春秋沙麓崩，晋史卜之，曰：'阴为阳雄，土火相乘，故有沙麓崩。后六百四十五年，宜有圣女兴。其齐田乎！'今王翁孺徙，正直其地，日月当之。元城郭东有五鹿之虚，即沙鹿地也。后八十年，当有贵女兴天下"云。[4]

仍以王翁孺为叙述对象，目的在于带出元城建公的这段高调预言。更可贵的是，建公之言中又套着往昔春秋之时某位晋史的卜言，神秘中裹着神秘，逐层铺开，渐次

---

[1] 前四史：汉书[M]. 北京：中华书局，1997：4013.
[2] 前四史：汉书[M]. 北京：中华书局，1997：4014.
[3] 前四史：汉书[M]. 北京：中华书局，1997：3046.
[4] 前四史：汉书[M]. 北京：中华书局，1997：4014.

盘升，同时也将元后露面之前的气氛及背景渲染推至高潮。而其中"日月当之"一语，又为下文"初，李亲任政君在身，梦月入其怀"①导夫先路，兼顾、照应之法，诚谓微妙。

2. 巧为断续，笔调高低有致

在进行了如此浓重的层层铺垫、蓄势之后，却笔调骤冷，让元后在一种略显沉闷的氛围中低调出场：

> 翁孺生禁，字稚君，少学法律长安，为廷尉史。本始三年，生女政君，即元后也。禁有大志，不修廉隅，好酒色，多取傍妻，凡有四女八男；长女君侠，次即元后政君，次君力，次君弟；长男凤孝卿，次曼元卿，谭子元，崇少子，商子夏，立子叔，根稚卿，逢时季卿。唯凤、崇与元后政君同母。母，嫡妻，魏郡李氏女也。后以妒去，更嫁为河内苟宾妻。②

元后所占笔墨何其寥落，几乎是被一笔轻轻带过！相反，倒是元后兄妹的依次排列，大有咄咄逼人、喧宾夺主的来势，似乎要有意淡化元后的光彩。

而这正是全文纲领的提挈处。《元后传》在很大程度上，可以目为"王氏兴衰史"。元后一人得道之后，主宰刘姓天下、同时也是支撑《元后传》这篇作品整体框架的，正是这些一一排列的王氏兄妹。所以作者不厌其烦地罗列：生父—元后—姐妹—兄弟—生母，正是在为下文定纲勒目。同时，也暗寓着本传内部其余兄妹的着墨和关注度，完全可以比美元后，甚至可谓有过之而无不及。

而对元后母亲的交代颇有妙处，她既以"妒去"而"更嫁"，那么后来结局怎样？记叙戛然而止，就此中断。看似闲笔，实是设悬成疑的妙法。这个悬念在此埋下伏笔，造成读者的阅读期待，直到下文"太后母李亲，苟氏妻，生一男名参，寡居。……以参为侍中水衡都尉"③，终于完成照应，文意得以断而复续。

元后携同众兄妹出场的这段文字，整体上就是一处断笔。它的插入虽是对之前种

---

① 前四史：汉书[M].北京：中华书局，1997：4015.
② 前四史：汉书[M].北京：中华书局，1997：4015.
③ 前四史：汉书[M].北京：中华书局，1997：4018.

种铺染的回应和小结，但它平板典正的风格，客观上阻断了对于元后的神秘化叙述。直到全部人物亮相完毕，元后的故事才又得以接续：

> 初，李亲任政君在身，梦月入其怀。及壮大，婉顺得妇人道。尝许嫁未行，所许者死。后东平王聘政君为姬，未入，王薨。禁独怪之，使卜数者相政君，"当大贵，不可言。"禁心以为然，乃教书，学鼓琴。五凤中，献政君，年十八矣，入掖庭为家人子。①

宿命论的意味，以及元后注定非同一般的经历，均与文章开头部分的渲染保持了同一格调。只不过预言家换成了卜相者，而元后也更成长得婉顺贤良，知书习礼。但"当大贵，不可言"一语，似更加重了神秘色彩，且有故设悬笔之意。一断一续的结构手法，使文章微兴波澜，更显摇曳多姿。

3. 在对比中组织材料

写作时，所集材料有多寡轻重之分，如何对此进行调配使用，是对作者结构创设能力的一种考验。《元后传》中，作者在局部地方善于运用对比方法安排材料，效果显著。

在王翁孺一节，叙及翁孺"为武帝绣衣御史，逐捕魏郡群盗坚卢等党与，及吏畏懦逗留当坐者"时，首先点明"翁孺皆纵不诛"。②"纵不诛"三字醒人眼目，以见出其人、其行的不寻常。而为加强表述此意，作者特引"它部御史暴胜之等奏杀二千石，诛千石以下，及通行饮食坐连及者，大部至斩万余人"③，在反衬中更加有力地表现了王翁孺所作所为的不一般。很明显，作者在此有意突出一些关键性语词，特别强调了"不诛"与"奏杀"之间，以及"斩万余"与"活万余人"之间的鲜明对比，从而使其暗寓的结果也成明显的对比：王翁孺虽然只矜持地说了句"后世其兴乎"④，但在读者，因有了暴胜之们的反衬，已隐约觉出王氏语中有个必然性在，我们已分明可得出"后

---

① 前四史：汉书[M].北京：中华书局，1997：4015.
② 前四史：汉书[M].北京：中华书局，1997：4013.
③ 前四史：汉书[M].北京：中华书局，1997：4013.
④ 前四史：汉书[M].北京：中华书局，1997：4014.

世其必兴"的结论。元后的出现，王氏家族的兴盛，其不亦宜乎！而对暴胜之等人，也正因为有了王翁孺的比照，其"报虐以威，殃亦凶终"①的结局，自然不会令人感到意外。

材料在比较中得以组织穿插，有时又是别种风味。如写到元后"入掖庭为家人子"以后，适逢宣帝"令皇后择后宫家人子可以虞侍太子者"，特意强调"政君与在其中"。②这句话重重地落在这里，暗示着将有精彩的故事上演。随后作者有意安排了两层对比，凸现政君之确实非常人可比。其初，政君等五人被同时引见于太子，而"太子殊无意于五人者"，随便应付了一句"此中一人可"，暗示五人同台竞争，机会平等，颇有"遇不遇，命也"的味道。而偏偏"是时政君坐近太子，又独衣绛缘诸于"，故"长御即以为是"。③此一奇；更加不同寻常的是，"先是者，太子后宫娣妾以十数，御幸久者七八年，莫有子，及王妃一幸而有身"④。实在不能不让人慨叹"其命也夫"！此二奇。"七八年莫有子"与"一幸而有身"的强烈对比，有力凸现了政君此人的绝对不寻常。"甘露三年，生成帝于甲馆画堂，为世适皇孙"⑤，则可看作是这种碰撞式对比的袅袅余音。

4. 线索双线展开，且明暗交错，兼顾彼此

根据以上所论，文章至此，元后的出场和表现已够炫目，但接下来的行文中，连续出之以两次下行式转折，大大削弱了元后的光彩，而使之与权侔人主的诸弟、侄等同列并行，也由此造成文章两条线索同时展开，且彼暗此明，彼明此暗，交错推进。

第一处转折在元后父王禁薨后，"永光二年，禁薨，谥曰顷侯。长子凤嗣侯，为卫尉侍中。……皇后自有子后，希复进见。"⑥元后失势，太子几废，而王凤嗣侯特进，一下一上，形势渐转；第二层转折出现在元帝崩，成帝立后，"尊皇后为皇太后，以凤为大司马大将军领尚书事，益封五千户。王氏之兴自凤始。"⑦真是文随世转。汉衰王兴，

---

① 前四史：汉书[M].北京：中华书局，1997：4266.
② 前四史：汉书[M].北京：中华书局，1997：4015.
③ 前四史：汉书[M].北京：中华书局，1997：4015.
④ 前四史：汉书[M].北京：中华书局，1997：4016.
⑤ 前四史：汉书[M].北京：中华书局，1997：4016.
⑥ 前四史：汉书[M].北京：中华书局，1997：4016.
⑦ 前四史：汉书[M].北京：中华书局，1997：4017.

世事起伏的历史演变,也在本文中得以贴切的同步演绎!

自此以下,直至殁世,王凤正如他在历史舞台上扮演主角一样,在《元后传》中也昂首挺进前列,显赫得连本传的主人公元后都黯然失色。行文以王凤为主,作为明线,元后则悄悄躲进繁华背后,偶尔出来扬扬脸,完成自己暗线牵引的任务。同时,也似乎在提醒人们勿忘她才是本篇传记的中心人物。

此后又是"你方唱罢我登场"的一群王姓侯者,纠葛穿插。只是到了叙及王莽的部分,元后才正式露了几次面,并且以其简而有味的几段语录,以及颇具慷慨悲歌意味的争护玺、守汉历行为,让人依然想见其奕奕风采。从情节线索来说,元后这一线自此虽由暗而明,但仍无法盖过王莽风头。所以,既不能姑侄并驾齐驱,便给人元后为王莽揽辔之感。如:听闻王莽要做"摄皇帝"时,元后语曰:"人心不相远也。我虽妇人,亦知莽必以是自危,不可。"① 后见孝元庙被王莽废彻涂地,元后惊而泣曰:"此汉家宗庙,皆有神灵,与何治而坏之!且使鬼神无知,又何用庙为!如令有知,我乃人之妃妾,岂宜辱帝之堂以陈馈食哉!"②

5. 全文首尾照应,结构完整

《元后传》既注重文中照应已如上述,而巧设首尾呼应,也是其重要一面。

文章开篇,剑指王莽,特意单从王莽之姑的角度介绍元后。这实际上定了全文的叙事基调,笼括下文所有内容。元后与王莽之间的互动,几占《元后传》全文半壁江山。也就是说,《元后传》全篇始终在围绕一开始就定好的基调运作。而末了,太后崩,作者又特别加了一句:"太后崩后十年,汉兵诛莽。"③ 整篇传记始也王莽,终也王莽,不难见出作者追求首尾照应、叙事完整的匠心和苦心。

与此相终始,开头部分所着意渲染的沙麓其地"日月当之","李亲任政君在身,梦月入其怀"的温馨而神奇的一幕,于结尾处再起庄重的回响:

> 太后年八十四,建国五年二月癸丑崩。三月乙酉,合葬渭陵。莽诏大夫扬雄作诔曰:"太阴之精,沙麓之灵,作合于汉,配元生成。"著其协于元城

---

① 前四史:汉书[M].北京:中华书局,1997:4031.
② 前四史:汉书[M].北京:中华书局,1997:4034.
③ 前四史:汉书[M].北京:中华书局,1997:4035.

沙麓。"太阴精"者,谓梦月也。①

元后一生伴月而来,随月而归。本传终点处"月"意象的再次引入,不仅遥相照应于开头,也使全文结响于浓浓的诗意之中。

6. 善用调节,结构平整中见出跌宕

总的说来,《元后传》写得稳而平整,适时的波澜,调节叙事节奏,笔调跌宕,使文章增色。如王莽逼玺,元后力护而不遂一节,便写得动感十足:

及莽即位,请玺,太后不肯授莽。莽使安阳侯舜谕指。舜素谨敕,太后雅爱信之。舜既见,太后知其为莽求玺,怒骂之曰:"而属父子宗族蒙汉家力,富贵累世,既无以报,受人孤寄,乘便利时,夺取其国,不复顾恩义。人如此者,狗猪不食其余,天下岂有而兄弟邪!且若自以金匮符命为新皇帝,变更正朔服制,亦当自更作玺,传之万世,何用此亡国不祥玺为,而欲求之?我汉家老寡妇,旦暮且死,欲与此玺俱葬,终不可得!"太后因涕泣而言,旁侧长御以下皆垂涕。舜亦悲不能自止,良久乃仰谓太后:"臣等已无可言者。莽必欲得传国玺,太后宁能终不与邪!"太后闻舜语切,恐莽欲胁之,乃出汉传国玺,投之地以授舜,曰:"我老已死,如而兄弟,今族灭也!"舜既得传国玺,奏之,莽大说,乃为太后置酒未央宫渐台,大纵众乐。②

这样精彩的叙事,使得文章结构因之灵动起来。

有时候,适当运用点幽默笔法,也能打破叙述的平板,如张永献符命铜璧后,王莽便急着下诏:"予视群公,咸曰'休哉!其文字非刻非画,厥性自然。'……"③明知其为人工制作,却还偏要点出"非刻非画"的说明文字,真所谓"此地无银三百两"!心虚的王莽自作聪明,反自露马脚,让人忍俊不禁。作者刻意录之,平静而煞有介事的叙述,本身就是一种深刻的反讽。

---

① 前四史:汉书[M].北京:中华书局,1997:4035.
② 前四史:汉书[M].北京:中华书局,1997:4032.
③ 前四史:汉书[M].北京:中华书局,1997:4033.

7.警策句的使用，带动文章结构明朗化

《元后传》可看作《王莽传》的铺垫，对王氏家族兴而极盛的记述，是其重中之重；加之元后本人寿命绵长，身历多朝，所以此传所叙内容辐射面广，含量大、头绪多，容易陷于冗沓繁赘。针对这种情况，作者表现出高超的结构组织技巧。如此繁杂的内容被他轻松运于掌间，而显得层次井然、条理清晰。其奥妙之一，就在于一些警策句的安插使用，真正达到了陆机《文赋》所谓"立片言以居要，乃一篇之警策"[①]的效果。《元后传》每隔一段内容，就会有一二句警策句适时冒出，提动于中，带动结构明朗化，读者于此亦最须留意。

开端部分对元后出生前的种种渲染，有一句话值得我们特别注意："当有贵女兴天下"[②]。不用说，此"女"指元后。但是她"贵"在哪里？又是如何"兴天下"的？我们的疑惑，正是作者倾全文之力所要回答的问题。先言其"贵"，再道其"兴"。毫不夸张地说，一"贵"一"兴"两个问题说清楚了，《元后传》也就完成了它的全部使命。回过头来再看，文章所有的内容，无论叙述起来如何翻转腾挪，最终不都指向"贵女兴天下"一语吗？五字而关全文。

元后始贵，王家勃兴。对于元后"得道"以后，产生的仙及鸡犬的一系列"连锁反应"，作者从大的方面分两层进行叙述，前有王凤唱主角，后以王莽为中心。这也是结构上突出重点，以主带次的手法，很好地处理了各种材料及其关系。但它的层次井然，很大程度上还是依靠采用醒目的警句进行提动。对于王凤一节，在他正式以"大司马大将军"的身份走上政治舞台时，作者便有明确提示："王氏之兴自凤始"，还可以附带下文不久就出现的一句"王氏子弟……分据势官满朝廷"[③]。这样的警句，不仅带动全文的叙述重点转向王凤，也暗合于前文"后世其兴"的预言，完成照应。

王凤薨后，经过一小段过渡，作者以"上复下诏追封曼为新都哀侯，而子莽嗣爵为新都侯"[④]一句为扳手，将文章的叙述矛头转向王莽。在接下来几占一半篇幅的行文中，以下语句即可作为联缀点，跳跃式贯通其内容：

[①] 严可均.全上古三代秦汉三国六朝文：第三册[M].上海：上海古籍出版社，2009：582.
[②] 前四史：汉书[M].北京：中华书局，1997：4014.
[③] 前四史：汉书[M].北京：中华书局，1997：4018.
[④] 前四史：汉书[M].北京：中华书局，1997：4026.

太后诏莽就第——太后临朝，委政于莽——（莽欲践祚居摄）太后不以为可，力不能禁——太后大惊——太后因涕泣而言——（莽命太后为"新室文母太皇太皇"）太后听许

这些语句在纷繁的全部文字当中，着实醒人眼目，非常清晰地勾勒出王莽从受制于太后到控制太后的壮大史。元后的层层败落，正反衬着王莽的节节高升。而对王莽享祚不久的命运，元后也早有断言："此人嫚神多矣，能久得祐乎！"[①] 又何尝不是一句洪亮的警语，列于文末呢！

[①] 前四史：汉书[M].北京：中华书局，1997：4034.

第二章

《汉书》的语言个性（上）

语言是文学的第一要义，是我们进入文本的第一途径。语言明显地承载着作家的写作个性。

第一节 "雅"的总体风貌

《汉书》语言的"雅"，与那个时代文学创作的总体审美追求保持了一致。《文心雕龙》卷三《杂文》篇有一段对东汉文章的精要评价，从中可窥见班固时代文学的一种主体审美追求，其文云："班固《宾戏》，含懿采之华；崔骃《达旨》，吐典言之裁；张衡《应间》，密而兼雅；崔寔《答讥》，整而微质"，又云："傅毅《七激》，会清要之工；崔骃《七依》，入博雅之巧；张衡《七辨》，结采绵靡；崔瑗《七厉》，植义纯正"[1]。这里刘勰所举诸人都是与班固同时或稍前后的重要作家，其中"懿""典""密""雅""整""质"，以及"清要""博雅""绵靡""纯正"等字词指向的风貌，就是此期文学写作的普遍追求。《汉书》语言上整体的博雅风格，甚至包括内容的典正，无疑都与时代保持了高度同调。

而从作者自身来说，《汉书》之雅，也与班固出身世族，受过良好教育，文化修养、生活情趣等均显高雅不无关系。

首先，适合表现"雅"的风格的大量字词的使用，如散落的明珠般，置《汉书》于雅的氛围中，营造出浓厚的雅的语言风貌。

---

[1] 刘勰.文心雕龙注[M].范文澜，注.北京：人民文学出版社，1958：254-255.

《汉书·叙传》中，班固对本著的写作追求有如此描述："函雅故，通古今，正文字，惟学林"。[①]一"雅"一"正"，这是对《汉书》颇显自负的总评，实际上也不妨看作《汉书》文学风格的基调。王先谦《汉书补注》引苏舆："班书多存古字，以视学者，故云'正文字'。"王鸣盛《十七史商榷》卷二十八有"《史记》多俗字，《汉书》多古字"条，胪列《汉》改《史》俗字为古字处甚多，可明显看出班固有意多使用古字，以使自己的著作典重厚朴。《汉书·艺文志·六艺略》小学类有云："汉兴，闾里书师合《苍颉》《爰历》《博学》三篇，断六十字以为一章，凡五十五章，并为《苍颉篇》。武帝时司马相如作《凡将篇》，无复字。元帝时黄门令史游作《急就篇》，成帝时将作大匠李长作《元尚篇》，皆《苍颉》中正字也。《凡将》则颇有出矣。至元始中，征天下通小学者以百数，各令记字于庭中。扬雄取其有用者以作《训纂篇》，顺续《苍颉》，又易《苍颉》中重复之字，凡八十九章。臣复续扬雄作十三章，凡一百二章，无复字，六艺群书所载略备矣。"[②]可以看出，两汉字书繁夥，学人于此倾力搜罗整理，蔚成风气。班固厕列其中，其本人的文字学修养十分富厚。所以《汉书》多用古字，追求文字雅懿，是班固承续小学传统并身体力行的结果，也是他深厚文字学修养作支撑的。而上引《叙传》"函雅故"一语，张晏注曰"包含雅驯之故"[③]，那么这个"雅"，正主要是从"俗"的对立面着眼的。

"雅"，在儒家的美学范畴里占有重要席位。《诗》分二雅，《论语》中也颇多"雅"字；后世更常言某人"风流儒雅"，儒与雅，注定难解难分。班固身为儒者，对"雅"的追求，在他似是一种自觉的行为。《诗·小雅·鼓钟》郑玄笺云："雅，万舞也。周乐尚武，故谓万舞为雅。雅，正也。"[④]从正而不乖的角度给出解释；《论语·阳货》有"恶郑声之乱雅乐"之说，朱熹对此的注解也是"雅，正也。"[⑤]将雅乐与郑声对举，明其正而不淫。但"雅"还有"常"义。《论语·述而》："子所雅言，《诗》《书》、执礼，皆雅言也。"朱熹注："雅，常也。"[⑥]这个解释，拿来观照此句前一

---

① 前四史：汉书[M].北京：中华书局，1997：4271.
② 前四史：汉书[M].北京：中华书局，1997：1721.
③ 前四史：汉书[M].北京：中华书局，1997：4271.
④ 郑玄.毛诗传笺[M].孔祥军，点校.北京：中华书局，2018：307.
⑤ 朱熹.四书章句集注[M].北京：中华书局，2012：181.
⑥ 朱熹.四书章句集注[M].北京：中华书局，2012：97.

"雅"字，确而不误；但对后一"雅"，似不全面，因为这里隐约还有雅而不俗的一层含义在。而这个意义，正是《汉书》之"雅"的本真状态。班固称许其父班彪"学不为人，博而不俗"①，"不俗"，亦即"雅"。

《汉书》之"雅"，一个突出表现就是喜用"雅"字：

然宽弘尽下，出于恭俭，号令温雅，有古之风烈。②

是时，河间献王有雅材，亦以为治道非礼乐不成，因献所集雅乐。③

夫唯大雅，卓尔不群，河间献王近之矣。④

宣帝幸太子宫，受（按，指疏受）迎谒应对，及置酒宴，奉觞上寿，辞礼闲雅，上甚欢悦。⑤

广德为人温雅有蕴藉。⑥

文雅虽不能及萧望之、匡衡，然指意略同。⑦

其政颇杂儒雅，往往表贤显善。⑧

时天子好儒雅，宣经术又浅，上亦轻焉。⑨

先是时，蜀有司马相如，作赋甚弘丽温雅。⑩

大司马车骑将军王音奇其文雅，召以为门下史，荐雄待诏。⑪

至今巴蜀好文雅，文翁之化也。⑫

其文尔雅依托，皆为作说，大归言莽当代汉有天下云。⑬

---

① 前四史：汉书[M].北京：中华书局，1997：4213.
② 前四史：汉书[M].北京：中华书局，1997：299.
③ 前四史：汉书[M].北京：中华书局，1997：1070.
④ 前四史：汉书[M].北京：中华书局，1997：2436.
⑤ 前四史：汉书[M].北京：中华书局，1997：3039.
⑥ 前四史：汉书[M].北京：中华书局，1997：3047.
⑦ 前四史：汉书[M].北京：中华书局，1997：3048.
⑧ 前四史：汉书[M].北京：中华书局，1997：3222.
⑨ 前四史：汉书[M].北京：中华书局，1997：3393.
⑩ 前四史：汉书[M].北京：中华书局，1997：3515.
⑪ 前四史：汉书[M].北京：中华书局，1997：3583.
⑫ 前四史：汉书[M].北京：中华书局，1997：3627.
⑬ 前四史：汉书[M].北京：中华书局，1997：4112.

敞亦平平，文雅自赞。①

函雅故，通古今。②

上面所有的"雅"都可以从典雅、雅驯的意义层面去理解，说明"雅"已成为班固艺术追求中的重要一面，是他有意识地大量运用。这还只是《汉书》"雅"的一种表现，而非全部。就遣词而言，除了"雅"，班固还喜用"清""温""和""平"等适宜表现"雅"的字眼，客观上表现了"雅"的各种风貌：

断狱少于成、哀之间什八，可谓清矣。③

延年论议持平，合和朝廷，皆此类也。④

延年为人安和，备于诸事。⑤

是时四夷和，海内平。⑥

玩听音乐，养志和神，为天下自虞乐。⑦

万年廉平，内行修。⑧

次卿用刑罚深，不如弘平。⑨

（薛）宣辞语温润，无伤害意。⑩

宣帝时，天下和平，四夷宾服。⑪

是以郡国各重其守相，州中清平。⑫

---

① 前四史：汉书[M].北京：中华书局，1997：4262.
② 前四史：汉书[M].北京：中华书局，1997：4271.
③ 前四史：汉书[M].北京：中华书局，1997：1110.
④ 前四史：汉书[M].北京：中华书局，1997：2663.
⑤ 前四史：汉书[M].北京：中华书局，1997：2665.
⑥ 前四史：汉书[M].北京：中华书局，1997：2666.
⑦ 前四史：汉书[M].北京：中华书局，1997：2885.
⑧ 前四史：汉书[M].北京：中华书局，1997：2899.
⑨ 前四史：汉书[M].北京：中华书局，1997：2902.
⑩ 前四史：汉书[M].北京：中华书局，1997：3387.
⑪ 前四史：汉书[M].北京：中华书局，1997：3481.
⑫ 前四史：汉书[M].北京：中华书局，1997：3483.

《汉书》文学个性初探

鲁伯授太山毛莫如少路、琅琊邴丹曼容,著清名。①

相国萧、曹以宽厚清静为天下帅……皆谨身帅先,居以廉平。②

霸为人明察内敏,又习文法,然温良有让,足知,善御众。③

自武帝末,用法深。……而霸独用宽和为名。④

令行禁止,郡中正清。⑤

观其温良泛爱,振穷周急,谦退不伐,亦皆有绝异之姿。⑥

涉性略似郭解,外温仁谦逊,而内隐好杀。⑦

后谊明,母道得,温和慈惠之化也。⑧

国富刑清,登我汉道。⑨

万石温温,幼寤圣君。⑩

延年宽和,列于名臣。⑪

延寿作翊,既和且平。⑫

宽饶正色,国之司直。⑬

这些字词的遣用使文章呈现得婉而平正,或显清雅,或呈温雅,总之是大大丰富了《汉书》"雅"的情态。

有时班固也善用"笑"来调节史书固有的严肃、板正,打破沉闷,使文章充溢着浓浓的温馨雅致。以"笑"致"雅",不能不深致佩服于班固运笔之妙,尤以帝王之

---

①前四史:汉书[M].北京:中华书局,1997:3598.
②前四史:汉书[M].北京:中华书局,1997:3623.
③前四史:汉书[M].北京:中华书局,1997:3628.
④前四史:汉书[M].北京:中华书局,1997:3628.
⑤前四史:汉书[M].北京:中华书局,1997:3669.
⑥前四史:汉书[M].北京:中华书局,1997:3699.
⑦前四史:汉书[M].北京:中华书局,1997:3718.
⑧前四史:汉书[M].北京:中华书局,1997:4180.
⑨前四史:汉书[M].北京:中华书局,1997:4237.
⑩前四史:汉书[M].北京:中华书局,1997:4251.
⑪前四史:汉书[M].北京:中华书局,1997:4256.
⑫前四史:汉书[M].北京:中华书局,1997:4262.
⑬前四史:汉书[M].北京:中华书局,1997:4262.

"笑"颇具效果。如,霍光薨后,张汤之子张安世听闻魏相上书宣帝,荐己居位大将军,而帝亦颇有意用之时,班固安排了这样一段君臣对话:

> 安世闻指,惧不敢当。请间求见,免冠顿首曰:"老臣耳妄闻,言之为先事,不言情不达,诚自量不足以居大位,继大将军后,唯天子财哀,以全老臣之命。"上笑曰:"君言泰谦。君而不可,尚谁可者!"安世深辞弗能得。①

安世以"自量不足以居大位"为由请辞,实是深怕位高招祸,宁求一个"安"字,故"免冠顿首"而言,情切意诚。不料宣帝一"笑"泯其愁,不仅化解安抚其焦躁、急迫,同时也轻松地将其请求挡了回去。这一"笑"字,不用它本也不影响文意,但正因为有了它,不仅使得君臣之间,也使得行文平添几多温馨的色彩。类似的又如《赵充国传》:

> 时充国年七十余,上老之,使御史大夫丙吉问谁可将者,充国对曰:"亡逾于老臣者矣。"上遣问焉,曰:"将军度羌虏何如,当用几人?"充国曰:"百闻不如一见。兵难隃度,臣愿驰至金城,图上方略。然羌戎小夷,逆天背畔,灭亡不久,愿陛下以属老臣,勿以为忧。"上笑曰:"诺"。②

这一"笑",又多了几分皇帝对臣下的体恤、怜爱、器重和信任,一字千钧,同样为文章增色不少。

而东方朔娴词妙语,每每惹得武帝"大笑",则又是皇帝"笑"的另一种呈现。《汉书·东方朔传》中,写到武帝"笑"凡有三次:"上大笑"③"上笑曰"④"上乃大笑"⑤,并基本被分别置于文章前、中、后三个部分,与朔其他行为事迹、上疏进谏等杂错处置,既使全文处于诙谐幽默的气氛之中,又不失作为正史的严肃板正。每至武帝

---

① 前四史:汉书[M].北京:中华书局,1997:2648.
② 前四史:汉书[M].北京:中华书局,1997:2975.
③ 前四史:汉书[M].北京:中华书局,1997:2843.
④ 前四史:汉书[M].北京:中华书局,1997:2846.
⑤ 前四史:汉书[M].北京:中华书局,1997:2860.

笑处，作为读者的我们也往往被"感染"得忍俊不禁。《汉书》的幽默在此可见一斑。而"笑"过之后，回荡于我们阅读感受之中的，正是其余味悠远的"雅"韵。

当然，"雅"韵的营造，不一定非要靠一"笑"字，有时一点略带肃正的温馨，制造"雅"的效果甚至要比直接用"笑"更令人动心。如《田千秋传》中，"初，千秋始视事，见上连年治太子狱，诛罚尤多，群下恐惧，思欲宽广上意，尉安众庶。乃与御史、中二千石共上寿颂德美，劝上施恩惠，缓刑罚，玩听音乐，养志和神，为天下自虞乐。"一片臣子对皇上温情的忠爱之心，赖一"见"一"思"一"劝"三个动词缀联，令人想见其至诚。对此，武帝做出这样的回应：

> 上报曰："朕之不德，自左丞相与贰师阴谋逆乱，巫蛊之祸流及士大夫。朕日一食者累月，乃何乐之听？痛士大夫常在心，既事不咎。虽然，巫蛊始发，诏丞相、御史督二千石求捕，廷尉治，未闻九卿、廷尉有所鞠也。曩者，江充先治甘泉宫人，转至未央椒房，以及敬声之畴、李禹之属谋入匈奴，有司无所发，令丞相亲掘兰台蛊验，所明知也。至今余巫颇脱不止，阴贼侵身，远近为蛊，朕愧之甚，何寿之有？敬不举君之觞！谨谢丞相、二千石各就馆。书曰：'毋偏毋党，王道荡荡。'毋有复言。"①

武帝体恤下臣，然亦自有苦衷，推诚置腹，具为质言，情意真挚浓郁。"朕日一食者累月，乃何乐之听？""朕愧之甚，何寿之有？"武帝心绪低沉，无心遣怀，将自己裹在深深的愧疚与自责之中。然于臣下的关爱，亦感激在心，故无奈而"敬不举君之觞！谨谢丞相、二千石各就馆。"末了并引《尚书》语再次将自己推进愧与责的深渊。文章于此段叙写颇为用情，臣下的哀矜、欲其振作，与主上的敛持、深自闭塞，往来存问对答，交相成一幅君臣恤怜图，使行文平添几许温情脉脉的"雅润"之美。

《汉书》的注重遣词致雅，还表现在一个方面，即注重字词本身的俗恶程度，而加以选择使用。大概一些在班固看来显得既俗且恶、难登大雅的语词，往往被他弃置不用，而改换以相对平和的文字。一个非常鲜明的表征就在，《汉书》引述《史记》同一内容时，对原文中的一些字词进行了明显是有意识的置换（见表2.1）。

---

①前四史：汉书[M]．北京：中华书局，1997：3885.

表 2.1 《汉书》修改《史记》字句一览（着重号为笔者所加）

《史记》中原文	《汉书》中修改情况
越人禽之，身死绝祀，为天下笑。（《淮南衡山列传》）	头足异处，身灭祀绝，为天下戮。（《伍被传》）
诸尝与弘有郤者，虽详与善，阴报其祸。（《平津侯列传》）	诸尝与弘有隙，无远近，虽阳与善，后竟报其过。（《公孙弘传》）
人怒，拔刀刺杀解姊子，亡去。（《游侠列传·郭解》）	人怒，刺杀解姊子，亡去。（《游侠传·郭解》）
纣之杀也嬖妲己。（《外戚世家》）	而纣之灭也嬖妲己。（《外戚传》）
爪牙臣，乃交私诸侯如此。（《酷吏列传·张汤》）	腹心之臣，乃交私诸侯。（《张汤传》）
明主贤君，忠臣死义之士。（《太史公自序》）	明主贤君，忠臣义士。（《司马迁传》）

盖《史记》为文质直，"杀""阴""死"等字眼皆不避讳，《汉书》则多改为委婉语出之，显得雅而正。从它对《史记》原句的修改过程中，明显看出一种雅化的倾向和努力。

作为纪传体史书，叙事艺术在《汉书》本是拿手好戏，今论其"雅"，更不容忽视。不妨举一以窥其余。《夏侯胜传》中，胜因"非议诏书，毁先帝，不道"，连及丞相长史黄霸亦因"阿纵胜，不举劾"，故落得双双下狱。其实此处硬生生地牵引上黄霸[①]，在班固似乎多少有点刻意为之，目的是要绘制这样一幅暖融融的画面：

> 胜、霸既久系，霸欲从胜受经，胜辞以死罪。霸曰："'朝闻道，夕死可矣'"。胜贤其言，遂授之。系再更冬，讲论不怠。[②]

好一个"讲论不怠"，好一幅狱中授经图！牢狱之中，死罪之下，真正难得的温馨与雅致。在干涩、平板的历史记述中，这样一段插叙，它本身所带有的、以及它带给全文的馨雅和清芬。

以上所论，重在《汉书》借遣词用语和巧妙叙事以致雅。凡清雅、温雅、馨

[①]黄霸事迹在《汉书·循吏传》中有专节记述。详见《前四史：汉书》，中华书局1997年版，第3627页。

[②]前四史：汉书[M].北京：中华书局，1997：3157.

雅……《汉书》展现了其"雅"的多姿多彩，让人为之驻足和动容。

第二节　《汉书》语言"典雅"风格探微

捧读《汉书》，我们对它的语言有一个最直观的印象，就是其中充斥着大量的四言句。行文好以四字为断，在描述性和议论性的文字当中尤其如此，这是《汉书》语言的一个突出特征。而整齐有序的四言句的排列，最易流成典雅的文章风格。挚虞《文章流别论》云："夫诗虽以情志为本，而以成声为节。然则雅音之韵，四言为言。"①刘勰在《文心雕龙·明诗》论及四言诗时有谓："四言正体，雅润为本"，并指出"平子得其雅，叔夜含其润"。②张衡有《怨诗》，嵇康亦以四言《赠秀才入军》等诗为长，而刘勰并云："张衡怨篇，清典可味"，"嵇志清峻"。③凡"雅""润""清""典"，刘勰所拈四字，皆指向了四言语体风格。

典，初指经籍，《说文解字》："典，五帝之书也，从册在丌上，尊阁之也。"④如《尚书·五子之歌》："有典有则，贻厥子孙"⑤；也有"常法""准则"之义，《尔雅·释诂》："典，常也。"⑥故《易·系辞下》："初率其辞而揆其方，既有典常。苟非其人，道不虚行"⑦，"典"便是与"常"联用会意；又引申为制度、礼仪等，如《周礼·天官·大宰》："掌建邦之六典"，方苞注："典，常也，经也，法也。"⑧。而与"雅"发生关联，指向文章风格，是"典"字更加后起的意义。但其出现不会晚于东汉初期以后，因为"典雅"二字连缀使用，在与班固同时稍前的王充那里就已经出现了，《论衡·自纪》："深覆典雅，指意难睹，唯赋颂耳。"⑨这正可用来佐证我们对于《汉书》

---

① 欧阳询.艺文类聚[M].上海：上海古籍出版社，2013：1541.
② 刘勰.文心雕龙注[M].范文澜，注.北京：人民文学出版社，1958：67.
③ 刘勰.文心雕龙注[M].范文澜，注.北京：人民文学出版社，1958：66-67.
④ 许慎.说文解字注[M].段玉裁，注.上海：上海古籍出版社，1988：200.
⑤ 尚书[M].王世舜，王翠叶，译注.北京：中华书局，2012：371.
⑥ 尔雅[M].北京：中华书局，2016：3.
⑦ 周振甫.周易译注[M].北京：中华书局，2013：287.
⑧ 方苞.周礼[M].金晓东，校点.上海：上海古籍出版社，2023：13.
⑨ 黄晖.论衡校释[M].北京：中华书局，1990：1196.

"典雅"的定位。《汉书》中那么多"雅"字的使用，以及她语言整体的"典雅"风格的形成，都不是偶然现象，它是那个时代文人共同的散文审美追求的反映。直至汉末，散文写作亦以"雅"为风向，曹丕肯定"（徐幹）著《中论》二十篇，成一家之言，辞意典雅，足传于后。"[1]

细味语意，无论王充还是曹丕，言及"典雅"，都不曾忽视语词方面。所谓"辞义典雅"，正可理解为"辞典义雅"。"典雅"连用，"典"一般主要指言辞的质实、正派；而"雅"，则主要指内容与风格上的高脱不俗。《文心雕龙·体性》称"典雅者，熔式经诰，方轨儒门者也"。[2]对此，黄侃《札记》说："义归正直，辞取雅训，皆入此类。若班固《幽通赋》、刘歆《让太常博士》之流是也。"[3]范文澜注《文心雕龙》此语，认为昭明太子《答玄圃园讲颂启令》有云："辞典文艳，既温且雅"[4]；《颜氏家训·文章》："吾家世文章，甚为典正，不从流俗。"[5]岂云不然！班固在《典引序》中评价："相如《封禅》，靡而不典；扬雄《美新》，典而无实。"[6]可见班固重"典"，但他要求能去"靡"求"实"，不落轻俗。《典引序》中还说"雍容明盛"，两相合观，班固追求典重、雅懿的倾向就很明显。

具体来说，《汉书》语言的"典雅"，有其自身的特点，主要表现在句式的整齐、语句的骈化和情感色彩的中正平和等方面。

一、句式整齐，富有节奏感

《汉书》的语言，无论叙述体、论赞体，还是人物之间的对话，乃至录载的诏策谏疏，一般都表现得整饬、流畅，像竹节一样，既重分割，有点有顿，又能连通，保持气势一贯。而时长时短的语句交错为用，更表现出强烈的节奏感。往往如：

---

[1] 萧统. 文选[M]. 李善, 注. 上海：上海古籍出版社, 1986：1897.
[2] 刘勰. 文心雕龙注[M]. 范文澜, 注. 北京：人民文学出版社, 1958：505.
[3] 黄侃. 文心雕龙札记[M]. 石家庄：河北教育出版社, 1996：93.
[4] 见释道宣《广弘明集》卷二十三，原文有云："得书并所制讲颂，首尾可观，殊成佳作；辞典文艳，既温且雅。岂直斐然有意？可谓卓尔不群。"释道宣《广弘明集》，四部丛刊初编本，上海商务印书馆影印。
[5] 王利器. 颜氏家训集解[M]. 北京：中华书局, 1993：269.
[6] 严可均. 全上古三代秦汉三国六朝文：第一册[M]. 上海：上海古籍出版社, 2009：595.

> 孝惠内修亲亲，外礼宰相，优宠齐悼、赵隐，恩敬笃矣。闻叔孙通之谏则惧然，纳曹相国之对而心说，可谓宽仁之主。①
>
> 行步有佩玉之度，登车有和鸾之节，田狩有三驱之制，饮食有享献之礼，出入有名，使民以时，务在劝农桑，谋在安百姓：如此，则木得其性矣。若乃田猎驰骋不反宫室，饮食沉湎不顾法度，妄兴繇役以夺民时，作为奸诈以伤民财，则木失其性矣。②
>
> 霍光以结发内侍，起于阶闼之间，确然秉志，谊形于主。受襁褓之托，任汉室之寄，当庙堂，拥幼君，摧燕王，仆上官，因权制敌，以成其忠。处废置之际，临大节而不可夺，遂匡国家，安社稷。③
>
> （疏）广曰："吾岂老悖不念子孙哉？顾自有旧田庐，令子孙勤力其中，足以共衣食，与凡人齐。今复增益之以为赢余，但教子孙怠惰耳。贤而多财，则损其志；愚而多财，则益其过。且夫富者，众人之怨也；吾既亡以教化子孙，不欲益其过而生怨。……"④

这些都是对《汉书》语言的随意抽样。"孝惠"一段，甫一落笔便是"内""外"对举共言，加上后两句，形成六字句+四字句+六字句+四字句的整齐格局，再接以"闻叔孙通之谏则惧然，纳曹相国之对而心说"的九言对句，属对十分工整。然后以散句作结顿（可谓宽仁之主）与衔接（遭吕太后亏损至德），终以"悲夫"二字收束，归于深切而颇显干净有力的慨叹。短短五十多字，却囊括了二言、四言、五言、六言、八言、九言多种句式，而且骈散相间，错落有致，确能见出班固驾驭文字的深厚功力；"行步有佩玉之度"一段文字，则更是淋漓尽致地体现了《汉书》语言重调剂、求节奏的特点：先以"行步"等四个七言句进行排比，接以"出入有名，使民以时"和"务在劝农桑，谋在安百姓"两组齐整的四言、五言句对仗，再用"如此"句作一小结，缓和节奏。然后转而言其相反的一面，以"若乃"带起，连续出以四句八言句，蓄足

---

① 前四史：汉书[M]. 北京：中华书局，1997：92.
② 前四史：汉书[M]. 北京：中华书局，1997：1319.
③ 前四史：汉书[M]. 北京：中华书局，1997：2967.
④ 前四史：汉书[M]. 北京：中华书局，1997：2040.

了文势。全段文字四、五、六、七、八言俱在，参差多变，十分耐读。排比、对偶等修辞格的使用更使其气势充盈，文味隽永；而录自《霍光传》赞中的那段话，同样体现了《汉书》语言的一贯本色。只不过这里更多三言句与四言句的交叉，五言的对仗（"受襁褓之托，任汉室之寄"）和散句的安插（"处废置之际，临大节而不可夺"），自是调剂文气、变换节奏的手段。《汉书》的论赞语言，往往而然；上面选录的最后一段文字，是《疏广传》中疏广荣归故里后，回答乡里邻人的话。疏广、疏受叔侄二人并列太子太傅、少傅，显名朝廷而急流勇退，"父子相随出关，归老故乡"[①]。还乡居家，日以朝廷赏赐"令家共具设酒食，请族人故旧宾客，与相娱乐"[②]，故人不忍，劝其宜多买田宅，以遗子孙，疏广遂有这段答语，可作为《汉书》人物对话体语言的一般代表。疏广用语朴实，表面上多为散句，然其骨鲠，不难看出，每以四言为断。且"贤而多财，则损其志；愚而多财，则益其过"这一警句着实醒人眼目，它的安置，就像一颗落水的石子一般，将四言加对仗的"雅"层层地辐射出去，余波所及，便将整段话语都涵盖一过，于是我们也就被"雅"化，而觉其散句不散了。

《汉书》的语言就是这样，平整而富于变动。但其"变"，一般也是以一组单元——如连续的三言、四言或五言句——的形式进行，且多对仗、排比，"竹节"式的语言结构特征非常明显，故显得温润雅致，读来深有韵味。宋马存《赠盖邦式序》中说《史记》"典重温雅，有似正人君子之容貌"[③]，这句话用来说明《史记》的文格，《史记》的精神，再恰当不过。但若仅从语言来说，这样的断语恐怕应移位于《汉书》，似更妥帖。

更加值得提出的是，《汉书》对语言进行整齐化加工以求雅韵的做法，很大程度上是有意识地进行的，似乎不这样，不足以尽其"雅"兴。这在对《史记》相同内容的引述过程中，班固特意进行的一些"雅"化处理上表现得最为明显。《史记·留侯世家》对张良路遇黄石公，为其拾履的情节，是这样描述的：

良尝间从容步游下邳圯上，有一老父，衣褐，至良所，直堕其履圯下，

[①] 前四史：汉书[M].北京：中华书局，1997：3040.
[②] 前四史：汉书[M].北京：中华书局，1997：3040.
[③] 傅璇琮.中国古典散文精选注译：序跋卷[M].曾子鲁，注译.北京：清华大学出版社，2009：175.

顾谓良曰："孺子，下取履！"良愕然，欲殴之。为其老，强忍，下取履。父曰："履我！"良业为取履，因长跪履之。①

而在《汉书·张良传》，语句却改头换面，成了下面的样子：

良尝闲从容步游圯上，有一老父，衣褐，至良所，直堕其履圯下，顾谓良曰："孺子，下取履！"良愕然，欲殴之。为其老，乃强忍，下取履，因跪进。②

段末部分，《汉书》将《史记》的散句悉更以三言句，且一口气排出六句，最后四句尤显整饬。③又如，《史记·李将军列传》记李广"将兵，乏绝之处见水，士卒不尽饮，广不近水，士卒不尽食，广不尝食"④；《汉书·李广传》则为"将兵，乏绝处见水，士卒不尽饮，不近水，不尽餐，不尝食"⑤，何其明快。班固之专致力于整齐语句，于此可见一斑。类似的又如《汉书·酷吏传》赞语，与《史记·酷吏列传》赞相比较，内容无多变化，且大有减省，但在句式上，《汉书》要远较《史记》规整。《史记》原文句式参差，长短句杂用；在《汉书》则全部化为四字句，颇显典正。至如一些小型改动，像《汉书·陈胜传》中，改《史记·陈涉世家》"军乍利乍不利"一语为"战有利不利"，不仅简省，最重要的是与下句"终无离上心"字数对等，颇显凝练。这样的例子不遑遍举。这些都是《汉书》特地加工语言以求整饬典雅的表现。

二、语言的骈俪

放眼文学史的长河，当我们溯回从之，将目光掠过魏晋六朝而指向两汉，在"文"的一面，毋庸置疑，朴茂雄浑是其主体特征。相对于南朝骈俪绮靡的文风，与唐诗、

---

①前四史：史记[M].北京：中华书局，1997：2034.
②前四史：汉书[M].北京：中华书局，1997：2024.
③但不能不指出，《汉书》省去《史记》"父曰'履我'"等语句和情节，只代之以"因跪进"三字，句意整饬但文味大减。南宋末刘辰翁对此有精妙述评："妙处正在履我，又业已如此，省此，顿失数倍意态。"详见倪思编，刘辰翁评，王晓鹃整理《班马异同评》，陕西人民出版社2022年版，第55-56页。
④前四史：史记[M].北京：中华书局，1997：2872.
⑤前四史：汉书[M].北京：中华书局，1997：2447.

晋字齐名并称的汉文章，真不啻洪钟巨响。然而魏晋六朝越来越严重的骈化文风，其根须却早植于两汉的土壤。我们未将其溯源于先秦——毕竟那个时代的所有文体都已带着程度不同的骈化印记，是因为那种骈俪，在当时的作者是自然而然的运作，"岂营俪词，率然对而"①，骈散相间，一如阴阳的配合。然而下至汉代，尤其是东汉，文章的骈俪，却渐已成为作家们自觉的追求。大家都有意识地经营语言骈偶之美，这是一个很值得关注的信号。刘勰说："文变染乎世情，兴废系乎时序"②，真是一语中的。西汉后期国力日衰，世风渐颓，投射于文学，也呈现出异样的风貌。写作技巧的日趋进步，华丽装饰的有意营求，当然不可避免地挤兑了文章的气质，于是，前期的恢宏与大气，逐步回归为作家的锦心绣口。西汉中后期一直到东汉初，散文语言的骈俪化，已经发展到相当高的程度，上至君臣诏策谏疏，下至一般应用散文，都充斥着大量骈语。谷永、刘向、扬雄等人的文章，无不以讲究修辞之精妙、文字之美丽作为终极取向。比如刘向上书元帝，谏远佞人，就使用了大量工整的骈俪句："朝臣和于内，万国欢于外"，"和气致祥，乖气致异；祥多者其国安，异众者其国危，天地之常经，古今之通义也"，"夫执狐疑之心者，来谗贼之口；持不断之意者，开群枉之门"……③不胜列举。仅在一篇上书内，就密集地堆砌了如此众多的骈句，其时文章之风气，不难想见。清孙梅在《四六丛话·序》里说："西汉之初，追踪三古，而终军有奇木白麟之对，兒宽橪奉觞上寿之辞。胎息微萌，俪形已具。迨乎东汉，更为整赡，岂识其为四六而造端欤？踵事而增，自然之势耳。"④作为当中重要一支的史传散文，自不例外。而因为有了这样的文风导向，到班固之时，对于文字的骈俪之美，已然成为一种自觉的审美追求了。正如清阮元指出的："中兴以后，文雅尤多。孟坚、季长之伦，平子、敬通之辈，综两京文赋。诸家莫不洞穴经史，钻研六书，耀采腾文，骈音丽字。"⑤刘师培亦有近似看法："敬通、平子之伦，孟坚、伯喈之辈，撰厥所作，咸属偶文，用字必宗故训，摛辞迥脱恒蹊，或掇丽字以成章，或用骈音以叶韵。"⑥除了大的文学环境与班固

---

① 刘勰.文心雕龙注[M].范文澜，注.北京：人民文学出版社，1958：588.
② 刘勰.文心雕龙注[M].范文澜，注.北京：人民文学出版社，1958：675.
③ 前四史.汉书[M].北京：中华书局，1997：1933，1941，1943.
④ 王水照.历代文话[M].上海：复旦大学出版社，2007：4779.
⑤ 王水照.历代文话[M].上海：复旦大学出版社，2007：4224.
⑥ 陈引驰.刘师培中古文学论集[M].北京：中国社会科学出版社，1997：206.

审美观这内外二因，论及《汉书》之骈俪，还有一个因素往往为人们所忽视，那便是《汉书》的应制性质。我们不能忘记《汉书》的写作受着皇权的干预①，隐然披着"应制"的外衣。而凡应制之作，大多不离文字美丽的讲究，清孙梅在《四六丛话·选一》中就说："四六者，应用之文章。"②唯其应用，故力求美观。一个最关键、最直接的诱因便是，其写作从一开始就预知了结果：写出来是给别人欣赏的。这种"功利性"导致重藻饰、求美观，以合于欣赏者的口味而得以广为接受，便成为最基本的写作诉求，班固大概是史书著作领域这一现象的第一位身体力行者。实际上，扬雄的《剧秦美新》也是如此，故其文丽靡非常！

　　章学诚《文史通义·易教上》："六经皆史也。"③史书而为骈语，从一开始便这样了——《周易》《诗经》，何烦赘举。即使真正意义上的史籍，从《尚书》到《左传》《国语》，哪一部的语言不是带着明显的骈化痕迹呢。至于《战国策》，则其语言"骈"的一面，直乎要凌驾于"散"之上了。然而这些著作各自情况纷繁复杂，很多方面学界尚无定论。倒有一点值得一提，《战国策》如果真是经过刘向的润色定型，那么其骈化，就很能为我们的论述增一注脚，因为这正可视作《汉书》语言骈俪的铺路石。

　　言及《汉书》的骈偶艺术，拿来对比的最好参照物自然还是《史记》。但二者在这一点上，首先应该指出的却是其共同之处，即二者在语言上都是以浑朴自然见长，散文的调子要多于骈文。然而如果分别将二者的骈、散句比例进行一下统计，我们便可看出《汉书》较《史记》骈化程度之深，远非"进步""发展"等词所能概括。我们甚至可以断定，班固之前，还从来没有哪位作家能在史体著作诸多规范的约束下，将语言的骈俪艺术发挥得如此婀娜多姿、锦绣出彩。相比之下，《史记》的骈偶句数量少，通常只作辅助文义、调节文气的必要手段，正如曾国藩谓《史记》"其积句也皆奇，而义必相辅，气不孤伸，彼有偶焉者存焉"④，重点还是在"积句皆奇"上。大概正因为《史记》中骈语少而精，所以往往更能给人以深刻印象，如众人耳熟能详的"天下熙熙，皆为利来；天下攘攘，皆为利往"⑤，正是骈偶句法。而在《汉书》，情况却有正相

---

① 详见本书《前言》部分。
② 王水照.历代文话[M].上海：复旦大学出版社，2007：4242.
③ 章学诚.文史通义校注[M].叶瑛，校注.北京：中华书局，1985：1.
④ 曾国藩.曾国藩诗文集[M].王澧华，校点.上海：上海古籍出版社，2005：167.
⑤ 前四史：史记[M].北京：中华书局，1997：3256.

反对的意味，这里是一个缤纷的、骈散相间的语言世界，简直能与《史记》的用语风格形成双峰对峙之势，正如陈天倪所说："《汉书》为整文，上承典、谟、训、诰之遗，下立黄初、典午之则，其流为六朝骈俪，与《史记》对峙。"①刘知幾也对《汉书》的语言赞誉有加："孟坚辞惟温雅，理多惬当。其尤美者，有典诰之风，翩翩奕奕，良可咏也。"②所谓"典诰之风""良可咏也"，正主要是从语言的典丽骈雅着眼的。近人蒋伯潜则径直以为《汉书》骈俪化所达到的程度，已"隐隐之中即成为后世骈文的鼻祖"③。《汉书》的骈语艺术，实在值得我们格外注意。

首先，《汉书》中骈句虽然随处多有，呈现星星点点的分布，但散句的势力绵延更广，形成浮云般的笼罩态势。骈散相间，是《汉书》语言的一大特征所在。骈句的集合地，是其中的十《志》部分，八《表》每表之前的说明文字也以骈语居多。而在《本纪》和《列传》部分，则主要以散驭骈，散句占压倒性优势。

先来看以散驭骈。试举《昭帝纪》赞和《宣帝纪》赞见其大概：

昔周成以孺子继统，而有管、蔡四国流言之变。孝昭幼年即位，亦有燕、盖、上官逆乱之谋。成王不疑周公，孝昭委任霍光，各因其时以成名，大矣哉！承孝武奢侈余敝师旅之后，海内虚耗，户口减半，光知时务之要，轻徭薄赋，与民休息。至始元、元凤之间，匈奴和亲，百姓充实。举贤良、文学，问民所疾苦，议盐铁而罢榷酤，尊号曰"昭"，不亦宜乎！④

孝宣之治，信赏必罚，综核名实，政事、文学、法理之士咸精其能，至于技巧、工匠、器械，自元、成间鲜能及之，亦足以知吏称其职，民安其业也。遭值匈奴乖乱，推亡固存，信威北夷，单于慕义，稽首称藩。功光祖宗，业垂后嗣，可谓中兴，侔德殷宗、周宣矣！⑤

---

① 蒋伯潜，蒋祖怡. 骈文与散文[M]. 上海：上海书店出版社，1997：15.
② 刘知幾. 史通[M]. 浦起龙，通释. 上海：上海古籍出版社，2008：59.
③ 蒋伯潜，蒋祖怡. 骈文与散文[M]. 上海：上海书店出版社，1997：15.
④ 前四史：汉书[M]. 北京：中华书局，1997：233.
⑤ 前四史：汉书[M]. 北京：中华书局，1997：275.

我们注意到"《昭帝纪》赞"一开始便排出两组对仗句：

昔——周成以孺子继统，而有管、蔡四国流言之变，
　　　孝昭幼年即位，亦有燕、盖、上官逆乱之谋。
成王不疑周公，
孝昭委任霍光。

而且两组对仗之间形成隔句的意连关系，"周成"两句与下"成王"句、"孝昭"两句与下"孝昭"句分别关联，并两两相对，显然意在以孝昭比成王，霍光拟周公。两组对仗，六句合说，完整表达出这一意思。形成这种大的话语环境之后，下文则全部出以散句，骈散转捩之关键，便在"大矣哉"三字。这三个字落得坚实有力，上收骈文，下启散句。并且因为其力道很足，似乎一把提束住下文所有散体行文，而形成逆向围拢之势，将赞语开首的骈语并吞了。班固这样的写法，是为了文气的贯通。联系《昭帝纪》本纪全文，编年体的纪事过程，几乎全部出以散句单行体，所录不多的诏书中，对仗句为数极少，在周围密集的散句中，恰如一现即逝的昙花。这样行文造成的气势，已如飞流直下的瀑布，在末尾赞语这一落地的瞬间，安插一二骈句以行缓冲之用，但文势惯性之大，并不能就此打住，所以还要接续以徐徐前行的水流，文末的散句，便承担了这个角色。正文与赞语浑然一体，因了那点骈句而微有舒缓的暂驻，节奏也有小幅调整，但复以散句刹尾，终使文气连而不断。

而《宣帝纪》赞却呈先散后骈之势，更何况独立的骈语只八字二句："功光祖宗，业垂后嗣"，在四围散句的挤压下，这一点微弱的骈偶的光芒，似亮出它的灵感，而赋予这积重的散句以几抹空灵，文字格局迥异于《昭帝纪》赞。究其根源，恐在《宣帝纪》行文与《昭帝纪》相差悬殊。《宣帝纪》记事详，篇幅长，其中多载宣帝诏书，往往精明练达，文采斐然，骈偶句式时出，与文中的散体叙述语言交相辉映，整篇文章给人疾徐停当、润涩相间之感，正如明代凌稚隆所指出："此传恣态生色，却于诸诏中见之。"[1] 这与《昭帝纪》几让人喘不过气的散句叠加有很大不同。所以《宣帝纪》赞

---

[1] 凌稚隆.汉书评林[M]//吴平，曹刚华，查珊珊.《汉书》研究文献辑刊：第一册.北京：国家图书馆出版社，2008：110.

语延续了这种风格，只不过语言、语气多四字为断，颇显典正，但散句仍占多数。赞语先散后骈，唯一一组工整的对偶，即"功光"二句，被醒目地置于末尾部分，而最终临门一闭，却仍交付散句来完成。以散句相始终，骈句只八字，显然单薄了一些，但它的出现让人眼前一亮，正如一滴清澈的水滴入平静的湖面，溅起小水珠，荡开层层涟漪。然而完成这点任务，它也就很快被淹没了。散体行文，骈句不过是其中的点缀与调节，这是以散驭骈的典型表现。当然，这之前也有可称为骈句的，即"吏称其职，民安其业"一语，算得上是较为标准的对偶句法，但它完全被嵌入了散句当中，不复显山露水。类似的例句在《汉书》中俯拾即是：

秦始皇即位三十九年，内平六国，外攘四夷，死人如乱麻，暴骨长城之下，头卢相属于道，不一日而无兵。①

（徐）偃以为《春秋》之义，大夫出疆，有可以安社稷，存万民，颛之可也。②

时方外事胡越，内兴制度，国家多事，自公孙弘以下至司马迁，皆奉使方外，或为郡国守相至公卿。③

充国常以远斥候为务，行必为战备，止必坚营壁，尤能持重，爱士卒，先计而后战。④

在在皆有，不遑遍举。这种骈句完全被散句包裹的嵌入式，在散多骈少、以散为主的语境中，往往也是以散驭骈的笔法之一。但若反之，使上下文骈多散少，则其功能亦随语境而变。不消申说。

再来看骈中间散。骈多散少的语境中，散句腾挪其间，可以起到衔接文意、调节文气的作用，善乎《六朝丽指》所云："骈体之中，使无散行，则其气不能疏逸，而叙事亦不清晰。"⑤只不过与骈句入散的相似"遭遇"相比较，散句在骈语中的穿插则要更

---

① 前四史：汉书[M].北京：中华书局，1997：2771.
② 前四史：汉书[M].北京：中华书局，1997：2818.
③ 前四史：汉书[M].北京：中华书局，1997：2863.
④ 前四史：汉书[M].北京：中华书局，1997：2976.
⑤ 王水照.历代文话[M].上海：复旦大学出版社，2007：8443.

显多姿多彩，妙意层出。这是因为，语言技巧上的基本要求，如字数相同、讲究对偶等，使得骈语往往规行矩步，难可"适性而为"。而散体行文，不受约束，凡是能调动的手法，如虚词、领字等，运用空间都很大，灵活安排，遂能派生无尽意蕴。故而，散句的介入，是骈文避免冗赘、摆脱繁沓的最好清新剂，一如大量的散句堆积、造成沉闷时，也需要适时的骈语带来清凉一般。如：

> 秦既称帝，患周之败，以为起于处士横议，诸侯力争，四夷交侵，以弱见夺。于是削去五等，堕城销刃，箝语烧书，内锄雄俊，外攘胡、粤，用壹威权，为万世安。然十余年间，猛敌横发乎不虞，适戍强于五伯，闾阎逼于戎狄，响应于谤议，奋臂威于甲兵。乡秦之禁，适所以资豪杰而速自毙也。是以汉亡尺土之阶，繇一剑之任，五载而成帝业。书传所记，未尝有焉。何则？古世相革，皆承圣王之烈，今汉独收孤秦之弊。镌金石者难为功，摧枯朽者易为力，其势然也。①

这段文字，初读给我们的最深印象是其句式的整齐并且多变，开始部分一连串四言句铺排，继以六言四句的对仗式排比，经散句的过渡，并适时来句设问，再转入工整的骈句殿尾。一气连成，深有韵致，又波澜动荡，气势不凡。这种审美效果的得来，很大程度上便是赖其语言上的骈中间散。本段文字骈句为主，锋芒所及，连散句也多字数对等，富有节奏。而每于骈句前后，皆有散句助其文脉贯通。如果说"韵自骈来""气自散出"，似嫌武断了一点，而且有些生硬，但从我们阅读接受的角度，不得不承认它确实隐隐存在这种倾向。

《史记》《汉书》二著终究以朴茂雄浑的散文见长，加以骈句间出其中，故相比之下，语势之矫健，一也；然而，就骈文在全书文字中所占比例来看，《汉书》要远出《史记》之上，所以班《汉》较之迁《史》，又显韵增而气减。

《汉书》之骈语，约略可分为两大部分：一属作者的叙述体语言，当然其中也包括一些人物语言中带有的骈体；二属载录的君臣诏令奏疏等应用文章，以及传中人物文

---

① 前四史：汉书[M]. 北京：中华书局，1997：364.

学作品当中的骈语。就数量来说，后者居多，它在很大程度上辅助促成了《汉书》语言的典雅风格。而作者的叙述体语言与所录作品的语言风格往往相映生辉，各有千秋。从骈俪的视角去追踪《汉书》的语言风格，这两种类别的骈语，本来都应成为我们关注的对象。然而严格来说，录载的作品，折射的毕竟是其所属时代、所属环境及所属人物的语言风采，虽经班固甄选，但于《汉书》本身，终究只是助其雅化的材料。所以，关于《汉书》骈语的讨论，这里只聚目光于第一类，即作者自己的语言。笔者姑将其骈语分为四个等级，或者说"品"类。

第一"品"类。也即最常态化的骈语现象，除了字数相等与对仗的要求，它还表现为单句对单句，干脆利落。因而数量多，分布广（见表2.2）。

表 2.2 《汉书》骈句示例

字数	骈句	出处
三言	信甘言，宁空约	《匈奴传》赞
	分九州，列五服	《匈奴传》赞
	殊章服，异习俗	《匈奴传》赞
五言	据势胜之地，骋狙诈之兵	《诸侯王表》
	入物者补官，出货者除罪	《食货志》
	附顺者拔擢，忤恨者诛灭	《王莽传》
六言	内则致疾损寿，外则乱政伤民	《礼乐志》
	光名著于当世，遗誉垂于无穷	《礼乐志》
	康叔之风既歇，而纣之化犹存	《地理志》
	周公遗化销微，孔氏庠序衰坏	《地理志》
	行可以历群臣，义足以厚风俗	《王商史丹傅喜传》
	讼商忠直无罪，言凤颛权蔽主	《王商史丹傅喜传》
	内有掖庭才人，外有上林乐府	《礼乐志》
	富者不得自保，贫者无以自存	《食货志》
	后嗣恭己遵业，旧臣继踵居位	《外戚恩泽侯表》
	上争王者之利，下锢齐民之业	《货殖传》
	圣王量能授事，四民陈力受职	《食货志》

续表

字数	骈句	出处
七言	镂金石者难为功，摧枯朽者易为力	《异姓诸侯王表》
	背公死党之议成，守职奉上之义废	《游侠传》
八言	内亡骨肉本根之辅，外亡尺土藩翼之卫	《诸侯王表》
	过魏则宠无忌之墓，适赵则封乐毅之后	《外戚恩泽侯表》
	奉穆遗戎而由余去，齐人馈鲁而孔子行	《礼乐志》
	诸公之间陈遵为雄，闾里之侠原涉为魁	《游侠传》
	秦燔《诗》《书》以立私议，莽诵《六艺》以文奸言	《王莽传》
九言	闻叔孙通之谏则惧然，纳曹相国之对而心悦	《惠帝纪》
	不为燥湿寒暑变其节，不为风雨暴露改其形	《律历志》
十言	文帝采贾山之议分齐、赵，景帝采晁错之计削吴、楚。	《诸侯王表》

可以想见，由这些长短不一、切合语境的骈句穿联起大片的散文，而组成的《汉书》的文字，是一个怎样流畅而灵动的语言的境地！从这里，我们当发现处于发展初期骈文的质朴：不重藻饰，用词典重，一也；字数不定，结构灵活，全依表述的需要与行文的方便，二也；其三，就句法组织而言，构成对偶的两句，各自独立，各有侧重，而分别承担着一个完整的意思。视后世四六骈文丽辞靡语，且每一意思的完成须凑成两句的句法，文章格调颇显雄浑而大气。

更值得注意的是，上表中我们按字数多少进行了排列。可以看出，其中六言骈句居多，次则八言。而实际上《汉书》骈句数量之最，当属四言。《汉书》语言的典雅，很大程度上正得力于其成片连堆的四字句——虽然其中单、偶句并存，且以单句为主，但偶句数量亦不在少数。唯其多，故宁阙而不录，因为不胜枚举，而且取舍之间，难免挂一漏万之嫌。

这样看来，《汉书》骈句在组字上多从偶数。黄侃《文心雕龙札记》有云："文言藻饰，用偶必多，质语简醇，用奇必众"，"偏于文者好用偶，偏于质者善用奇。"[①]《汉书》语言固然奇偶相间，文质彬彬，但无妨以这个标准去衡量，不也透露一点班固着意为"文"而胜其"质"的倾向吗！更可论道之处还在于，《汉书》骈句组字多从偶

[①] 刘梦溪.中国现代学术经典：黄侃 刘师培卷[M].石家庄：河北教育出版社，1996：151.

数，尤以四字、六字为主，这是其骈语运用的一大特点。这个发现多少令人振奋，因为后世走向成熟，与散文双峰并峙的骈文，恰巧也是"骈四俪六"的语言结构形式。蒋伯潜先生曾谓《汉书》"隐隐之中即成为后世骈文的鼻祖"①，于早期骈文的发展，从创作上曾驱其进步而起一个革命性变化的，的确不能忽视《汉书》。②

但是两句对仗成文，太显规整而单调，于是便有了我们所说的第二"品"类，即体制上稍加拓展，变为三句或四句，既骈俪，又排比：

（是以）荐之郊庙则鬼神飨，作之朝廷则群臣和，立之学官则万民协。③

齐愍以技击强，魏惠以武卒奋，秦昭以锐士胜。④

论大道则先黄老而后六经，序游侠则退处士而进奸雄，述货殖则崇势利而羞贱贫。⑤

叙书则断《尧典》，称乐则法《韶》《舞》，论诗则首《周南》。⑥

稽之于古今，效之于气物，和之于心耳，考之于经传。⑦

行步有佩玉之度，登车有和鸾之节，田狩有三驱之制，饮食有享献之礼。⑧

卜式拔于刍牧，弘羊擢于贾竖，卫青奋于奴仆，日䃅出于降虏。⑨

当庙堂，拥幼君，摧燕王，仆上官。⑩

廉褒以恩信称，郭舜以廉平著，孙建用威重显。⑪

---

① 蒋伯潜，蒋祖怡. 骈文与散文[M]. 上海：上海书店出版社，1997：15.
② 其实还应加上同为班固所作的《典引》，李兆洛《骈体文钞》评价其"裁密思靡，遂为骈体科律。"见李兆洛《骈体文钞》，上海古籍出版社2001年版，第44页。《汉书》《典引》俱为班固作品，可见他在骈文发展史上的地位之高。
③ 前四史：汉书[M]. 北京：中华书局，1997：1038.
④ 前四史：汉书[M]. 北京：中华书局，1997：1085.
⑤ 前四史：汉书[M]. 北京：中华书局，1997：2738.
⑥ 前四史：汉书[M]. 北京：中华书局，1997：3589.
⑦ 前四史：汉书[M]. 北京：中华书局，1997：956.
⑧ 前四史：汉书[M]. 北京：中华书局，1997：1319.
⑨ 前四史：汉书[M]. 北京：中华书局，1997：2633.
⑩ 前四史：汉书[M]. 北京：中华书局，1997：2967.
⑪ 前四史：汉书[M]. 北京：中华书局，1997：3032.

> 张氏以卖酱而隃侈，质氏以酒削而鼎食，浊氏以胃脯而连骑，张里以马医而击钟。①

不仅文意足，气势也有所增强。至其委曲尽妙，还要依赖上下语境的配合，班固之于此道，自是造手。

第三"品"类。较之前二"品"，它的更高一层，在于打破常规的齐头并尾的骈语模式，而出之以长短句互补、多言句杂陈，调节语气，变动节奏。既要求句与句之间的骈偶，更要兼顾排与排之间的对称，构成一组完整的骈句。总之，重在变化，以求生动：

> 故盛则周邵相其治，致刑措；
> 衰则五霸扶其弱，与共守。②

以七言、三言句互补，与另一组完全相同的句式对仗成文。七言句强调"盛"与"衰"的不同遭遇，三言句则重在揭示其相应结果。这种句法是最常见的，类似的如：

> 治身者斯须忘礼，则暴嫚入之矣；
> 为国者一朝失礼，则荒乱及之矣。③

这里虚字的运用在结构和语气上发挥辅助作用，颇增文味。又如：

> 刑罚威狱，以类天之震曜杀戮也；
> 温慈惠和，以效天之生殖长育也。④

---

① 前四史：汉书[M].北京：中华书局，1997：3694.
② 前四史：汉书[M].北京：中华书局，1997：391.
③ 前四史：汉书[M].北京：中华书局，1997：1027.
④ 前四史：汉书[M].北京：中华书局，1997：1079.

有时候，似不必太过专注于字、词之间的严格对仗，这也是取大略小的变通之法：

国君，民之父母；
夫妇，生化之本。①
南阳好商贾，召父富以本业；
颖川好争讼分异，黄、韩化以笃厚。②

字数虽不对等，但何妨其骈俪！而多种句式相杂，且两两相对，则更显委曲有味：

（凡民函五常之性，而其）刚柔缓急，音声不同，系水土之风气，故谓之风；好恶取舍，动静无常，随君上之情欲，故谓之俗。③

至如：
遂毁先王之法，灭礼谊之官，专任刑罚，躬操文墨，昼断狱，夜理书。④

其结构可分解成：

$$\begin{Bmatrix} 毁先王之法 \\ 灭礼谊之官 \end{Bmatrix} \rightarrow \begin{Bmatrix} 专任刑罚 \\ 躬操文墨 \end{Bmatrix} \rightarrow \begin{Bmatrix} 昼断狱 \\ 夜理书 \end{Bmatrix}$$

由五言对句，而四言，而三言，字数递减，而文意渐升，则又是另一种情态。再看：

高祖开基，萧、曹为冠；
孝宣中兴，丙、魏有声。⑤

---

①前四史：汉书[M].北京：中华书局，1997：1322.
②前四史：汉书[M].北京：中华书局，1997：1654.
③前四史：汉书[M].北京：中华书局，1997：1640.
④前四史：汉书[M].北京：中华书局，1997：1096.
⑤前四史：汉书[M].北京：中华书局，1997：3151.

《汉书》文学个性初探

却又颇见整齐的魅力。而更动人之处,恐怕还在其音节的动听,读之铿锵悦耳,余味在口。谁能说讲究声律仅是后世骈文的专利呢!又:

$$\begin{cases} 外戚大臣魏其、武安之属竞逐于京师 \\ 布衣游侠剧孟、郭解之徒驰鹜于闾阎 \end{cases} \rightarrow \begin{cases} 权行州域 \\ 力折公侯 \end{cases} ①$$

从句读上,如果将前两个十五字的长句断开,未尝不可,但那样便割裂了文气,远不如一气连成之凌厉畅快。而后接续以四言的小骈句,文气得以缓冲,而句意亦得贯通。又:

$$后五世至严王 \begin{cases} 总帅诸侯 \\ 观兵周室 \end{cases} \rightarrow \begin{cases} 并吞江汉之间 \\ 内灭陈鲁之国 \end{cases} ②$$

这里便显出班固善用四、六偶句的本色了。如若从互文见义的立意出发,稍稍调整一下句子的位置,将"观兵"与"并吞"二句颠倒,便成为完整意义上的骈四俪六。其实何用劳神如此,《汉书》早为我们展现了四六成文的风采:

> 高后欲王诸吕,王陵廷争;
> 孝景将侯王氏,脩侯犯色。③

这样规整的四六骈句,即使置之于六朝骈文,也可使徐、庾含笑了!

而变动还要顾及意脉贯联,则是我们所谓第四"品"类。举例以见之:

---

① 前四史:汉书[M].北京:中华书局,1997:3698.
② 前四史:汉书[M].北京:中华书局,1997:1665.
③ 前四史:汉书[M].北京:中华书局,1997:678.

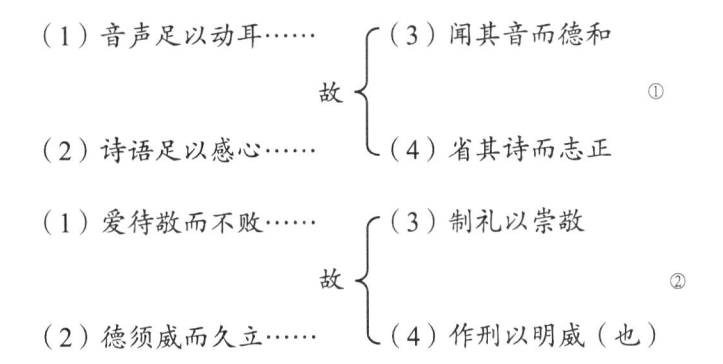

$$\left.\begin{array}{l}（1）音声足以动耳……\\（2）诗语足以感心……\end{array}\right\} 故 \left\{\begin{array}{l}（3）闻其音而德和\\（4）省其诗而志正\end{array}\right. ①$$

$$\left.\begin{array}{l}（1）爱待敬而不败……\\（2）德须威而久立……\end{array}\right\} 故 \left\{\begin{array}{l}（3）制礼以崇敬\\（4）作刑以明威（也）\end{array}\right. ②$$

以上两例，结构、句式均同。每组之内，（1）（2）句，（3）（4）句分别对仗，而（1）（3）句，（2）（4）句又共立足一意。故，语句虽然杂错，但意脉却呈隔句跳跃式粘连。而如果再稍稍加以扩展，则妙趣更生：

$$\left\{\begin{array}{l}乐以治内而为同……\\礼以修外而为异……\end{array}\right. \rightarrow \left\{\begin{array}{l}同则和亲……\\异则畏敬……\end{array}\right. \rightarrow \left\{\begin{array}{l}和亲则无怨\\畏敬则不争\end{array}\right. ③$$

到此地步，字句的对仗已不足吸引人了，意脉的跳跃照应也早经熟习，更令我们赏心悦目的，却在隔句的顶真！

又：

> 畏敬之意难见，则著之于享辞献受，登降跪拜，
> 和亲之说难形，则发之于诗歌咏言，钟石管弦。④

这是合上下两联而完成一个意思，在这一层面，有点类似于后世的四六文，从中也显见班固雕琢语言的痕迹。除了上下句对仗十分工整，我们还注意到每联末尾八字，也自形成对应关系：

---

①前四史：汉书[M].北京：中华书局，1997：1038.
②前四史：汉书[M].北京：中华书局，1997：1079.
③前四史：汉书[M].北京：中华书局，1997：1028.
④前四史：汉书[M].北京：中华书局，1997：1028.

```
享辞献受 ←→ 登降跪拜
   ↕              ↕
诗歌咏言 ←→ 钟石管弦
```

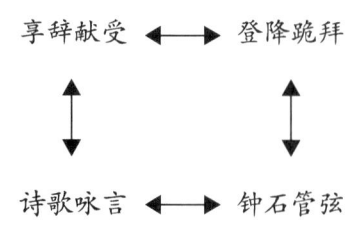

实在是复杂而玄妙。又如：

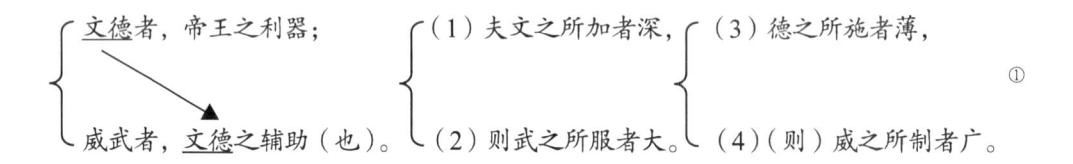

{文德者，帝王之利器； 　威武者，文德之辅助（也）。} {（1）夫文之所加者深， （2）则武之所服者大。} {（3）德之所施者薄， （4）（则）威之所制者广。}①

头绪纷繁，但紊而不乱。第一联总冒，"文""德""威""武"四字就像线头，牵起下面两联四句，每字对应一句。而后四句内部，又如后世的"藏头诗"一样隔句合成一词，如（1）（3）句"文德"，（2）（4）句"武威"亦即"威武"，并分别照应第一联的上下句。加上后四句无可挑剔的派字对仗技巧，可谓异彩纷呈。这样的句法，实在让人对班固遣词用语的高深造诣深致叹服。

语言的骈俪艺术，在《汉书》还不能说已经发挥到极致，毕竟声律的讲究方始起步，而字词的对仗也多疏略之处，更远未定型为骈四俪六的语体形态。并且不难看出，班固多是以散文的笔调来驾驭骈化的文字，故显得质重而气势沉雄，迥异于后世骈文绮靡香软的文风。而所有这些衡量，都是以去班固数百年之后，完全成熟的骈文的标准来框定《汉书》。如果回归《汉书》本身，回归史传文学的嬗变路程，回归东汉初的文学环境，那么，《汉书》骈语情态之丰富，文字之活泼，不仅带给整部著作典雅温丽的语言风格，同时，又俨然成为早期骈体文章渐次崛起的领跑者。"六朝《汉书》之学盛于《太史公书》"②，一个重要原因恐怕就是六朝骈文兴盛，文学审美自然带来相应的文学接受。

但也应该指出，《汉书》中的骈辞俪语，尚只是作为一种陪衬和调节存在，挑起全

---

① 前四史：汉书[M] 北京：中华书局，1997：1091.
② 刘咸炘.刘咸炘学术论集：史学编[M].黄曙辉，编校.桂林：广西师范大学出版社，2007：171.

著文字大梁的，依然是强而有力、纵横驰骋的单行散句。《汉书》本身，仍不失为"汉文章"中的大手笔、大制作。

三、"正"之视域里的情感、语言和叙事

"正"，曾多次被郑玄、朱熹等人拿来解释"雅"，依此来观照《汉书》，我们发现《汉书》中用到"正"字，一点也不比前文所列举的"雅""温"等字少。这透露出，班固将胸中的情感和笔下的文字平抑到"正"的本位，是自觉的、有意的。就《汉书》来说，"正"，既意谓中性平和、不激不扬的情感态度，也可指向宽阔平行恰如河流一般的文字特征。

先说情感的平和。总体上看，《汉书》的情感不是不露，不是不扬，而是露而收之，扬而抑之，归之于"正"，即中正，或曰平和。在此总体风貌下，"平""和"两字还应各有侧重。"平"，指不偏不倚，持重稳当；"和"，则指褒贬适宜，雍容大度。试举《汉书》屡遭后世诟病的文字，以见其端。《游侠传》序云：

> 古之正法：五伯，三王之罪人也；而六国，五伯之罪人也。夫四豪者，又六国之罪人也。况于郭解之伦，以匹夫之细，窃杀生之权，其罪已不容于诛矣。观其温良泛爱，振穷周急，谦退不伐，亦皆有绝异之姿。惜乎不入于道德，苟放纵于末流，杀身亡宗，非不幸也。[1]

《汉书》中记载郭解"少时阴贼感慨，不快意，所杀甚众"，后来"自喜为侠益甚"，诸公皆附。"解出，人皆避，有一人独箕踞视之。解问其姓名，客欲杀之"。后"解徙，诸公送者出千余万。轵人杨季主子为县掾，阖之，解兄子断杨掾头"，"轵有儒生侍使者坐，客誉郭解，生曰：'解专以奸犯公法，何谓贤？'解客闻之，杀此生，断舌。"[2] 何其专横跋扈，简直令人发指。在郭解一班人眼里，人命曾不如草芥，欲取辄取。作为一名正直的史家，班固对郭解"以匹夫之细，操杀生之权"[3] 进行批评，自

---

[1] 前四史：汉书[M].北京：中华书局，1997：3699.
[2] 前四史：汉书[M].北京：中华书局，1997：3704.
[3] 前四史：汉书[M].北京：中华书局，1997：3699.

是理所当然，并且字里行间辞气正义凛然。单论文字，班固下笔就已不凡。从"五伯"开始，历数至"四豪"，即所谓战国四君子，环环相扣，而且很有"欲抑先抑"①的意味；然后带出"郭解之伦"，劈面就是一通批评，却以"其罪已不容于诛矣"的感叹刹住，又以"观"字领起，转入称誉的一途，且一连四句不设语气词，颇显坚定。最后再借"惜"字带出惋惜无奈之情，情感态度上经过前番上批下赞、抑而后扬的摆动，而终归于平正。

《汉书》另一处常为人所"切齿"的，恐怕要数《司马迁传赞》了，今不嫌冗，全录于下：

> 赞曰：自古书契之作而有史官，其载籍博矣。至孔氏篡之，上断唐尧，下讫秦缪。唐、虞以前，虽有遗文，其语不经，故言黄帝、颛顼之事未可明也。及孔子因鲁史记而作《春秋》，而左丘明论辑其本事以为之传，又纂异同为《国语》。又有《世本》，录黄帝以来至春秋时帝王、公、侯、卿、大夫祖世所出。春秋之后，七国并争，秦兼诸侯，有《战国策》。汉兴伐秦定天下，有《楚汉春秋》。故司马迁据《左氏》《国语》，采《世本》、《战国策》，述《楚汉春秋》，接其后事，讫于天汉。其言秦、汉，详矣。至于采经摭传，分散数家之事，甚多疏略，或有抵梧。亦其涉猎者广博，贯穿经传，驰骋古今，上下数千载间，斯以勤矣。又其是非颇缪于圣人，论大道则先黄老而后六经，序游侠则退处士而进奸雄，述货殖则崇势利而羞贱贫，此其所蔽也。然自刘向、扬雄博极群书，皆称迁有良史之材，服其善序事理，辨而不华，质而不俚，其文直，其事核，不虚美，不隐恶，故谓之实录。乌呼！以迁之博物洽闻，而不能以知自全，既陷极刑，幽而发愤，书亦信矣。迹其所以自伤悼，《小雅》巷伯之伦。夫唯《大雅》"既明且哲，能保其身"，难矣哉！②

---

①清刘熙载在《艺概注稿》中提出"抑扬之法有四，曰：欲抑先扬，欲扬先抑，欲抑先抑，欲扬先扬。"（详见刘熙载《艺概注稿》，袁津琥校注，中华书局2009年版，第859页）。"欲抑先抑""欲扬先扬"的说法别开生面，虽是关于制义立论，然绳之于《汉书》此节文字，不亦可乎！

②前四史：汉书[M].北京：中华书局，1997：3737-3738.

文中"又其是非颇缪于圣人"一段评语，最为后人所诟病。而恰恰这些论述文字本非班固所为，而是出自扬雄和班彪。《汉书·扬雄传》载，扬雄以为"太史公记六国，历楚汉，讫麟止，不与圣人同，是非颇谬于经"[1]；范晔《后汉书·班彪列传》也记班彪论曰："迁之所记，从汉元至武以绝，则其功也。至于采经摭传，分散百家之事，甚多疏略，不如其本，务欲以多闻广载为功，论议浅而不笃。其论术学，则崇黄老而薄《五经》；序货殖，则轻仁义而羞贫穷；道游侠，则贱守节而贵俗功：此其大敝伤道，所以遇极刑之咎也。然善述序事理，辩而不华，质而不野，文质相称，盖良史之才也。诚令迁依《五经》之法言，同圣人之是非，意亦庶几矣。"[2] 显见这代表了那一时期众多学者的普遍看法。细读上录赞语，不难发现班固在行文中采用了一抑一扬的交叉方式，使感情的天平始终持以平衡，如对迁《史》"采摭经传，分散数家之事，甚多疏略，或有抵梧"之短，班固用"亦其"二字轻轻一转，以"涉猎者广博"云云进行回护；征引了"是非颇缪于圣人"等讥刺之后，班固又以一"然"字转接，从肯定司马迁的史才、文章、实录精神等方面予以抵消。末尾以"乌呼"的深沉感叹，对太史公"既陷极刑，幽而发愤"的精神，崇敬之情溢于言表，而最终归于对难能明哲保身的深深惋惜和同情。整段文字语气舒缓沉郁，章法严密而又尽委曲之妙，确是难得的雍容典正之文！需要做一补充的是，对于此段赞语，我们应当摒弃习惯上将它与正文分开、单独审视的做法，而应该将它回归于原文，结合全文语境进行观照。其所以易犯单就赞语来论析而弃原文的毛病，主要原因在于《汉书·司马迁传》中真正属于班固的文字，也就是文末的赞语部分。其正文内容，几乎完全是《史记·太史公自序》和司马迁《报任安书》的合装[3]。而我们所要关注的正是赞语之前，班固全文载录的《报任安书》。司马迁在这篇书信中催人泪下的感情泄洪，加上它篇幅之长，使《汉书·司马迁传》后半部分完全沉侵于浓浓的悲情与不平之中，文气低回，读之使人伤怀不已。所以，紧接其后的赞语，班固马上就提升笔调，以"自古书契之作而有史官，其载籍博矣"的宏大排场开篇，下笔卓然不凡。再以精炼的笔触历叙司马迁之前的史著发展路径，然后归位于《太史公书》得失短长之论。站得高，铺得开，张弛有度，

---

[1] 前四史：汉书[M].北京：中华书局，1997：3580.
[2] 前四史：后汉书[M].北京：中华书局，1997：1325.
[3] 当然难免有字句上的稍许改动和不同内容之间的衔接与过渡。

不仅扫除了《报任安书》营造的沉重气氛，同时也显得雍容、大气。而这，正是《汉书》独有的典雅之美。《史记》有它的大气，而少雅正；后世史著有它的雅正，却气势不足。

另外，像《汉书·赵充国辛庆忌传》记载武将事迹，文章也显得壮气酣畅。延续以至赞语，尚津津于"山东出相，山西出将"的分析之中，但结尾作出这样的处理："山西天水、陇西、安定、北地处势迫近羌胡，民俗修习战备，高上勇力鞍马骑射。故《秦诗》曰：'王于兴师，修我甲兵，与子皆行。'其风声气俗自古而然，今之歌谣慷慨，风流犹存耳。"①语气平缓，尤其是最后落一"耳"字，适当减弱、抑制了语势，使得情感持中、平衡而显内蕴充足。若改用"焉"，则文味陡变；而《赵尹韩张两王传》赞，又呈现出有意淡化语气，以克制情感，努力使其持衡的倾向，让人感觉到字里行间暗流汹涌，但字面上平静得像湖面一般，这些都是《汉书》情感中正平和特征的表现。

再看语言之"正"。《汉书·贾邹枚路传》中所记人物贾山、邹阳、枚乘、路温舒都以文辩著名，而且都在风波险恶的朝政漩涡中求得善终，故班固合此四人为一传。在本篇赞语中，班固给出这样的总结："春秋鲁臧孙达以礼谏君，君子以为有后。贾山自下劘上，邹阳、枚乘游于危国，然卒免刑戮者，以其言正也。温舒辞顺而意笃，遂为世家，宜哉！"②我们知道，与这四人有着相似经历，在汉庭以口辩自给却终因言语之失而取其祸、遭杀戮的，在当时及之前、之后，真不知有多少人。而此四人终能"以其言正"，竟"卒免刑戮"。班固自己也身在庙堂，虽然官职和身份不同于贾、邹、枚、路等人，但所处环境之险恶叵测，则是相通的。不管班固的结论正确与否，出于他笔下的"正"之一字，在这样的现实背景和话语环境中，直有千钧之力。他以"正"来推许人，必也寄寓自己的某种感慨。考此"正"之内涵，最好的途径莫过于对照传中所录四人之言。贾山《至言》，邹阳《谏吴王书》《狱中上梁王书》，枚乘《上吴王书》《再上吴王书》，路温舒《上书言尚德缓刑》，六篇文章，人各异面。但就文路的平直来说，这六篇上书，则直同出机杼。对这些文章进行梳理，就可发现班固对它们所下的定语"正"，大概可以从这样几个角度去理解：

---

① 前四史：汉书[M].北京：中华书局，1997：2998-2999.
② 前四史：汉书[M].北京：中华书局，1997：2372.

（1）摆正姿态。所谓姿态之"正"，是指与时代的文风保持了一致。贾、邹等人的上书，可作为那一时期疏谏文体的代表，其气质也明显带着西汉中期时代的烙印，既不复有汉初陆贾、贾谊之文的战国遗存，也未"进化"到西汉后期谷永、刘向等为文的温润雅丽，而是介乎两者之间；（2）注意语态，即遣词措字，按照"书"体的要求，依以下谏上的规范进行，既不随意，也不拘束。这个"正"，可归结为"肃正"；（3）语气平和。言语之间，徐而不疾，完全没有了战国策士的骋词使气，纵横捭阖。枚乘《七发》未见载于本传，或许正因为其铺排夸张、气势充沛，文风不类于该传中其他作品的缘故。而语气词的使用相对较少，缺乏婀娜婉转之姿，也是其另一种表现；（4）文路平直，波澜不惊，斯为为文之"法正"。这是语气平缓直接导致的结果；（5）句式整齐，注重"典正"。大量骈语的使用加重了这种效果。只是语言风格虽然趋于雅化，但温润不足。而一些可被看作警句的骈文，除了其自身闪耀着智慧和理性，也给文章增加了力度和厚度，如"地之美者善养禾，君之仁者善养士"[1]"偏听生奸，独任成乱"[2]"欲人勿闻，莫若勿言；欲人无知，莫若勿为""铢铢而称之，至石必差；寸寸而度之，至丈必过"[3]"乌鸢之卵不毁，而后凤凰集；诽谤之罪不诛，而后良言进"[4]等。而典而有力，也是此一"正"字不可缺少的一面；六，情感中正，不抑不扬，不卑不亢。凡此六项，所谓气正、语正、法正、典正、肃正、中正，大致可概括班固眼里"正"的含义。又，《汉书·司马相如传》在载录《上林赋》后，紧接着有一段阐释性文字："亡是公言上林广大，山谷水泉万物，及子虚言云梦所有甚众，侈靡多过其实，且非义理所止，故删取其要，归正道而论之。"[5]这个"正"字又与"道"相关联，所谓"正道"，意谓颂扬大汉，归美天子，可补前文释"正"之义。

那么再回过头来对照《汉书》，我们发现上文所讨论的"正"的含义，恰恰反证了全书行文的特征。以上关于"正"字所有的义项，无论就写作要求，还是视之为文章风格，我们都能用《汉书》中的任何一部分去做例证——只要愿意接受其中些微的调节和变动，如其幽默、其壮气等等。"正"，自是《汉书》语言的本色，不消例说。

---

[1] 前四史：汉书[M].北京：中华书局，1997：2330.
[2] 前四史：汉书[M].北京：中华书局，1997：2346.
[3] 前四史：汉书[M].北京：中华书局，1997：2360.
[4] 前四史：汉书[M].北京：中华书局，1997：2371.
[5] 前四史：汉书[M].北京：中华书局，1997：2575.

《汉书》文学个性初探

至于叙事之"正",我们可举《霍光传》为例作一说明。本传开端部分记霍光的出身、禄进以及武帝临终托孤之事,虽然其中人物对话多曲折起伏,但文意总体趋平。而在孝昭即位,"帝年八岁,政事壹决于光"的交代之后,却突然插入这样一件事:

> 先是,后元年,侍中仆射莽何罗与弟重合侯通谋为逆,时光与金日䃅、上官桀等共诛之,功未录。武帝病,封玺书曰:"帝崩发书以从事。"遗诏封金日䃅为秺侯,上官桀为安阳侯,光为博陆侯,皆以前捕反者功封。时卫尉王莽子男忽侍中,扬语曰:"帝崩,忽常在左右,安得遗诏封三子事!群儿自相贵耳。"光闻之,切让王莽,莽鸩杀忽。①

按文章脉络的发展,这时尚处《霍光传》才要步入正文的起始,却因此事横生枝节,似有阻隔文脉之嫌。而且如此叙述,让人颇觉事端蹊跷,不可不谓怪生笔端。这也反映出,《汉书》雅正的总体特点之外,有时也露出"奇"的一面。然而文章又就此顿住,宕开笔调,转从反面说起:

> 光为人沉静详审,长财七尺三寸,白皙,疏眉目,美须髯。每出入下殿门,止进有常处,郎仆射窃识视之,不失尺寸,其资性端正如此。初辅幼主,政自己出,天下想闻其风采。殿中尝有怪,一夜群臣相惊,光召尚符玺郎,郎不肯授光。光欲夺之,郎按剑曰:"臣头可得,玺不可得也!"光甚谊之。明日,诏增此郎秩二等。众庶莫不多光。②

无论从霍光的容貌、举止,还是夺玺不得反而激赏护玺之人的行为,显然又是赞赏的笔调。如此,因有了这段插叙,与前段内容形成一反一正、一贬一褒,互相制约、互为调节之势,而文章也就复归于"正"路。下文自"光与左将军桀结婚相亲,光长女为桀子安妻"始,才算正式进入主体叙事,并与情感、语言之"正"一道,共同促成全文"雅"的风格。

---
① 前四史:汉书[M].北京:中华书局,1997:2933.
② 前四史:汉书[M].北京:中华书局,1997:2933.

第三节 《汉书》语言的赋化倾向

《汉书》的作者班固，同时也是一名汉赋名手。"赋家之心，包括宇宙，总揽人物"，或许正是因为有着赋家的修养，即使班固笔下的史传著作，其语言也会呈现得如此斑斓多彩。而《汉书》语言时时显出赋化的倾向，也似乎在不断提醒和加深着我们的这种印象。如果可以将此现象笼统地概括为"史的赋化"，那么不妨先从它的对立面——即"赋的史化"的角度谈起，史、赋的交融互化，成为两汉文学一道独特的风景。

一、赋的史化

本书所谓"赋的史化"，专就散体大赋而言；"史化"，可简单理解为赋作内容逐渐走向征实、可信，从而在一定程度上具有志乘或类书的价值和意义。

赋的"散体"一名，学界用来指称汉代以铺陈写物、夸饰图貌为特征的所谓"大"赋。《汉书·艺文志·诗赋略》将赋分为四类，除"杂赋"以外，对"屈原赋""陆贾赋""荀卿赋"三种其分类依据、文体特征，学界提出过种种看法，聚讼至今。[①]但这其中有一个对此三类赋体的主导文学特征的认识较为显见，便是刘师培《论文杂记》所云："写怀之赋，屈原以下二十家是也；骋辞之赋，陆贾以下二十一家是也；阐理之赋，荀卿以下二十五家是也。"[②]章太炎也有近似看法："《七略》次赋为四家，一曰屈原赋，二曰陆贾赋，三曰孙卿赋，四曰杂赋。屈原言情，孙卿效物，陆贾赋不可见，其属有朱建、严助、朱买臣诸家，盖纵横之变也。"[③]沾上"纵横"色彩，实际上也指向了文辞的铺张华丽。顾实《汉书艺文志讲疏》也秉持这种观点："屈原赋盖主抒情者也，陆贾赋主说辞者，荀卿赋主效物者。"[④]的确，今"陆贾赋"二十一家多亡，唯存

---

① 陈刚.《汉书·艺文志·诗赋略》赋之分类研究述略[J].文献，2011：2.
② 刘师培.中国中古文学史论文杂记[M].北京：人民文学出版社，1962：115-116.
③ 章太炎.国故论衡疏证[M].庞俊，郭诚永，疏证.北京：中华书局，2011：593.
④ 班固.汉书艺文志讲疏[M].顾实，讲疏.上海：上海古籍出版社，2009：173-181.

扬雄诸赋，都表现出明显的追求文辞铺排的倾向，也即今日我们所谓"散体"。刘师培"骋辞"、顾实"说辞"之说都是把握住了这种赋的写作特征，而遥相与《文心雕龙·诠赋》的界定相呼应："赋者，铺也，铺采摛文，体物写志也。"①

不过长期以来，我们对散体赋的认识似更偏向于"铺采摛文"，而相对忽略了其另一发展轨迹——书写内容的日益征实化，即本文所谓"史化"，从而削弱了对散体赋文体价值的认识。

散体赋自孝景时期枚乘的《七发》启其端，孝武时司马相如《子虚》《上林》正式确立体制，绵延两汉，代有佳构。而汉代以后，依然延续这"铺采摛文，体物写志"传统的赋作，自然也属散体赋类。

《文心雕龙·杂文》："及枚乘摛艳，首制《七发》，腴辞云构，夸丽风骇"，"信独拔而伟丽也"。②的确，"夸丽"，是《七发》最显见的写作特征，而散体大赋正以《七发》为先声而启其端。所以后世继其风轨者，"莫不高谈宫馆，壮语畋猎"③。"夸"之一字，除去藻丽的夸饰，夸大也是其题义之一。于是相应地，汉大赋在内容上"不实"的问题便随之而来。司马相如在《上林赋》中借亡是公之口盛推天子苑囿之巨丽，与游猎场面之恢宏，甚为铺排华靡，其夸张手法的运用，更是炫惑人心："左苍梧，右西极，丹水更其南，紫渊径其北""视之无端，察之无涯，日出东沼，入乎西陂""奏陶唐氏之舞，听葛天氏之歌；千人倡，万人和；山陵为之震动，川谷为之荡波"，确实将天子的气格夸大到无与伦比的地步。与他同时稍后的司马迁已经对此微露批评之意："亡是公言天子上林广大，山谷水泉万物，及子虚言楚云梦所有甚众，侈靡过其实，且非义理所尚。"④而刘勰更是斥之为"信赋妄书"⑤。至如《梦溪笔谈》批评《上林赋》叙上林诸水曼衍失真，并考"大河去太湖数千里，……何缘与太湖相涉？"⑥则显属后世以叩实责有的眼光求全于初期散体赋了。

对夸而不实的批评的声音，虽然几于散体赋发生的同时期就已出现，不过夸饰靡

---

① 刘勰.文心雕龙注[M].范文澜，注.北京：人民文学出版社，1958：134.
② 刘勰.文心雕龙注[M].范文澜，注.北京：人民文学出版社，1958：254-255.
③ 刘勰.文心雕龙注[M].范文澜，注.北京：人民文学出版社，1958：255.
④ 前四史.史记[M].北京：中华书局，1997：3043.
⑤ 刘勰.文心雕龙注[M].范文澜，注.北京：人民文学出版社，1958：616.
⑥ 沈括.梦溪笔谈[M].胡道静，校证.上海：上海古籍出版社，1987：173.

丽的大赋传统却得到了坚定的传承。宣帝时,"上以(王)褒与张子侨等并待诏,数从游猎,所幸宫馆,辄为歌颂,第其高下,以差赐帛。议者多以为淫靡不急。"① 又《文心雕龙·诠赋》:"子渊(王褒字)《洞箫》,穷变于声貌",曰"淫靡",曰"穷变",② 都指向了这类赋的酌奇失真,玩华坠实。至扬雄,每心壮相如,所作四赋,规模《上林》,皆闳侈巨衍,极尽靡丽。尤以《甘泉》"铺陈夸张,言过其实,固与相如《子虚》无以异也。"③ 所以后世往往扬、马并称,《文心雕龙·夸饰》:"若能酌《诗》《书》之旷旨,翦扬马之甚泰,使夸而有节,饰而不诬,亦可谓之懿也。"④ 显然刘勰也是将他们合揉到"甚泰"一路了。

然而事实上,情况应有所区别。观扬雄《长杨赋》,首言长杨之猎,固有逞词铺排的一面,但下文即转入陈述历史上"圣文""圣武"之主如何节俭爱民,勤于治道。从秦末纷争、高祖"恢帝业",到"圣文""垂意至宁,躬服节俭",再到"圣武""爰整其旅",⑤征讨四夷,百年历史进程,在他的赋中用了近一半篇幅加以呈现。内容上明显不再如相如赋盛夸田猎场面之宏丽壮观,而以引史鉴今为重点。大量历史事实的引述,使这篇赋作与以往以夸饰擅场的散体赋迥然异质。这预示着散体大赋的写作开始出现新的倾向——写实的成分增加了。将这种倾向贯彻得更为彻底的,是扬雄的另一篇赋作《蜀都赋》,见存于《古文苑》卷四。这篇作品的格局已经大不同于前期的大赋,不仅不虚设问答体而改由作者一人陈述,并且一落笔,就以完全写实的笔法开篇:"蜀地之都,故曰梁州。禹治其江,渟皋弥望,郁乎青葱,沃野千里。"⑥这样的描述,完全可以征信于《汉书·地理志》的记载:"华阳、黑水惟梁州。……巴、蜀、广汉本南夷,秦并以为郡。土地肥美,有江水沃野,山林竹木疏食果实之饶。"⑦《蜀都赋》全文皆类此,看成一篇以整齐排比、瑰丽奇谲的辞采铺写的"蜀都风物志"也不为过。

---

① 前四史:汉书[M].北京:中华书局,1997:2829.
② 刘勰.文心雕龙注[M].范文澜,注.北京:人民文学出版社,1958:135.
③ 姜书阁.汉赋通义[M].济南:齐鲁书社,1989:161.
④ 刘勰.文心雕龙注[M].范文澜,注.北京:人民文学出版社,1958:609.
⑤ 费振刚,胡双宝,宗明华.全汉赋[M].北京:北京大学出版社,1993:201-203.
⑥ 费振刚,胡双宝,宗明华.全汉赋[M].北京:北京大学出版社,1993:160.
⑦ 前四史:汉书[M].北京:中华书局,1997:1645.

《汉书·司马相如传》:"扬雄以为靡丽之赋,劝百风一,犹驰骋郑卫之声,曲终而奏雅,不已戏乎?"① 元代祝尧认为"子云以为戏者,则以其驾辞多尚虚,而理或至于不实。"② 又《法言·吾子》:"或曰:君子尚辞乎?曰:君子事之为尚。事胜辞则伉,辞胜事则赋,事辞称则经。足言足容,德之藻矣。"③ 扬雄对"戏"的否定、对"事"的推重,显见于他赋作中对写实性的自觉追求,而成为散体赋从夸饰转向征实理路的先驱。

由此看来,两汉之交,是散体赋写作上的一个转变时期。在部分延续着夸饰传统的同时,注重追求内容的真实,是散体赋呈现出的新的写作气象。这种倾向特别凸显于以都市为铺写对象的赋作中。比扬雄稍后,杜笃因光武帝定都洛阳,"以关中表里山河,先帝旧京,不宜改营洛阳,乃上奏《论都赋》。"④ 以"论"名篇,已然昭示从实际出发的内涵。其引首一段有:"皇帝以建武十八年二月甲辰,升舆洛邑,巡于西岳。推天时,顺斗极,排阊阖,入函谷,观陒于崤、黾,图险于陇、蜀。其三月丁酉,行至长安。经营宫室,伤憨旧京,即诏京兆,乃命扶风,斋肃致敬,告觐园陵。凄然有怀祖之思,喟乎以思诸夏之隆。遂天旋云游,造舟于渭,北舣泾流。千乘方毂,万骑骈罗,衍陈于岐、梁,东横乎大河。瘗后土,礼邠郊。其岁四月,反于洛都。明年,有诏复函谷关,作大驾宫、六王邸、高车厩于长安。脩理东都城门,桥泾、渭。往往缮离观,东临霸、浐,西望昆明,北登长平,规龙首,抚未央,覛平乐,仪建章。"⑤ 完全依照时序纪事。后文虽多韵语,稍事铺排,但皆以历史事件和现实状况为立言依据,言辞辩赡,发论笃恳,几近全部写实。《论都赋》全文写法平实,不事虚夸,完全捐弃了极声貌以穷文的大赋传统。若去掉其中主客问答的成分,则直可视为一篇"论都疏"。杜笃之作此赋,本也是为上奏光武皇帝:"窃见司马相如、扬子云作辞赋以讽主上,臣诚慕之,伏作书一篇,名曰《论都》。"⑥ 可见他一开始便是按"书"的体例来写作的,要以此作为疏章,论谏国事。这显然已经超拔了过去大赋创作颂圣娱悦的性质,提高了散体赋的政治和审美品位,是汉赋发展过程中出现的又一值得注意的现象。另

---

① 前四史.汉书[M].北京:中华书局,1997:2609.
② 孙福轩,韩泉欣.历代赋论汇编[M].北京:人民文学出版社,2016:44.
③ 汪荣宝.法言义疏[M].北京:中华书局,1987:60.
④ 前四史.后汉书[M].北京:中华书局,1997:2595.
⑤ 费振刚,胡双宝,宗明华.全汉赋[M].北京:北京大学出版社,1993:266.
⑥ 费振刚,胡双宝,宗明华.全汉赋[M].北京:北京大学出版社,1993:266.

外，《古文苑》卷五有杜笃《首阳山赋》，借赋之名而兴咏史之慨，全赋倾注着十分自觉的历史意识。可以说，杜笃的赋作为散体赋的写实化迈出了更为坚实的一步。

而班固《两都赋》大有后来居上之势。清何焯认为此赋"盖因杜笃《论都》而作。笃谓'存不忘亡，安不忘危，虽有仁义，犹设城池'，盖以都洛尚非永图，特以葭萌不柔，未遑论都，国家不忘西都也。故特作后赋，折以法度。"①所以它写法独特，对西都长安宫室、田猎等的介绍带有一定的铺排与夸张，而对东都洛阳，则重制度、典章、文物等的雅致描述。两都合观，实际上是以写实胜过夸饰的篇章组织法，而带上了更为浓厚的写实色彩。但即使带有夸张的《西都赋》，写实的程度也一点都不亚于上述扬雄、杜笃诸赋。它立足现实，"写西京建都的地理位置一节，涉及地名有雍州、长安、太华等无不具当世性和真实性。"②这种立意的真实性，才是这篇赋带有本质性的一面。文学上稍事瑰丽的夸张，更多的是为了那点别有用心的欲抑先扬。据有学者考论，《西都赋》对长安都城的地理形势、建制规模、建筑格局、山川河流、气候物貌、宫室苑囿，以及移民、田猎等历史事件的描绘、记述，都可以用《后汉书》《西京杂记》《三辅黄图》《关中记》《三秦记》《三辅旧事》等后世史志的相关记载，乃至气候、生态方面的相关资料去一一加以考信和佐证，以明其实有，赋中所记完全合于历史原貌。③马积高《赋史》中说《两都赋》"征实的成分增加，虚夸的成分减少"④，其实何止"增加"而已，直是写实为主。这些都与班固同时又是历史学家不无某种暗合的联系。

至张衡《二京赋》，又多了民俗、文艺活动的叙述，如西京的"百戏"、东京的"大傩"等，为赋的写实增添了新的内涵，"可作为今日研究东汉社会的史料来读。"⑤张衡另有《南都赋》，开篇"于显乐都，既丽且康！陪京之南，居汉之阳。割周楚之丰壤，跨荆豫而为疆"⑥，即真确点出南阳的地理位置。然后逐次从宝藏矿产、山岳峰峦、树木禽兽、川渎水产、原壤稼植、祭祀礼俗、士女游衍、新声妙曲等方面，严肃而热烈地歌颂古都南阳，以"夫南阳者，真所谓汉之旧都者也"一笔作结，继以"远世

---

①何焯.义门读书记[M].北京：中华书局，1987：857.
②许结.赋的地理情怀与方志价值[J].济南大学学报（社会科学版），2005（5）：49.
③王长顺，张新科.西都赋"长安事象"征实考论[J].文史哲，2010（4）：106-107.
④马积高.赋史[M].上海：上海古籍出版社，1987：112.
⑤姜书阁.汉赋通义[M].济南：齐鲁书社，1989：222.
⑥费振刚，胡双宝，宗明华.全汉赋[M].北京：北京大学出版社，1993：458.

则……近则……"的密集的史实追述,突出南阳在历史变迁中的重要地位,而以"方今天地之睢剌……光武揽其英"落实到现世实事,以终全赋。较之《二京赋》,这里更看不到夸饰扬厉,而是彰显出"很高的文学与历史方面的价值。"①

这以后崔寔《大赦赋》、廉品《大傩赋》、蔡邕《短人赋》、张纮《瑰材枕赋》等又在赋的写作题材上做了很大的拓展,反映社会生活的面貌更加宽广。留存下来的作品虽多非完帙,间有夸饰,但并以客观描述为主,同样延续并推动着赋的写实化道路。

汉赋在写作上这种征实化导向,逐渐沉淀到文人关于赋的观念,而与前期赋家产生很大不同。司马相如"赋家之心,包括宇宙,总揽人物"②那种奋扬酣畅的论调,到东汉初已一变而为王充"虽文如锦绣,深如河汉,民不觉知是非之分,无益于弥为崇实之化。"③至汉末再变而为曹丕"赋者,……作者不虚其辞,受者必当其实。"④曹植《酒赋序》:"余览扬雄《酒赋》,辞甚瑰玮,颇戏而不雅。聊作《酒赋》,粗究其终始。"⑤成公绥《天地赋序》亦云:"赋者,贵能分赋物理。"⑥这种辞赋观的前后演化,恰与我们所认识的赋的史化嬗变轨迹相印合。

更可珍视的是,散体赋从两汉之交走向征实、走向历史化写作,理路既定,延及继轨,后世散体赋的写作都是沿着"史化"这一路径前行,初期大赋夸衍闳侈的传统被纪实、征信取代。比曹丕等人略后,晋左思已完全秉持征实、可信的态度创作《三都赋》:"余既思摹二京而赋三都,其山川城邑则稽之地图,其鸟兽草木则验之方志。风谣歌舞,各附其俗;魁梧长者,莫非其旧。何则?发言为诗者,咏其所志也;颂其所见也。美物者贵依其本,赞事者宜本其实。匪本匪实,览者奚信?"⑦可见其写作的落脚点也在取信于览者。钱钟书先生于此有所辩证,尝引何焯、张世南等人语,以明《吴都赋》《蜀都赋》皆有细节上的不实,即未完全达到左思自云"稽之地图""验之方志"的地步。作为一篇去汉不远的京都大赋,稍许的夸饰亦属可以接受的范围,只是

---

①钱志熙.张衡和他的南都赋[J].文史知识,2008:5.
②向新阳,刘克任.西京杂记校记[M].上海:上海古籍出版社,1991:91.
③黄晖.论衡校释[M].北京:中华书局,2018:974.
④陈寿.三国志.[M].北京:中华书局,1982:158.
⑤曹植集校注[M].北京:人民文学出版社,1984:125.
⑥许结.历代赋汇[M].南京:凤凰出版社,2018:1.
⑦许结.历代赋汇[M].南京:凤凰出版社,2018:915.

左思在本赋序中对内容上从实可征的一面自信而至自夸,"画地自牢,则无怪论者之指瑧请人耳。"① 当时皇甫谧为《三都赋》作序,亦盛称"其物土所出,可得披图而校;体国经制,可得案纪而验。"并批评"长卿之俦,过以非方之物,寄以中域,虚张异类,托有于无。"② 及至东晋孙绰,"绝重张衡、左思之赋,每云'《三都》《二京》,五经之鼓吹也'。"③

至此,散体大赋作必求实、征信于史的文体特征和观念基本固定,后世沿辙不改。唐宣宗时,进士司马枢为《雍和殿赋》,"词虽不典,亦志一时之实事。"④ 至南宋朱熹作《白鹿洞赋》,"一章言唐李渤读书旧地,而南唐因创书院。二章言太宗、真宗增辟,而废于熙宁。三章言今日之再造,四章言讲学之要领,而乱之以德业无穷之思。"⑤ 亦全录史实。明初莫旦撰《大明一统赋》,其序明言"虽词意鄙凡,不足以铺张盛美而追配古作,然事皆实录",全赋铺排明朝甫建之疆域、外夷、风俗、武功等,赋末直称"笔而成书可以为史,垂之后世可以观累朝之盛治。"⑥ 赋以志事的写作取向和理念,对文人已是十分深入而自然。直至清末程先甲名作《金陵赋》,其自序明言京都之赋若妄作、不实,则"将考镜以奚资?"深负自己此赋"家居四时之风俗景物,或得诸躬见,或闻诸父老,历历如缋",并皆实录。其友魏家骅为序,称许程氏著此赋,"咨度故老,叠聚近迹,凡岁时风物、礼俗典故、方言里语、人情物状,纤屑毕载,条流无紊,事皆目涉,不繁简记,传之方来,足备采撷。"而批评前此金陵诸赋"夸饰山水,祖构京都,拘模限格,并极侈妙。然无关考索,虽伟弗贵。"⑦

汉大赋的愈益征实化写作,使其带上了鲜明的史料价值。这是散体赋走向史化的表征,也是其史化的意义,它为我们提供了史家记载之外某些更具体的历史的细节。留传至今的很多汉赋,其史志的价值非常突出。骆鸿凯在《文选学·读选导言》中就直言"《两都》《二京》,即长安洛阳之舆地志。"⑧ 的确,考察两汉都邑的相关状况,

---

① 钱钟书.管锥编[M].北京:中华书局,1986:1152.
② 严可均.全上古三代秦汉六朝文:第三册[M].上海:上海古籍出版社,2009:446.
③ 房玄龄.晋书[M].北京:中华书局,1974:1544.
④ 郑处诲,裴庭裕.东观奏记[M].北京:中华书局,1994:109.
⑤ 浦铣.历代赋话校证[M].何新文,路成文,校证.上海:上海古籍出版社,2007:302.
⑥ 许结.历代赋汇[M].南京:凤凰出版社,2018:1022.
⑦ 王云五.丛书集成初编[M].台北:商务印书馆,1939:1.
⑧ 骆鸿凯.文选学[M].北京:中华书局,1989:297.

谁能回避扬雄《蜀都赋》、班固《两都赋》、张衡《二京赋》、傅毅《洛都赋》这样的第一手资料？《隋书·礼仪志》记载："属车，按古者，诸侯二车九乘。秦灭九国，兼其车服，故为八十一乘。汉遵不改……大业初，属车备八十一乘……至三年二月，帝嫌其多，问起居部郎阎毗。毗曰：'臣共宇文恺参详故实，此起于秦，遂为后式，故张衡赋云"属车九九"是也。'"①其"参详"的"故实"中正有《二京赋》，显见人们早已用史料的眼光来审视汉赋了。另外，研究汉代文化史，比如"百戏"，所能依靠的最详尽、最宝贵的材料恐怕只有张衡在《西京赋》中的记载，"其刻画生动、形容尽致，使我们今天读了尚能想象当时杂技艺术的高超和场面的惊险豪华。"②这种详尽描述，"是在任何其他文献中找不到的社会文化史的宝贵资料。"③同样，讨论汉代音乐、舞蹈等艺术，即如乐器形制、种类、材料构成、演奏技巧、舞蹈规格、服饰、道具、人员组成等，王褒《洞箫赋》、傅毅《舞赋》、马融《长笛赋》、边让《章华台赋》（《后汉书》本传作《章华赋》）、蔡邕《瞽师赋》《短人赋》等作品都是极其珍贵的第一手参考材料；研究汉代人劳动及其工具的使用情况，王逸《机赋》尤有重要意义；考察汉代灾异，在《史记》《汉书》《后汉书》等正史记载之外，蔡邕《霖雨赋》可展示另类图景；而要了解汉人日常物态的丰富程度及其方方面面的生活细节，大量的咏物赋更是值得深入挖掘的宝藏。今人朱晓海考论东汉中叶以降人们审美观的"异动"、汉代民间风俗、两汉时期青年男女在交际场景中的两性关系等，正是直接以彼时各类赋作为最坚实也是最重要的依据④。完全可以说，正是汉赋，为我们展示了方方面面具体可感的汉代物质和精神文化生活。我们所能依赖赋，作为一窥汉代文化的窗口，正是因为它逐步走向写实，贴近了现实，也更贴近了历史甚至成为历史本身，这是两汉"赋的史化"的要义。

同样，后世散体赋既继轨汉赋而愈益史化，其史料价值亦十分突出。《南史·王俭传》记载，齐高帝时，"朝议草创，衣服制则，未为定准。俭议曰：'汉景六年，梁王入朝，中郎谒者，金貂出入殿门。左思《魏都赋》云："蔼蔼列侍，金貂齐光"，此藩

---

①魏征.隋书[M].北京：中华书局，1973：209.
②马积高.赋史[M].上海：上海古籍出版社，1987：119.
③姜书阁.汉赋通义[M].济南：齐鲁书社，1989：222.
④朱晓海.汉赋史略新证[M].西安：陕西人民出版社，2004：441-476，543-580.

国侍臣有貂之明文。'"① 这正是将《三都赋》作史料观，而据以证史了。唐李善注潘岳《西征赋》，亦据《二京赋》证明"终南""太一"为二山。② 顾炎武在《日知录》里指出："《三国志·张辽传》：'为起第舍，又特为辽母作殿。'左思《魏都赋》：'都护之堂，殿居绮窗。'是人臣亦得称殿也。"③ 同样以赋与史相印证。《日知录》中，考及地名、谥讳、仪制等时，顾炎武也是频频征引左思《三都赋》、束晳《劝农赋》、潘岳《西征赋》为立论依据。直到今天，《三都赋》依然是我们窥测三国时期历史现状的珍贵资料，如朱大渭、张泽咸主编《中国封建社会经济史》，在述及当时东吴都城建业（今南京）商业经济之繁盛时，就直据左思《吴都赋》"水浮陆行，方舟结驷。唱櫂转毂，昧旦永日"和"清舆按辔以经隧，楼船举帆以过肆"的描写，为还原当时江南货物贩运和水乡特有的夹岸设店境况的第一手资料。④

至唐时，卢肇积二十年之久，成《海潮赋》而上，武宗敕曰："穷测海潮，出于独见，征引有据，图像甚明。定成一家之言，以祛千载之惑。其赋宜宣付史馆。"⑤ "征引有据，图像甚明"，是写作态度；而"宣付史馆"，是对其史料成就和价值的最高肯定。降及清代，应该说赋在史化的道路上走得更为坚实而深广，如林联桂在其《见星庐赋话》中慨乎"治河无上策，自古难之"，因录《治河赋》三首：周祖培《星宿海赋》、郑瑞玉《疏川导滞赋》《冯夷切和题赋》，并云"读此三作，而治河之原委，略见于此。"⑥ 晚清戴纶喆将唐代萧颖士《至日圆丘祀昊天上帝赋》《听早蝉赋》等与清人雷维翰《焉哉乎也》、钟启峋《石鼓赋》、吴锡麒《王右军书兰亭序赋》进行梳理对比，指出"唐人有训诂体施之赋学者""唐有用考据者"，而清人在这些方面又远过之，甚至出现了于汝济《田鼠化为鴽》这样的"考据兼训诂体"。⑦ 戴氏还指出，"国朝何辉绥《宋子京修唐书赋》之条目、品例、义类，无不贯通；胡世琦《全唐文赋》之

---

① 李延寿. 南史[M]. 北京：中华书局，1975：592.
② 萧统. 文选[M]. 李善，注. 上海：上海古籍出版社，1986：455.
③ 顾炎武. 日知录集释[M]. 黄汝成，集释；栾保群，吕宗力，校点. 上海：上海古籍出版社，2013：1392.
④ 朱大渭，张泽咸. 中国封建社会经济史[M]. 济南：齐鲁书社，1993：172.
⑤ 浦铣. 历代赋话续集[M]. 上海：上海古籍出版社，2007：241.
⑥ 林联桂. 见星庐赋话[M]. 何新文，校证. 上海：上海古籍出版社，2013：40.
⑦ 孙福轩，韩泉欣. 历代赋论汇编[M]. 北京：人民文学出版社，2016：462.

编次、采辑、去取，无不明悉。读两赋如读两书。""国朝朱泰脩《笠以写天赋》知天文者也，何凌汉《九河既道赋》知水道者也，邹志初《黄钟之宫为律本赋》知律吕者也，王玮庆《乾坤易之门赋》、许椿颐《易重一千赋》知象数者也，人顾可以不学乎哉！"① 是赋至清代，包罗弥广，学问愈坚，足资后世考辨。

尚有用赋演史者。考《宋史·艺文志》著录崔昇《春秋分门属类赋》，以赋绎史的心迹因其赋题昭然若揭。《困学纪闻》卷一九言及李宗道有《春秋十赋》，内中"越椒熊虎之状，锦杀必灭若敖；伯石豺狼之声，非是莫哀羊舌。鲁昭之马为楼；卫懿之鹤乘轩。干奚辞邑，而卫人假之器；晋侯请隧，而襄王与之田。星已一终，鲁君之岁；亥有二首，绛老之年。作楚宫，见襄公之欲楚；效夷言，知卫侯之死夷"等②，显系以工巧之属对，排叙春秋史事。又徐晋卿《春秋左传类对赋》，清初杨筠《鲁史分门属类赋》等，皆是此类，皆属排比事类、以赋绎史。清杨备又有《历代纪元赋》，"次汉至五代正统年号为赋一首"，到此，赋本身即是史了。

这一传统积之既久，清代更涌现了大量咏史赋，如吴廷鉁《云台二十八将赋》、戴熙《嵇琴阮啸赋》、胡林翼《蔺相如完璧归赵赋》、周翼埅《齐姜醉遣晋公子赋》、李汝峤《鸿门舞剑赋》、何绍基《羊叔子轻裘缓带赋》、夏思沺《岳武奉诏班师赋》、金望欣《叔孙通定朝仪赋》、孙丙荣《张子房圯上受书赋》、邹云鸿《谢玄淝水之战赋》等等，戴纶喆对这些赋作赞誉有加，称"咏史题尽可以才气胜，若切定其人、其时、其事起议，识见高超，严于史论，阅者自无不惊心动魄也。"③ 只不过今日看来，其更直观的呈现方式是大量历史典故的精巧的铺排。

如此的典故堆垒、使事传统的积淀，自然使赋的史化演变又有了另一层意义——志乘的价值与作用。清人陆次云尝言："汉当秦火之余，典坟残缺，故博雅之属辑其山川名物，著而为赋，以代志乘。"④ 赋"代志乘"的说法固然不错，但除了"典故残缺"，还应补上赋的立足现实、走向史化的因素；其次，赋中大量的动物、植物、生活用具以及各种名物的堆积，并常常以类相从，使其成为纷繁多彩的物类的世界。所以汉宣

---

① 孙福轩，韩泉欣.历代赋论汇编[M].北京：人民文学出版社，2016：470.
② 王应麟.困学纪闻[M].栾保群，田松青，校点.上海：上海古籍出版社，2015：540.
③ 孙福轩，韩泉欣.历代赋论汇编[M].北京：人民文学出版社，2016：464.
④ 陆次云.北墅绪言[M].济南：齐鲁书社，1997：364.

帝曾说："辞赋大者与古诗同义，小者辩丽可喜。辟如女工有绮縠，音乐有郑卫，今世俗犹皆以此虞说耳目，辞赋比之，尚有仁义风谕，鸟兽草木多闻之观，贤于倡优博弈远矣。"①再加上赋在发展过程中，越来越重典故的运用，这同时也是对故实很好的保存，所以赋又具有了"类书"的性质。魏文帝曹丕在解释"赋"时界定为："赋者，言事类之所附也。"②可见他对于赋和事类关系的强调和重视，甚至直将赋视作事类之渊薮了。晚明叶绍泰在评点《文心雕龙·诠赋》篇时，指出"今者类书丛集，恣人蒐猎。而赋家日就贫俭。"③也是看出了类书与赋此长彼消的深层联系。关于赋的志乘与类书性质，清人袁枚在为浦铣《历代赋话》所作序中的说法很具代表性："古无志书，又无类书，是以《三都》《两京》，欲叙风土物产之美，山则某某，水则某某，必加穷搜博采，精心致思之功。是以三年乃成，十年乃成，而成之后，传播远迩，至于纸贵洛阳。盖不徒震其才藻之华，而藏之巾笥，作志书、类书读故也。今志书、类书，美矣，备矣，使班、左生于今日，再作此赋，不过采撷数日，立可成篇，而传抄者亦无有也。"④

《说文解字》："史，叙事者也。"⑤史家著述，说到底是一种叙事存在。征实性，或者说实录精神，是叙事性的自然延伸和导向。汉代史家著述发达，史学意识浓厚，叙事文化十分强大。《文心雕龙·论说》云："详观论体，条流多品：陈政，则与议、说合契；释经，则与传、注参体。"⑥这里的"合契""参体"，正是著意于不同文体之间互相参涉、互相渗透的现象。从这一命题，也可以说，赋的史化演变，正是汉代强大的叙事文化渗透濡染的结果，从一个方面揭示了史和赋这两种文体既并行发展，又互相靠拢、交融的规律。同时也说明，所谓文体之间的互"参"，还要顾及各文体孰主孰次、孰居强势的平衡问题，因了文体自身的厚薄与强弱，互"参"并不总是对等关系。⑦

总之，走向史化，使赋这一文体愈益坚实、日渐厚重，具有了史料、志乘、类书

---

① 前四史：汉书[M].北京：中华书局，1997：2829.
② 陈寿.三国志[M].裴松之，注.北京：中华书局，1974：158.
③ 黄霖.文心雕龙汇评[M].上海：上海古籍出版社，2005：38.
④ 浦铣.历代赋话校证[M].何新文，路成文，校证.上海：上海古籍出版社，2007：3.
⑤ 许慎.说文解字[M].北京：中华书局，1963：65.
⑥ 刘勰.文心雕龙注[M].范文澜，注.北京：人民文学出版社，1958：326.
⑦ 蒋寅.中国古代文体互参中"以高行卑"的体位定势[J].中国社会科学，2008（5）：149-167.

等多层价值和意义，一如钱钟书《管锥编》所指出的："名家名篇，往往破体，而文体亦因以恢弘焉。"①如果我们固执初期散体赋铺夸扬厉的特征，而忽视了赋的这种史化的自身演变，那么对后世积淀丰厚的赋学宝库，难免在"踵事增华"的简单审量中，错失多少遗珠！

赋的史化现象，从一个方面揭示了史和赋这两种文体在两汉四百年间，既并行发展，又互相靠拢、交融的规律。于是，在另一个方面，即"史"的一面，便自然似有着相对的意味一般，出现了"赋化"的迹象。只是其内涵相对而言比较单一——大部表现在语言的趋于赋体，而结构、叙事等方面的赋化特征不是很明显。

二、史的赋化

《史记》所处的年代，文学上史、赋双峰并峙，前者有《太史公书》为标轴；而后者，骚体赋和散体大赋均已成熟。但论及二者之间的相互影响，似还不至于太深。只是马迁作文，往往可见他之前或同时代赋家及其作品的影子，比如"为天下笑"四字，早见于司马相如《檄蜀文》，而为司马迁所乐用；"此言虽小，可以谕大"②，也出自司马相如的上疏中，为《史记·李将军列传》赞语所取；东方朔《非有先生论》中"可乎哉？可乎哉"③的用语习惯，在《史记》和《报任安书》中更是多见；而《报任安书》"究天人之际，通古今之变，成一家之言"④一语，与公孙弘"明天人分际，通古今之谊"⑤句法趋同。但这样的小引和稍许的模仿，离我们所说的"赋化"尚相距甚远。《史记·魏其武安侯列传》中记载窦婴与田蚡因灌夫之事互相辱诉于朝堂之上，事罢之后，特意叙及韩安国⑥，录下他对田蚡的这样一席话："君何不自喜！夫魏其毁君，君当免冠解印绶归，曰'臣以肺腑幸得待罪，固非其任，魏其言皆是'。如此，上必多君有让，

---

①钱钟书.管锥编[M].北京：中华书局，1997：890.
②前四史：史记[M].北京：中华书局，1997：2878.
③前四史：汉书[M].北京：中华书局，1997：2868.
④前四史：汉书[M].北京：中华书局，1997：2735.
⑤《汉书·儒林传》载公孙弘"为学官"之时，"悼道之郁滞，乃请曰"云云，中有语曰："臣谨案诏书律令下者，明天人分际，通古今之谊，文章尔雅，训辞深厚，恩施甚美。"详见《前四史：汉书》，中华书局1997年版，第3594页。
⑥说"特意"，是因为此处推出韩安国，对田、窦二人之辩作一小结，明显是作者有意为之。《史记》行文常不乏此类耐人揣摩之处。另，这段文字《汉书》全承《史记》。

不废君。魏其必内愧,杜门龁舌自杀。今人毁君,君亦毁人,譬如贾竖女子争言,何其无大体也!"①立论超凡,视窦、田二人均高出一等。这种手法颇有些类似司马相如《上林赋》在子虚与乌有二位先生的对辩之后,推出亡是公之论,识见更深,因而将文章立意拔高一层,并带有总结性质的写法。说它带点"赋化"叙事的意味,差可近之。但这种情况少之又少,形不成气候,加之语言等其他方面也无赋的明显特征,所以,还不能将《史记》与"赋化"联系起来。

但经过百余年的演进,史传文学发展到《汉书》,出现了许多全新的气象。语言作为最重要的记述载体,承担变化的印记也最显著。其中一个突出表现,便是其赋化的特征。赋在汉代,就纯文学意义而言,是最主要、也是最重要的文体存在。其语言的骈俪、句式的铺排、事类的罗列,都可视作这一文学体裁最鲜明的几个特征。而《汉书》中有大量的节段文字,读之如读赋,令人自然联想到班固作为汉赋大家的另一身份,领受到其赋家的学识、修养和写作习惯。

句式骈偶,本是赋体文学最明显、最重要的语言特征之一,但它在《汉书》中运用也是十分频繁,情态更是丰富多变,可以说,《汉书》语言的赋化,是以其骈化为前提的。再加上铺排的手法,《汉书》语言之赋化,就再明显不过了。

西汉中后期一直到东汉初,散文语言的骈俪化,已经发展到相当高的程度,上至君臣诏策谏疏,下至一般应用散文,都充斥着大量骈语。谷永、刘向、扬雄、王充等人的文章,无不以讲究修辞的精妙、文字的美丽作为重要取向。清孙梅在《四六丛话·序》里说:"西汉之初,追踪三古,而终军有奇木白麟之对,儿宽橅奉觞上寿之辞。胎息微萌,俪形已具。迨乎东汉,更为整赡,岂识其为四六而造端欤?踵事而增,自然之势耳。"②降及班固之时代,对于文字的骈俪之美,已成为自觉的审美追求,于是在《汉书》,便呈现为一个缤纷的、骈散相间的语言世界,如陈天倪所说:"《汉书》为整文,上承典、谟、训、诰之遗,下立黄初、典午之则,其流为六朝骈俪,与《史记》对峙。"③刘知幾也对《汉书》的语言赞誉有加:"孟坚辞惟温雅,理多惬当。其尤

---

① 前四史:史记[M].北京:中华书局,1997:2853.
② 王水照.历代文话[M].上海:复旦大学出版社,2007:4779.
③ 蒋伯潜,蒋祖怡.骈文与散文[M].上海:上海书店出版社,1997:15.

美者，有典诰之风，翩翩奕奕，良可咏也。"① 所谓"典诰之风""良可咏也"，正主要是从语言的典丽骈雅着眼的，如："光名著于当世，遗誉垂于无穷"②、"镂金石者难为功，摧枯朽者易为力"③、"秦燔《诗》《书》以立私议，莽诵《六艺》以文奸言"④，不遑遍举。

所可著意者，《汉书》骈句在组字上多从偶数，六言最多，次则四言、八言。黄侃《文心雕龙札记》云："文言藻饰，用偶必多，质语简醇，用奇必众"，"偏于文者好用偶，偏于质者善用奇"⑤，由此不难窥见《汉书》着意为"文"以胜其"质"的倾向。而且，《汉书》骈句组字多以四言、六言为主，这是其骈语运用的一大特点。近人蒋伯潜以为《汉书》语言骈俪化所达到的程度，已"隐隐之中即成为后世骈文的鼻祖"⑥。

刘勰所谓"赋者，铺也，铺采摛文，体物写志也"⑦的断语，更确切的只适合于两汉散体赋。句式的铺排，是汉代散体赋最明显的写作特征，是它最突出的语言个性，也是其呈现于读者最直观的语体感受。观班固诸赋，尤喜两字组词、连缀排列的句式，如："是以众庶悦豫，福应尤盛，白麟、赤雁、芝房、宝鼎之歌，荐于郊庙；神雀、五凤、甘露、黄龙之瑞，以为年纪"⑧，"清凉、宣温、神仙、长年、金华、玉堂、白虎、麒麟，区宇若兹，不可殚论"⑨，而类似句式，《汉书》亦多有，如《律历志》：

> 今广延群儒，博谋讲道，修明旧典，同律，审度，嘉量，平衡，均权，正准，直绳，立于五则，备数和声，以利兆民，贞天下于一，同海内之归。⑩

或者不妨将《汉书》与《两都赋》进行更为直观的比较（见表2.3）。

---

① 刘知幾.史通[M].浦起龙，通释.上海：上海古籍出版社，2008：59.
② 前四史：汉书[M].北京：中华书局，1997：1071.
③ 前四史：汉书[M].北京：中华书局，1997：364.
④ 前四史：汉书[M].北京：中华书局，1997：4194.
⑤ 刘梦溪.中国现代学术经典：黄侃 刘师培卷[M].石家庄：河北教育出版社，1996：151.
⑥ 蒋伯潜，蒋祖怡.骈文与散文[M].上海：上海书店出版社，1997：15.
⑦ 刘勰.文心雕龙注[M].范文澜，注.北京：人民文学出版社，1958：134.
⑧ 费振刚，胡双宝，宗明华.全汉赋.[M].北京：北京大学出版社，1993：311.
⑨ 费振刚，胡双宝，宗明华.全汉赋.[M].北京：北京大学出版社，1993：313.
⑩ 前四史：汉书[M].北京：中华书局，1997：972.

表 2.3 《汉书》《两都赋》语言比较

《汉书》	《两都赋》
于是作建章宫，度为千门万户。(《郊祀志》) 营千门万户之宫，立神明通天之台。(《西域传》赞)	张千门而立万户，顺阴阳以开阖。(《西都赋》)
历房闼，入卧内，推至诚，犯颜色。(《王商史丹傅喜传》赞)	乘鸾辂，登龙舟，张凤盖，建华旗。(《西都赋》)
游介山，回安邑，顾龙门，览盐池，登历观，陟西岳以望八荒。(《扬雄传》)	挟师豹，拖熊螭。顿犀犛，曳豪罴，超洞壑，越峻崖。(《西都赋》)

从以上一目了然的对比中，不难看出《汉书》语言赋化程度之深、之广，时时打着班固作为赋家的色彩，乃至有如下几可乱入《两都赋》而不辨真假的文字：

> 遭值文、景玄默，养民五世，天下殷富，财力有余，士马强盛。故能睹犀布、玳瑁则建珠崖七郡，感枸酱、竹杖则开牂柯、越巂，闻天马、蒲陶则通大宛、安息。自是之后，明珠、文甲、通犀、翠羽之珍盈于后宫，薄梢、龙文、鱼目、汗血之马充于黄门，巨象、师子、猛犬、大雀之群食于外囿。殊方异物，四面而至。于是广开上林，穿昆明池，营千门万户之宫，立神明通天之台，兴造甲乙之帐，落以随珠和璧，天子负黼依，袭翠被，冯玉几，而处其中。设酒池肉林以飨四夷之客，作《巴俞》都卢、海中《砀极》、漫衍鱼龙、角抵之戏以观视之。及赂遗赠送，万里相奉，师旅之费，不可胜计。①

这段出自《汉书·西域传赞》的文字，句式铺排，名物堆积，而出以凌厉夸张的铺排气势，已然完全是赋家笔法。

其次，汉赋的铺排，往往喜欢变换方位，或以远、近、内、外，或自上、下、左、右，或从东、西、南、北，有时还可跨越朝、暮、昼、夜（春、夏、秋、冬），从不同角度入手，尽情挥发其铺排的兴致。班固诸赋概不例外，尤以《两都赋》中此类句

---

① 前四史：汉书[M].北京：中华书局，1997：3928.

式触处可见。颇有意味的是,《汉书》中也多类似句法:

> 于是作建章宫,度为千门万户。前殿度高未央。其东则凤阙,高二十余丈。其西则商中,数十里虎圈。其北治大池,渐台高二十馀丈,名曰泰液,池中有蓬莱、方丈、瀛州、壶梁,象海中神山、龟、鱼之属。其南有玉堂璧门大鸟之属。立神明台、井干楼,高五十丈,辇道相属焉。①

本段文字中,"千门万户"之语亦见于《西都赋》;"于是"的连接词,各种名物的堆砌,也明显带着赋的印记;即使"其东""其西""其北""其南"移步换位的陈述,又何尝不是借鉴于以此为长的汉赋的灵感!

至如《石奋传》中"是时汉方南诛两越,东击朝鲜,北逐匈奴,西伐大宛"之语②,则明显是特地排开南、东、北、西四个方位词,每字牵头,并列征讨四夷之事,以造成行文上些许的铺张效果——因为这几项战事,在历史上本不是同时进行。类似句式又见《王莽传》:"莽既致太平,北化匈奴,东致海外,南怀黄支,唯西方未有加。"这样的刻意为文,更显见其赋化的迹象。对此,也许同出班固笔下《东都赋》中的几句话,能给我们的立论下一最有力的注脚:"西荡河源,东澹海漘,北动幽崖,南趡朱垠。"③一为史,一为赋,除了方位词的次序不同,余下的,则连动词运用、句子结构等,都几无二致。

叠音词的大量充斥,是汉赋、尤其是以铺排为能事的散体赋语言方面的一大特征。从枚乘、司马相如之作就奠定了这种传统,历久不衰。究其原因,可能跟赋用来讽诵的性质和功能有关,即所谓"不歌而诵谓之赋"④。班固尝言"赋者,古诗之流也"⑤,刘

---

① 前四史:汉书[M].北京:中华书局,1997:1245.
② 这四句话虽袭自《史记·石奋列传》,但作为《汉书》的一部分,在讨论其语言赋化的层面上,无妨仍拿来作为观照的对象;而且它与班固《东都赋》同一类型的四句话相映成趣,更加深了史、赋对话的意义。
③ 费振刚,胡双宝,宗明华.全汉赋[M].北京:北京大学出版社,1993:330.
④ 前四史:汉书[M].北京:中华书局,1997:1755.
⑤ 费振刚,胡双宝,宗明华.全汉赋[M].北京:北京大学出版社,1993:311.

勰也说："赋自诗出"①，而《诗》三百篇，据顾颉刚先生考证，确信全部为合乐可歌之什②。赋既然接续了《诗》的传统，却由于篇幅加长等原因，而不能再披之管弦以供歌唱，那么在"诵"的功能的要求下，赋的音乐美，只能求诸语言本身的节奏与韵律。叠音词，正是适应这种需要，促成汉赋朗朗上口的音乐效果。仅以《七发》"观涛"一段为例，叠音词的丰富多姿，就足令我们大开眼界。其使用情态，大致有嵌入式，如"混汩汩兮""慌旷旷兮""洪淋淋焉""扰扰焉""飘飘焉""籍籍之口"等；有叠加式，如"浩浩溰溰""混混庉庉""纷纷翼翼""险险戏戏""沈沈湲湲"等；甚至出现六组叠音词连续追加的情况："颙颙卬卬，椐椐彊彊，莘莘将将"，简直骇人眼目。③这些叠音词或单独、或并列，甚或铺排式地穿插于各种句式之间，极大地带动了语言的节奏感和音乐美，同时对增强文章气势起到了不小的作用。这种传统在汉赋中一直得以延续，班固《幽通》《两都》等赋，叠音词依然是其中处处跳动的音符。

而《汉书》比之，自有作为史传文学作品的别样风貌。《汉书》中的叠音词，散见全书，数量上丝毫不逊色于汉赋。但毕竟受文体体制局限，它不可能像赋那样夸饰铺排、淋漓尽致地堆积使用叠音词，而是呈现出史著固有的矜持与沉稳：

> 公卿大夫士吏彬彬多文学之士矣。④
> 浸浸日多，道路张弓拔刃，然后敢行。⑤
> 义愈益恐，自筮得死卦，忽忽不乐。⑥
> 生有荣号，死见奉祀，此廪廪庶几德让君子之遗风矣。⑦
> 引经义，陈祸福，至于涕泣，謇謇亡已。⑧
> 稍稍落去，矢尽，无以复射。⑨

---

① 刘勰.文心雕龙注[M].范文澜,注.北京：人民文学出版社,1958：136.
② 刘梦溪.中国现代学术经典：顾颉刚卷[M].石家庄：河北教育出版社,1996.
③ 费振刚,胡双宝,宗明华.全汉赋[M].北京：北京大学出版社,1993：20.
④ 前四史：汉书[M].北京：中华书局,1997：3596.
⑤ 前四史：汉书[M].北京：中华书局,1997：3668.
⑥ 前四史：汉书[M].北京：中华书局,1997：3670.
⑦ 前四史：汉书[M].北京：中华书局,1997：3624.
⑧ 前四史：汉书[M].北京：中华书局,1997：3637.
⑨ 前四史：汉书[M].北京：中华书局,1997：4191.

稍稍群聚，常思岁孰得归乡里。①

不遑遍举。无疑，叠音词以音节的促迫，而带有活泼的特点，给史书语言的板正注入了清凉与灵动。但从"赋化"的命题，我们更要提出并强调的，是《汉书》较之《史记》，在叠音词的使用上愈益类赋的变化过程。简单说来，主要有两点值得重视：第一，《汉书》中出现的叠音词，要远远比《史记》数量多，频率繁；第二，有一个明显的变化迹象，即上述数量和频率的增加，多出现在《汉书》本纪和列传整体的后半部分，以及《地理志》等十志当中，亦即超出《史记》所载的那些内容。换言之，《史》《汉》内容重合之处，若仅就叠音词的使用而言，《汉书》基本承袭了《史记》语体（不计《汉书》多载的诏令奏疏及论、赋等作品中的叠音词），叠音词数量很少，偶而零星一见。而待至《汉书》"走出"《史记》、独立发挥的时候，叠音词便明显多了起来。如上文所举诸例，便都是取自《汉书》的后半部分。也正是在这样的意义上，我们才说《汉书》在语言风格上比《史记》要更多地带有赋体为文的特征。当然，不能不提到，《汉书》中叠音词的数量要远远超出《史记》之上，还有一个重要因素，就是《汉书》较《史记》补充载录了大量历代的诏令奏疏和赋、诗歌、民谣等文学作品。这些作品中也含有不少叠音词，而且其中也存在一个随时代推进，由少到多的积累过程。它们为《汉书》叠音词的使用添砖加瓦，并从另一个角度映衬出史传文学语言赋化的路径。

《汉书》中叠音词的集中排列，在其最后一篇即《叙传》中，正可与《史记·太史公自序》形成一个最为鲜明的对照。《汉书》对本著百篇内容的提叙，除末条皆为三言句，其余每条说明都以四言句成文，显得整饬、典雅；而充斥其间的大量叠音词更给人极为深刻的印象，如"太宗穆穆""世宗晔晔""中宗明明""孝元翼翼""孝成煌煌""孝哀彬彬""炫炫上天""蹇蹇帝臣""魏其翩翩""成都煌煌""洒洒纷纷"等等②，俯拾即是，不胜枚举。虽然其间很多是化用《易》《诗》《论语》等儒家典籍，但数量之多，分布之广，出现频率之高，实在不能不让人称奇。加上从"述《高纪》第一"到"述《叙传》第七十"的七十条说明文字——排列，句式整齐，格式统一，无

---

① 前四史：汉书[M].北京：中华书局，1997：4170.
② 前四史：汉书[M].北京：中华书局，1997：4237-4253.

形中已成一种铺张之势，正所谓"直陈其事不譬喻者，皆赋辞也"①，所以《汉书》整篇《叙传第七十下》，赋化特征就十分明显。而反观《史记·太史公自序》，不仅句式不一，多有长短相杂之处，而且叠音词的使用也是寥若晨星。文风文貌，完全是另样天地。以小见大，我们不难从中窥见一点两汉之间史传文学走向赋化的轨迹。

赋好使典故，盖为共识，清人袁枚在《历代赋话序》中的说法就很具代表性："古无志书，又无类书，是以《三都》《两京》，欲叙风土物产之美，山则某某，水则某某，必加穷搜博采，精心致思之功。是以三年乃成，十年乃成，而成之后，传播远迩，至于纸贵洛阳。盖不徒震其才藻之华，而藏之巾笥，作志书、类书读故也。今志书、类书，美矣，备矣，使班、左生于今日，再作此赋，不过采撷数日，立可成篇，而传抄者亦无有也。"②这种意见，除了指向名物的堆积，大量故实的保存于赋，也是其题中之义。毫无疑问，典故带给赋以历史的厚重感和坚实性。另一方面，这也是赋家堆垛学问，以矜其才的表现。但汉赋对典故的使用，有一个从少到多、从隐晦到明朗的过程。像扬雄《解嘲》"昔三仁去而殷虚，二老归而周炽；子胥死而吴亡，种、蠡存而粤伯；五羖入而秦喜，乐毅出而燕惧，范雎以折摺而危穰侯，蔡泽虽噤吟而笑唐举"③之类典故运用，其自然、其精致，就不是汉初赋作所能想见。刘勰对此总结得很到位："唯贾谊《鵩赋》，始用鹖冠之说；相如《上林》，撮引李斯之书：此万分之一会也。及扬雄《百官箴》，颇酌于《诗》《书》，刘歆《遂初赋》，历叙于纪传；渐渐综采矣。至于崔班张蔡，遂捃摭经史，华实布濩，因书立功，皆后人之范式也。"④显然，到班固的时代，汉赋对事类、典故的遣用已形成普遍气候，成为一种自觉的创作追求。深受此风浸染的班固，在写作《汉书》时，也自然移植了这种手法：

谗邪交乱，贞良被害，自古而然。故伯奇放流，孟子宫刑，申生雉经，屈原赴湘，《小弁》之诗作，《离骚》之辞兴。⑤

---

① 孔颖达. 四库本十三经注疏之三：毛诗正义[M]. 北京：北京大学出版社，1999：12.
② 浦铣. 历代赋话校证[M]. 何新文，路成文，校证. 上海：上海古籍出版社，2007：3.
③ 费振刚，胡双宝，宗明华. 全汉赋[M]. 北京：北京大学出版社，1993：220.
④ 刘勰. 文心雕龙注[M]. 范文澜，注. 北京：人民文学出版社，1958：615.
⑤ 前四史：汉书[M]. 北京：中华书局，1997：3308.

《汉书》文学个性初探

这是《汉书·冯奉世传》赞中的一段话。赞语的末二句是"冯参姊弟，亦云悲矣。"①其实这个"悲"，早就寓含在"伯奇""孟子""申生""屈原"等人的惨痛经历之中了。自古以来"谗邪交乱"以致"贞良被害"的诸多悲剧，正用来验证了现世冯参姐弟的不幸。典故的运用，让悲愤的情绪更显沉郁。文末所下的"悲"字之所以让人感到厚而有力，正是因为有了前面一系列典故的铺垫和积聚。再如：

> 《书》放四罪，《诗》歌《青蝇》，春秋以来，祸败多矣。昔子翚谋桓而鲁隐危，栾书构郤而晋厉弑。竖牛奔仲，叔孙卒；邱伯毁季，昭公逐；费忌纳女，楚建走；宰嚭谮胥，夫差丧；李园进妹，春申毙；上官诉屈，怀王执；赵高败斯，二世缢；伊戾坎盟，宋痤死；江充造蛊，太子杀；息夫作奸，东平诛：皆自小覆大，繇疏陷亲，可不惧哉！可不惧哉！②

这段话出自《汉书·蒯伍江息夫传》赞，分明已然将赋的写法原原本本挪移过来了。首以《书》《诗》二者带出"春秋以来，祸败多矣"的总命意，然后便进入了大规模的典故排列。尤其是从"竖牛奔仲，叔孙卒"开始，连续出以七字一组，四、三字断句的句式，竟达十组，言短力足，语气紧促。且于每一事例末尾捶字各异，与赋的用语习惯如出一辙。在十个古人古事的铺叙之后，接以江充和息夫躬的"祸败"之事，过渡自然。最后四句，复归于总结和深深的感叹。李景星称赞此段文字"措辞古奥，似歌似铭，深耐人寻味也。"③古奥且似歌铭，也正是赋体本色。

语言承载着作家最本真的写作个性。以上是《汉书》语言赋化迹象的几个突出表现，这是《汉书》语言的一个重要特征，标举着其鲜明的文学个性，应当予以足够重视。今人汪春泓认为，"今本署名班固著《汉书》，在很大程度上，可以视作一部……楚元王后人（按：指刘德、刘向、刘歆一支）眼里的前汉政治史"，"班氏父子共同依照刘向、刘歆蓝本来结撰《汉书》"，"班固功劳，则是在班彪基础上，进一步加以

---

① 前四史：汉书[M].北京：中华书局，1997：3308.
② 前四史：汉书[M].北京：中华书局，1997：2189.
③ 李景星.四史评议[M].韩兆琦，俞樟华，校点.长沙：岳麓书社，1986：196.

修订润饰"。① 无论这一推断成立与否，证之以上述《汉书》语言的赋化特征，特别是《汉书》与《两都赋》在语言铺排特征上高度的趋同性，再联系《汉书》的写作"（班固）自永平中始受诏，潜精积思二十余年，至建初中乃成"②，我们不难看出班固在撮合史料、加工写定《汉书》的过程中所倾注的巨大心血。虽说《汉书》的著成前有班彪续《史》，后有班昭、马续补足，"更两世，阅变故，如是其不易也"③，但语言个性的事实存在，最直观地证明班固是这一巨著的最大写作功臣，这应该是毫无疑问的。

---

① 汪春泓. 史汉研究[M]. 上海：上海古籍出版社，2014：45.
② 前四史：后汉书[M]. 北京：中华书局，1997：1386.
③ 张溥. 汉魏六朝百三家集[M]. 光绪己卯夏信述堂重刻本.

第三章

《汉书》的语言个性（下）

《汉书》中，除了作者的叙述语言，在塑造形象一方面，人物自身的语言似乎更起关键作用。

第一节　人物语言

还是从与《史记》的比较谈起。以汉高祖为例，冀能以小见大。将《史》《汉》二书所记高祖的语言全部抽出来进行对比，发现二者大同小异。只是在某些地方，情节上差异比较明显，《汉》较《史》有补有阙。就语言来说，《汉书》明显继承了《史记》的内容，大部未做改动。首先，高祖的语言一般都比较简短，既符合人物个性，也显示了他的干练，而且在某种程度上自有一种帝王气象。如，初见秦帝，刘邦"喟然太息，曰，'嗟乎，大丈夫当如此矣！'"[1] 醉斩白蛇，他又豪掷一句"壮士行，何畏！"[2] 群雄方起，人劝举旗，他审时度势："待之，圣人当起东南。"（《汉书·伍被传》）面对陈平，他语重心长："天下纷纷，何时定乎？"[3] 而当满足于叔孙通制定礼仪，给他带来的荣耀与快乐，他又龙颜大悦："吾乃今日知为皇帝之贵也。"[4] 多如此类。这些内容，《史》、《汉》全同；其次，《史记》在写到人物言语时，根据叙述需要，往往添加

---

[1] 前四史：汉书[M]. 北京：中华书局，1997：3.
[2] 前四史：汉书[M]. 北京：中华书局，1997：7.
[3] 前四史：汉书[M]. 北京：中华书局，1997：2042.
[4] 前四史：汉书[M]. 北京：中华书局，1997：2128.

神态描写，配合言语，绘声绘色，生动有味。如"喟然大息，曰"；[1]"辍食吐哺，曰：'竖儒几败而公事'"[2]；"上过欲宿，心动，问：'县名为何？'"[3]"上喜曰：'豨不南据邯郸而沮漳水，吾知其无能为矣。'"；[4]"上嫚骂曰：竖子能为将乎？"[5]"上且怒且喜，骂何曰：若亡，何也？"[6]"汉王默然良久，曰：'不如也。'"[7]，不遑遍举。这些都为《汉书》所继承，文味不减。

但相对而言，班固改动过的地方，更吸引我们去寻绎、探秘。对高祖的语言，班《书》较迁《史》，呈现改动不大、但遍地开花的特点。首先，班固对《史记》原文进行了删减和增繁，但显然减多增少。其中比较明显的改动可见表3.1（为方便下文论析，特加"编号"一栏）：

表3.1 《汉书》删减或增润《史记》文字处

增删	编号	《史记》原文	《汉书》原文
删减	1	沛公又让不受，曰："仓粟多，非乏，不欲费人。"（《高祖本纪》）	沛公让不受，曰："仓粟多，不欲费民。"（《高帝纪》）
	2	沛公奉卮酒为寿，约为婚姻，曰："吾入关，秋豪不敢有所近，籍吏民，封府库，而待将军。所以遣将守关者，备他盗之出入与非常也。日夜望将军至，岂敢反乎！原伯具言臣之不敢倍德也。"（《项羽本纪》）	沛公与伯约为婚姻，曰："吾入关，秋毫无所敢取，籍吏民，封府库，待将军。所以守关者，备他盗也。日夜望将军到，岂敢反邪！愿伯明言不敢背德。"（《高帝纪》）
	3	谓张子房曰："诸侯不从约，为之奈何？"（《项羽本纪》）	谓张良曰："诸侯不从，奈何？"（《高帝纪》）
	4	高祖曰："……夫运筹策帷帐之中，决胜于千里之外，吾不如子房，……"（《高祖本纪》）	高祖曰："……夫运筹帷幄之中，决胜千里之外，吾不如子房，……"（《高帝纪》）
	5	高帝曰："嗟乎，有以也夫！起自布衣，兄弟三人更王，岂不贤乎哉！"（《田儋列传》附《田横传》）	高帝曰："嗟乎，有以！起布衣，兄弟三人更王，岂非贤哉！"（《田儋传》附《田横传》）

---

[1] 前四史：史记[M].北京：中华书局，1997：344.
[2] 前四史：史记[M].北京：中华书局，1997：2041.
[3] 前四史：史记[M].北京：中华书局，1997：2583.
[4] 前四史：史记[M].北京：中华书局，1997：388.
[5] 前四史：史记[M].北京：中华书局，1997：2641.
[6] 前四史：史记[M].北京：中华书局，1997：2611.
[7] 前四史：史记[M].北京：中华书局，1997：2612.

《汉书》文学个性初探

续表

增删	编号	《史记》原文	《汉书》原文
删减	6	上大怒曰："相国多受贾人财物，乃为请吾苑！"……上曰："……今相国多受贾竖金，而为民请吾苑，以自媚于民。"……上曰："……吾故系相国，欲令百姓闻吾过也。"（《萧相国世家》）	上大怒曰："相国多受贾人财物，为请吾苑！"……上曰："……今相国多受贾竖金，为请吾苑，以自媚于民。"……上曰："……吾故系相国，欲令百姓闻吾过。"（《萧何传》）
	7	沛公默然良久，曰："固不能也。今为奈何？"（《留侯世家》）	沛公默然，曰："今为奈何？"（《张良传》）
	8	汉王曰："善。趣刻印，先生因行佩之矣。"……汉王方食，曰："子房前！客有为我计桡楚权者。"（《留侯世家》）	汉王曰："善。趣刻印，先生因行佩之。"……汉王方食，曰："客有为我计桡楚权者。"（《张良传》）
	9	上怪之，问曰："彼何为者？"……上乃大惊，曰："吾求公数岁，公避逃我，今公何自从吾儿游乎？"（《留侯世家》）	上怪，问曰："何为者？"……上乃惊，曰："吾求公，避逃我，今公何自从吾儿游乎？"（《张良传》）
	10	沛公骂曰："竖儒！夫天下同苦秦久矣，故诸侯相率而攻秦，何谓助秦攻诸侯乎？"（《郦生陆贾列传》）	沛公骂曰："竖儒！夫天下同苦秦久矣，故诸侯相率攻秦，何谓助秦？"（《郦食其传》）
	11	高帝骂之曰："乃公居马上而得之，安事诗书？"……高帝不怿，而有惭色，乃谓陆生曰："试为我著秦所以失天下，吾所以得之者何，及古成败之国。"（《郦生陆贾列传》）	高帝骂之曰："乃公居马上而得之，安事诗书？"……高帝不怿，有惭色，谓贾曰："试为我著秦所以失天下，吾所以得之者，及古成败之国。"（《陆贾传》）
	12	于是上曰："本言都秦地者娄敬，娄者，乃刘也。"（《刘敬列传》）	于是上曰："本言都秦地者娄敬，娄者，刘也。"（《刘敬传》）
	13	汉王心惨然，怜薄姬，是日召而幸之。薄姬曰："昨暮夜妾梦苍龙据吾腹。"高帝曰："此贵征也，吾为女遂成之。"一幸生男，是为代王。（《外戚世家》）	汉王心凄然，怜薄姬，是日召，欲幸之。对曰："昨暮梦龙据妾胸。"上曰："是贵征也，吾为汝成之。"遂幸，有身。（《外戚传》）
	14	以丁公徇军中，曰："丁公为项王臣不忠，使项王失天下者，乃丁公也。"（《季布列传》）	以丁公徇军中，曰："丁公为项王臣不忠，使项王失天下者也。"（《季布传》）
增润	15	汉王……曰："公能令布举兵叛楚，项羽必留击之。"（《高祖本纪》）	汉王……谓谒者随何曰："公能说九江王布使举兵畔楚，项王必留击之。"（《高帝纪》）
	16	汉王曰："吾闻帝贤者有也，空言虚语，非所守也。吾不敢当帝位。"（《高祖本纪》）	汉王曰："寡人闻帝者贤者有也，虚言亡实之名，非所取也。今诸侯王皆推高寡人，将何以处之哉？"（《高帝纪》）
	17	汉王三让，不得已，曰："诸君必以为便，便国家。"（《高祖本纪》）	汉王曰："诸侯王幸以为便于天下之民，则可矣。"（《高帝纪》）

第三章 《汉书》的语言个性（下）

不得不说，似这样将本来融汇于原文的语言进行截取，单独抽出来进行讨论，在研究方法上是有一定缺陷的。因为它脱离了语境——这里不仅仅指上下文，而应扩大到全书的整体语言风格。但我们既然为着一斑窥豹的初衷，结论如有稍许的"尖刻"，当为应允。

表3.1中第1、第3、第7条，更显《汉书》本色——语言简而有力，《史记》则显婉顺；第2条，《汉》较《史》走了简化的路，语言整洁，但嫌淡而少味，《史记》娴熟地驾驭语气、连接等副词，句式参差，言勤意恳。若还置之当时语境，其表达效果则远胜《汉书》之上；第4条明显看出《汉书》造句有意骈化的倾向；第5条，《史记》字里行间，高帝之叹赏溢于言表，感情充沛，表达自然，很大程度上得益于叹词、语气词的妙用。《汉书》则相对表现得木讷、沉静，自是其文风雅正的本来面目；第6、第11、第12条，更凸现了副词的使用与否、用多用少所能造成的不同的表达效果。语言上《汉书》的平板乏味，《史记》的婉转多姿，不能不说与此密切相关；第8条，《史记》多"子房前"，虽只三字，但置之汉王"方食"之际，语味却大有不同，不仅使王、臣之间显得亲切自然，而且使汉王活灵活现，形神毕肖。而《汉书》删之，颇给人冷冰冰的干涩感，就事说事，殊少韵致；第9条，《史记》于重复之中见文章，描慕高祖之惊愕状如在目前。《汉书》则除了语句较为简练，表达效果大为逊色；第10、第14条之语言，《史记》仍以重复胜，有类第9条。顾炎武说："《史记》之繁处必胜于《汉书》之简处"[1]，似嫌绝对，但就以上比较的情况看，有一定道理。至于第13条，《汉书》纯以逻辑胜，从"欲幸之"到"遂幸"，表述严密无可挑剔，这是其文风"正"的又一表现。《史记》论语意则稍欠，然言词更显婀娜而更富于韵味。从这些分析看来，《汉书》于《史记》人物语言之操刀，大部为删繁就简，留其主干，芟除副词等枝蔓，故往往简了语词，同时也少了韵味，而更贴近东汉初简严板正的文风。

但也有增加语词的情况，如上表第16条，《汉书》不仅增设一些结构助词、语气词，而且变动句式，末又出以问句；再结合第17条上下连读，汉王这一人物形象便要丰满、生动得多。相形之下，《史记》中的汉王，却是一脸的决绝和严肃；但是看第15条，《汉书》虽较《史记》增加语词、延长句子，但显烦琐冗沓，实属无谓。

---

[1] 顾炎武.日知录集释[M].黄汝成，集释；栾保群，吕宗力，校点.上海：上海古籍出版社，2013：1099.

《汉书》文学个性初探

除了表 3.1 所列，就高祖的语言，《汉书》对《史记》相关部分的改动，尚有几处需要补充：

在《史记·项羽本纪》中，紧张激烈、可作经典看待的"鸿门宴"，在《汉书·高帝纪》及相关篇章内已经被消磨、淡化处理得够温和的了，但这还不够，鸿门宴后，《汉书》还省去了《史记》中关于沛公与樊哙、张良等人的一段对话：

> 沛公已出，项王使都尉陈平召沛公。沛公曰："今者出，未辞也，为之奈何？"樊哙曰："大行不顾细谨，大礼不辞小让。如今人方为刀俎，我为鱼肉，何辞为。"于是遂去。乃令张良留谢。良问曰："大王来何操？"曰："我持白璧一双，欲献项王，玉斗一双，欲与亚父，会其怒，不敢献。公为我献之。"张良曰："谨诺。"当是时，项王军在鸿门下，沛公军在霸上，相去四十里。沛公则置车骑，脱身独骑，与樊哙、夏侯婴、靳强、纪信等四人持剑盾步走，从郦山下，道芷阳间行。沛公谓张良曰："从此道至吾军，不过二十里耳。度我至军中，公乃入。"沛公已去，间至军中，张良入谢，曰："沛公不胜杯杓，不能辞。谨使臣良奉白璧一双，再拜献大王足下；玉斗一双，再拜奉大将军足下。"①

《汉书》省去对话，简化情节，变为：

> 有顷，沛公起如厕，招樊哙出，置车官属，独骑，与樊哙、靳强、滕公、纪成步，从间道走军，使张良留谢羽。②

《汉书·项籍传》中，又省去了《史记》所载汉王使侯公往说项王，遂割鸿沟以中分天下，项王归汉王父母妻子，于是"汉王乃封侯公为平国君，匿弗肯复见。曰：'此天下辩士，所居倾国，故号为平国君'"③等内容，不仅使楚汉相争的历史事态在关键环

---

① 前四史：史记[M].北京：中华书局，1997：314.
② 前四史：汉书[M].北京：中华书局，1997：26.
③ 前四史：史记[M].北京：中华书局，1997：331.

节上缺少必要交代，而且少了这句话，便隐没了刘邦善于驱使辨士，且又机智幽默的一面。

在《史记》和《汉书》本著，上表第 8 条所记情节之后，便是张良为汉王条分缕析地阐明如若采用郦食其之策可能会导致的严重后果。《史记》记此内容，是以张良与汉王对话的形式展开：

> 具以郦生语告，曰："于子房何如？"良曰："谁为陛下画此计者？陛下事去矣。"汉王曰："何哉？"张良对曰："臣请藉前箸为大王筹之。"曰："昔者汤伐桀而封其后于杞者，度能制桀之死命也。今陛下能制项籍之死命乎？"曰："未能也。""其不可一也。武王伐纣封其后于宋者，度能得纣之头也。今陛下能得项籍之头乎？"曰："未能也。""其不可二也。武王入殷，表商容之闾，释箕子之拘，封比干之墓。今陛下能封圣人之墓，表贤者之闾，式智者之门乎？"曰："未能也。""其不可三也。发钜桥之粟，散鹿台之钱，以赐贫穷。今陛下能散府库以赐贫穷乎？"曰："未能也。""其不可四矣。殷事已毕，偃革为轩，倒置干戈，覆以虎皮，以示天下不复用兵。今陛下能偃武行文，不复用兵乎？"曰："未能也。""其不可五矣。休马华山之阳，示以无所为。今陛下能休马无所用乎？"曰："未能也。""其不可六矣。放牛桃林之阴，以示不复输积。今陛下能放牛不复输积乎？"曰："未能也。""其不可七矣。且天下游士离其亲戚，弃坟墓，去故旧，从陛下游者，徒欲日夜望咫尺之地。今复六国，立韩、魏、燕、赵、齐、楚之后，天下游士各归事其主，从其亲戚，反其故旧坟墓，陛下与谁取天下乎？其不可八矣。且夫楚唯无强，六国立者复桡而从之，陛下焉得而臣之？诚用客之谋，陛下事去矣。"汉王辍食吐哺，骂曰："竖儒，几败而公事！"令趣销印。①

而在《汉书》，则干脆删除汉王的角色，悉数删去其中汉王回答张良的七个"未能也"，变为从头到尾，都只是张良一人自顾陈词，自问自答，其余内容均同《史

---

① 前四史.史记[M].北京：中华书局，1997：2040-2041.

《汉书》文学个性初探

记》^①。将对话改为独白，语意未受影响，但着实让表达效果大打折扣。按《史记》的记述，张良每问，刘邦必答"未能也"，所问步步紧迫，而所答也情转直下，事态的严重程度，正是通过张、刘二人的对话"逼"出来的，以至于汉王"辍食吐哺"，便显得自然而然。《汉书》则摁下刘邦，完全聚光于张良身上，任他一人滔滔阐述，行文太过直板。所谓"委曲致意"，在此丧失殆尽。

另如，韩信临刑一叹，"卖"了辩士蒯通，高帝召而欲烹之，君臣之间的辩难，《汉书》较《史记》颇多简化。《史记·淮阴侯列传》：

> 蒯通至，上曰："若教淮阴侯反乎？"对曰："然，臣固教之。竖子不用臣之策，故令自夷于此。如彼竖子用臣之计，陛下安得而夷之乎！"上怒曰："烹之。"通曰："嗟乎，冤哉烹也！"上曰："若教韩信反，何冤？"对曰："秦之纲绝而维弛，山东大扰，异姓并起，英俊乌集。秦失其鹿，天下共逐之，于是高材疾足者先得焉。蹠之狗吠尧，尧非不仁，狗因吠非其主。当是时，臣唯独知韩信，非知陛下也。且天下锐精持锋欲为陛下所为者甚众，顾力不能耳。又可尽烹之邪？"高帝曰："置之。"乃释通之罪。^②

而《汉书·蒯通传》：

> 通至，上欲烹之，曰："若教韩信反，何也？"通曰："狗各吠非其主。当彼时，臣独知齐王韩信，非知陛下也。且秦失其鹿，天下共逐之，高材者先得。天下匈匈，争欲为陛下所为，顾力不能，可殚诛邪！"上乃赦之。^③

情节安排、人物对话均较《史记》大大简省。就语言来说，《汉书》虽简，但仍不

---

①也有个小小的差异，却值得指出，那就是《史记》中，张良所谓的八个"其不可"，句末所用语气词有变化，前三为"也"，后五为"矣"；而《汉书》悉以"也"字出之。差异虽小，却正能见出《史记》喜新求变、《汉书》因循板正的不同文风。

②前四史：史记[M].北京：中华书局，1997：2629.

③前四史：汉书[M].北京：中华书局，1997：2165.

100

乏韵味，且颇富壮气，自是另一种风格；然论叙事之曲折，似应以《史记》为长①。

而对《汉书》增润《史记》原文的一面，除却表中所列，亦有值得关注之处：

首先，《史记·高祖本纪》和《汉书·高帝纪》都记载了楚、汉两军对阵广武，刘邦于阵前数落项羽的十大罪状一事。二著于此，文字只是略有出入，故不列入上表。但须指出的是，《史记》似更注意用词，除了被班固简用的所有"羽"字原本皆为"项羽"外，《汉书》中"使人阴杀义帝江南，罪九也；夫为人臣而杀其主，……"②这两个"杀"字，在《史记》中均为"弑"字。《说文解字》"杀部"："弑，臣杀君也"③，显然《史记》用字更为合理；而《汉书》于此最有意思的改动莫过于，在项羽每一罪状之后都缀一语气词"也"，"罪一"至"罪十"皆然。如果仅就表达效果而言，这十个"也"字颇能带动语气婉转，增加语言的韵味，还原于文中，也与上下文语境保持了语势的连贯；但是从叙事的角度，若对照于当时真实的历史场景，情况却似正好相反：在那样剑拔弩张的氛围中，刘邦于行阵之前的"演讲"应该是慷慨激昂，富于煽动性的，语气之坚定，"罪一""罪二"至"罪九"，淋漓甚至带点铺张，正显示其自信，首先在气势上就胜出一筹。《史记》中的人物语言非常恰当地契合了现实语境；而《汉书》于每一罪状之后附带一"也"字，从审美上，宛转虽好，但不宜施于此处。

其次，《汉书·萧何传》载，当项羽负约而封刘邦王于汉中，"汉王怒，欲谋攻项羽。"周勃、灌婴、樊哙等大将摩拳擦掌，助其气焰，唯独萧何冷静地谏阻："虽王汉

---

① 对《汉书》将《史记·淮阴侯列传》中并记的蒯通其人其事专门抽出，而安排与伍被、江充、息夫躬等人合传，不少学者都指出过其不当，比较有代表性的是顾炎武和赵翼的观点。顾氏云："班孟坚为书，束于成格而不及变化。且如《史记·淮阴侯传》末载蒯通事，令人读之感慨有余味。《淮南王传》中伍被与王答问语，情态横出，文亦工妙。今悉删之，而以蒯、伍合江充、息夫躬为一传，蒯最冤，伍次之。二淮传寥落不堪读矣。"（详见顾炎武《日知录集释》，黄汝成集释，栾保群、吕宗力，校点，上海古籍出版社2013年版，第1440页）。后赵翼又进一步指出："《史记·淮阴侯传》全载蒯通语，正以见淮阴之心乎为汉，虽以通之说喻百端，终确然不变，而他日之诬以反而族之者之冤，痛不可言也。班书则《韩信传》尽删通语，而另为通作传，以此语叙入《通传》中，似乎详简得宜矣，不知蒯通本非必应立传之人，载其语于《淮阴传》，则淮阴之心迹见，而通之为辨士亦附见，史迁所以不更立《蒯通传》，正以明淮阴之心，兼省却无限笔墨。班掾则转因此语而特为通立传，反略其语于《韩信传》中，是舍所重而重所轻，且开后世史家一事一传之例，宜乎后世之史日益繁也。"（详见赵翼《陔余丛考》，上海古籍出版社2011年版，第80页。）然这些都是从"史意""史法"的角度立言，以文学比较的眼光，至多也应归于结构设计的各具匠心，而与此处对二者语言的比较终显隔膜，故不引入正文。

② 前四史.汉书[M].北京：中华书局，1997：44.

③ 许慎.说文解字注[M].段玉裁，注.上海：上海古籍出版社，1988：120.

《汉书》文学个性初探

中之恶,不犹愈于死乎?"汉王始不以为然:"何为乃死也?"①萧何以为当下楚、汉军力悬殊,宜暂缓兵,且待日后卷土,汉王曰:"善。"乃遂就国。此处汉王之语虽只寥寥二句,然其态度前后变化之间,足见他善于审时度势,从谏如流,终非匹夫之辈。而这些内容,均为《史记》所无,使得刘邦赴任汉中的情节,缺少了非常重要的一环,自然也无法突出萧何在当时情势下担当的至关重要的角色。

最后,《汉书·高帝纪》载,高祖立后十年,代相国陈豨反,"赵相周昌奏常山二十五城亡其二十城,请诛守尉。上曰:'守尉反乎?'对曰:'不。'上曰:'是力不足,亡罪。'上令周昌选赵壮士可令将者,白见四人。上嫚骂曰:'竖子能为将乎!'四人惭,皆伏地。上封各千户,以为将。左右谏曰:'从入蜀、汉,伐楚,赏未遍行,今封此,何功?'上曰:'非汝所知。陈豨反,赵、代地皆豨有。吾以羽檄征天下兵,未有至者,今计唯独邯郸中兵耳。吾何爱四千户,不以慰赵子弟!'皆曰:'善。'又求:'乐毅有后乎?'得其孙叔,封之乐乡,号华成君。问豨将,皆故贾人。上曰:'吾知与之矣。'乃多以金购豨将,豨将多降。"②这段内容也不见载于《史记》。而《汉书》记录的这几句话,充分显示了刘邦的大气、韬略,超凡绝伦,隐隐透着帝王的气质。文章也好像因此沾染了这种气质,而增色不少。于是我们知道,《汉书》的叙事和语言,自有其不可等闲视之的一面。

以上我们以高祖一人的语言为样本,比对《史》《汉》的结果,使我们知道它们二者在人物语言上各有千秋,都有属于其自身的特征。一般说来,《史记》常以感情、气势为长,而《汉书》则胜在简洁、严整。但《史记》善用虚字,往往能十分契合不同的语境,变化驱使,有棱有角,于文味为胜。《汉书》在这点上,似稍逊一筹。

史籍要记录人物,主要依赖其语言和行为。《汉书》八十多万言的皇皇巨著,若无语言上的深厚功力,则必索然无味,所有的成就和光彩也都将成为空谈。与《史记》做比较,确能见出一点《汉书》的个性,但那仅仅是一个方面。《汉书》为我们展示的两汉历史舞台,人物千姿百态,形神各异,很多人都给我们留下了深刻印象,依靠的正主要是他们特立独出的言行。所以,《汉书》记录人物,就非常善于通过其语言来进行刻画。

---

① 前四史:汉书[M].北京:中华书局,1997:2006.
② 前四史:汉书[M].北京:中华书局,1997:68.

第三章 《汉书》的语言个性（下）

如东方朔，其本传中，他在武帝和我们读者面前的第一次露面，就抛出这样一段让人捧腹之语：

> 臣朔生亦言，死亦言。朱儒长三尺余，奉一囊粟，钱二百四十。臣朔长九尺余，亦奉一囊粟，钱二百四十。朱儒饱欲死，臣朔饥欲死。臣言可用，幸异其礼；不可用，罢之，无令但索长安米。①

后来在与郭舍人的游戏竞赛中胜出，害得郭氏受罚被榜，因痛而呼时，他又"笑之"，并依然放言无忌："咄！口无毛，声謷謷，尻益高"，实在让板正的历史叙述为之颠倒，充满了笑声。班固对他的语言才能进行了这样的描述："舍人所问，朔应声辄对，变诈锋出，莫能穷者，左右大惊。"②真正怪才！这位在《史记》里还只是《滑稽列传》中褚先生补记的并不怎么起眼的角色，换位于《汉书》，却一跃而成单独立传。而且据信他在当时已经名闻遐迩，《汉书》本传赞语云："朔之诙谐，逢占射覆，其事浮浅，行于众庶，童儿牧竖莫不炫耀"，以至于到了"后世好事者因取奇言怪语附著之朔"③的地步。的确，东方朔有正义感，能直言切谏，奏《泰阶》，劾董偃，劝戒侈靡，让人看到的是一位耿直士人正统的一面。也许班固正是看中了他的这些优点，才不惜为他独辟一传。但他往往"语出惊人"，在他那些机智、风趣、诙谐，逗人笑乐的语言里，忠正谏诤的方面逐渐萎缩，而代之以"滑稽之雄"④的形象。

另如，要说到对死亡的达观，对厚葬的不屑，我们脑海中马上会浮现出杨王孙这一形象。在儒术独尊、礼教崇盛的时代，杨王孙其人其行，确不简单。虽然他在整部《汉书》里只占很小的一席空间，但是他的形象，还有他的慷慨陈词带给我们心灵的震撼，都不亚于其余任何一人。当然我们知道，所有这些，全赖他那段有名的"裸葬论"（文长不录），这也理所当然地成为他本传的主体部分。《汉书》中人物语言对塑造形象的重要性，于东方朔、杨王孙二人，再明显不过了。

---

① 前四史：汉书[M]．北京：中华书局，1997：2843．
② 前四史：汉书[M]．北京：中华书局，1997：2845．
③ 前四史：汉书[M]．北京：中华书局，1997：2874．
④ 前四史：汉书[M]．北京：中华书局，1997：2874．

《汉书》文学个性初探

语言的个性化，这是传记文学塑造人物的普遍原则，也是基本规律，《史记》《汉书》，概莫能外。那么，就从《汉书》人物语言的个性特征谈起。

在与《史记》记载重合的部分，《汉书》对于材料的挪置或增删往往而见，但人物的语言基本被继承了下来，已如上文所论高祖语言。所以，不妨将目光稍移于后，重点关注《汉书》后半部分，即为《史记》所不载的部分。比如胡建，是一位敢于特立独行的狂狷之士，观其与杨王孙、朱云、梅福等人合于一传可知。此人于"孝武天汉中，守军正丞，贫无车马，常步与走卒起居，所以尉荐走卒，甚得其心"[①]，已可见出他的崇实尚朴。他因看不惯监军御史"穿北军垒垣以为贾区"的奸伪行为，竟然使性做出了一件颇具"轰动效应"的大事：

时监军御史为奸，穿北军垒垣以为贾区，建欲诛之，乃约其走卒曰："我欲与公有所诛，吾言取之则取，斩之则斩。"于是当选士马日，监御史与护军诸校列坐堂皇上，建从走卒趋至堂皇下拜谒，因上堂皇，走卒皆上。建指监御史曰："取彼。"走卒前曳下堂皇。建曰："斩之。"遂斩御史。护军诸校皆愕惊，不知所以。[②]

朱建前后只有简短有力的三句话，尤以"取之则取，斩之则斩""取彼""斩之"等话语斩钉截铁，干脆利落，活脱脱为我们树立了他刚毅、果敢的"猛士"形象，诚可谓言如其人。又如终军这位少年才子，他的年轻气盛、豪情自信，也是由他西诣长安，行经关隘时，掷地有声的一句话中透露出来的：

初，军从济南当诣博士，步入关，关吏予军繻。军问："以此何为？"吏曰："为复传，还当以合符。"军曰："大丈夫西游，终不复传还。"弃繻而去。[③]

[①]前四史：汉书[M].北京：中华书局，1997：2910.
[②]前四史：汉书[M].北京：中华书局，1997：2910.
[③]前四史：汉书[M].北京：中华书局，1997：2819-2820.

确实才高自负，盛气凌人。而他性格中的沉毅、坚定，和稍许的傲慢，也因了"大丈夫"云云而得以显现，给人留下了深刻印象。

有时候，"言如其人"不是重点表现在人物性格上，更多的却与其身份、经历等相关。如傅介子，本以从军为官，战争生涯锻就了他的彪悍和果敢。他向霍光自请往刺楼兰王，"使壮士二人从后刺王，刃交胸，立死"，遂惊动楼兰王之左右贵人四散欲逃。介子立定，稳住局势，并果断告谕：

> 王负汉罪，天子遣我来诛王，当更立前太子质在汉者。汉兵方至，毋敢动，动，灭国矣！①

"毋敢动，动，灭国矣！"用语短促，落字坚刚，语气凛冽，似闻铮铮之音，十分有威慑力。类似的"武"与"文"风格迥异的对比，在《匈奴传》中得到更为集中的展现，本传中多载文臣、武将之论辩，文有文言，武有武语，行文气势、格调时变，多姿多彩。章学诚曾指出，"叙事之文，作者之言也。为文为质，惟其所欲，期如其事而已矣。记言之文，则非作者之言也。为文为质，期于适如其人之言，非作者所能自主也。……与其文而失实，何如质以传真也？由是推之……记述贵于宛肖。"②《汉书》通过个性化的语言传摩人物风神，真的做到了"适如其人""传真""宛肖"。

《汉书》在设计人物语言时，也喜欢像《史记》那样描摹人物的动作、神态来加以配合，使之更显生动。如《王章传》，王章（字仲卿）显达之前，曾游学长安，困顿潦倒，生病了都没有被子裹身，"卧牛衣中"。面对妻子，王章不禁哀极而泣。班固这样描述王章之妻：

> 其妻呵怒之曰："仲卿！京师尊贵在朝廷人谁逾仲卿者？今疾病困厄，不自激昂，乃反涕泣，何鄙也！"③

---

① 前四史：汉书[M].北京：中华书局，1997：3002.
② 章学诚.文史通义校注[M].叶瑛，校注.北京：中华书局，1985：508.
③ 前四史：汉书[M].北京：中华书局，1997：3238.

好一位通达可敬的女性。尤以其中的"呵怒"大有意味。从妻子的角度，看到丈夫因为不得志而伤心落泪，第一反应应是怜惜和疼爱，"呵"字正传达了这种微妙的情愫，所以安排在先；"怒"其不争倒在其次，而且未必真怒，无非是激其振作和上进。这样，连带后面的"之"字会意，"怒"不过是个附带性质的字眼，就更明显了。但如果颠倒字序，换成"怒呵之"，语意的重心一下子转到"怒"上，连"呵"都似声色俱厉了，不复是温情的激励，反成为泼狠的斥责，语蕴、语味俱大变。实在不能不叹服班固的语言才能，他对于笔下人物的话语情态，竟能拿捏得如此到位！

而如果将类似的动作、神态描写运用到人物之间的对话上，则其举手投足之状毕见，搭配以相应灵变的语言，自然风神多异，妙趣横生。如王尊，他在益州刺史任上政绩卓著，升迁为东平相。时东平王以至亲骄奢不奉法度闻名，相国鲜有全其性命者。王尊到任后，仍坚持原则行事，遂亦与东平王产生分歧。故《王尊传》有如下情节：

> 后尊朝王，王复延请登堂。尊谓王曰："尊来为相，人皆吊尊也，以尊不容朝廷，故见使相王耳。天下皆言王勇，顾但负贵，安能勇？如尊乃勇耳。"王变色视尊，意欲格杀之，即好谓尊曰："愿观相君佩刀。"尊举掖，顾谓傍侍郎："前引佩刀视王，王欲诬相拔刀向王邪？"王惶得，又雅闻尊高名，大为尊屈，酌酒具食，相对极欢。[①]

王、相之间的这场较量，王尊可谓命悬一线。此处东平王的两种神态——"变色""好谓"，和王尊的两个动作——"举掖""顾谓"，相映成趣，一来一往，见招拆招，充分展示了东平王的狭隘、奸诈和王尊的机智、警觉。这些动作和情态的描写，有一种举重若轻的效果，轻松但又郑重地泯去了激烈紧张的气氛，消弥火药味于无形，保持了文路之"正"。而这里的对话艺术同样值得深加品味。王尊不会不深知此行如探虎穴，故采取以进为退的策略，开口便以自命不凡的语气，先声夺人，以自己明知山有虎，偏向虎山行的真勇，盖过东平王但依权势不奉法、自以为勇的假面目，言语间不激不厉。加之"人皆吊尊也""故见使相王耳""安能勇""如尊乃勇耳"等句，因

[①] 前四史：汉书[M]. 北京：中华书局，1997：3230.

有了语气词的辅助，不仅使语言直而婉曲，富有情味，而且托举得王尊的形象更加不亢不卑，甚至还带点灵俏。东平王则窘极而怒，立生杀心，却只憋出"愿观相君佩刀"一句话来，正暴露其素无术学、专杀好威、狡诈阴险的一面。对这样的陷阱，王尊毫不留情，针锋相对，"王欲诬相拔刀向王邪？"一语就戳穿了东平王的阴谋，化险为夷，并赢得了对方的尊重。对话不多，但二人各自的表现却给人留下深刻印象，关键还在于语言的巧为设置，和动作情态的密切配合上。

第二节　对话艺术

谈到人物之间的对话艺术，《汉书》还有以下特点值得关注。

一、善于营造特定的语境和气氛

班固记述人物之间的对话，十分注重营造特定的语境和气氛，让对话的展开有所依托，而不显孤立，表现得合理、自然。如《霍光传》中，用了两大段文字，分别叙述了霍光在辅政的最初几年中，他自身内外交困的险恶处境。当时内有左将军上官桀父子与之争权，鄂邑盖主与御史大夫桑弘羊也因事有不遂，常怨恨霍光，而外有诸侯王燕王旦自以昭帝兄，"常怀怨望"，至有觊觎帝位之心。于是这些人内外勾结，"诈令人为燕王上书"，言光阴事，共谋陷害霍光。"候司光出沐日奏之。桀欲从中下其事，桑弘羊当与诸大臣共执退光"，[1] 一个巨大的阴谋已经酿成。但是，昭帝得书而暂按下，秘而不发。行文至此，相关背景已经交待清楚，而暗流涌动的氛围也造设完成。于是：

　　明旦，光闻之，止画室中不入。上问："大将军安在？"左将军桀对曰："以燕王告其罪，故不敢入。"有诏召大将军。光入，免冠顿首谢，上曰："将军冠。朕知是书诈也，将军亡罪。"光曰："陛下何以知之？"上曰："将军之广明，都郎属耳。调校尉以来未能十日，燕王何以得知之？且将军为非，不

---

[1] 前四史：汉书[M].北京：中华书局，1997：2935.

须校尉。"是时，帝年十四，尚书左右皆惊，而上书者果亡，捕之甚急。①

班固在此，明显是以霍光写昭帝。前后霍光只有一句话，只是起到牵线搭桥的作用，而且他的"止画室中不入"，入而"免冠顿首谢"，都经过了淡化处理，目的在配合创设让昭帝闪亮登场的舞台。于是我们感到，只有在前文和此处共同营造的语境中，昭帝字正腔圆的这几句话，才显示出了它的千钧之力，拨云见日，直有排压一切之势，真正让我们领略了一位镇定、灵慧、雍容大气的少年天子的风采。而这，也与《昭帝纪》中其母赵婕妤"本以有奇异得幸，及生帝，亦奇异"②，《外戚传》中记昭帝母"任身十四月乃生"③，昭帝"年五六岁，壮大多智"④等记载，有着暗暗的照应。这也为我们讨论过的《汉书》整体结构的互动性又增一注脚。总之，语境对于话语的烘托作用，实在不可小觑。

而有些情况下，特定情境的创设，恰要靠人物自身的语言来加盟。还是以《霍光传》为例。昭帝崩后，因无继嗣，霍光遣吏迎昌邑王刘贺即位，但贺行淫乱，不称其位。霍光忧懑，独与所亲故吏大司农田延年相计，议欲废帝更立。再与车骑将军张安世等朝廷要臣通气商定之后，遂召诸部吏员共议此事于未央宫：

> 光曰："昌邑王行昏乱，恐危社稷，如何？"群臣皆惊鄂失色，莫敢发言，但唯唯而已。田延年前，离席按剑，曰："先帝属将军以幼孤，寄将军以天下，以将军忠贤能安刘氏也。今群下鼎沸，社稷将倾，且汉之传谥常为孝者，以长有天下，令宗庙血食也。如令汉家绝祀，将军虽死，何面目见先帝于地下乎？今日之议，不得旋踵。群臣后应者，臣请剑斩之。"光谢曰："九卿责光是也。天下匈匈不安，光当受难。"于是议者皆叩头，曰："万姓之命在于将军，唯大将军令。"⑤

---

① 前四史：汉书[M]．北京：中华书局，1997：2936．
② 前四史：汉书[M]．北京：中华书局，1997：217．
③ 前四史：汉书[M]．北京：中华书局，1997：3956．
④ 前四史：汉书[M]．北京：中华书局，1997：3956．
⑤ 前四史：汉书[M]．北京：中华书局，1997：2937-2938．

这段文字真正写到对话的地方不多，但其精彩恰恰就在此处，即"以无对为有对"。霍光与群臣之间，实质上形成了一个从开始的"问而不对"，到末尾的"不问而对"的转化，二者相互间没有一次严格意义上你来我往的"对"话。但只要与此间特定的氛围相对照，我们立可觉出，"此时无对胜有对"。这样的叙事效果，正来自特定情境的烘托和配合。群臣的惊愕失措与唯唯无语，是形成这种情境的第一步。它的反衬，使田延年成为忠勇可嘉的"及时雨"。一段慷慨激昂的陈词，加上"离席按剑"的举动，田延年无疑地便成了这种情境的促成者。有了这些依托，最终"议者皆叩头"、唯大将军命是从的结局，便来得再自然不过了。

二、虚字和修辞手法的妥帖使用，让对话摇曳生姿，情韵十足

从前文关于《汉书》对《史记》中高祖语言通变情况的统计和比较，我们知道，对语助等虚词的运用，《汉书》的积极性要远远落后于《史记》。不惟少用，它还要删掉《史记》中很多用得有滋有味的虚词。但即使如此，要真的用起虚字来，《汉书》也能打造出属于它自己的特色[①]。"史丹泣语"一段，颇能体现其风格。《史丹传》载，史丹受元帝亲信，奉召辅护太子家。竟宁元年，元帝病，"意忽忽不平，数问尚书以景帝时立胶东王故事"，暗示要废太子而更立。太子、皇后及太子长舅王凤均忧而不知所出。幸赖史丹涕泣言上，终得保嗣，是为成帝。《汉书》中这样记录当时情景：

> 丹以亲密臣得侍视疾，候上间独寝时，丹直入卧内，顿首伏青蒲上，涕泣言曰："皇太子以嫡长立，积十余年，名号系于百姓，天下莫不归心臣子。见定陶王雅素爱幸，今者道路流言，为国生意，以为太子有动摇之议。审若此，公卿以下必以死争，不奉诏。臣愿先赐死以示群臣！"天子素仁，不忍见丹涕泣，言又切至，上意大感，喟然太息曰："吾日困劣，而太子、两王幼少，意中恋恋，亦何不念乎！然无有此议。且皇后谨慎，先帝又爱太子，吾岂可违指！驸马都尉安所受此语？"丹即却，顿首曰："愚臣妄闻，罪当死！"[②]

[①]关于《汉书》的虚词使用特点，详见本书第三章第四节内容。
[②]前四史：汉书[M].北京：中华书局，1997：3377.

品味上述文字，我们可以将史丹与元帝二人之语做一比较。史丹虽涕泣，但其话语几乎不用语气助词，显得板重、肃正，殊乏韵味。与之形成鲜明对比的是，元帝短短五十字的一席话，竟然有八处用到语气词或结构助词，几乎每五字便有一虚词腾挪其间。首用"而"字一转，"亦""乎"加深叹息语气；"然"字又转，作顿笔。"且""又"紧跟着强化语意，再落一"岂"字，拔高一层，似一记重锤，结响难移；最后着一"安"字，既是反问，又缓和了语气。语意或连或转，婉曲有致，语气诚恳，感情浓烈，不愧为"喟然太息"之语。如果接受元帝"素仁"之说，然则韩愈《答李翊书》所谓"仁义之人，其言蔼如"①，信矣。

当然，此处语句的摇曳多姿并非仅仅来自虚词的妙用，人物的动作、神态，以及身处的特定情境的交代，也是达到这种效果必不可少的因素，这已是前文探讨过的内容了。

而若适时润色以恰当巧妙的修辞，则更能让人动心明目。如，郑崇敢于直谏，性格刚烈，"由是重得罪"于哀帝。"尚书令赵昌佞谄，素害崇，知其见疏，因奏崇与宗族通，疑有奸，请治。"于是：

> 上责崇曰："君门如市人，何以欲禁切主上？"崇对曰："臣门如市，臣心如水。愿得考覆。"上怒，下崇狱，穷治，死狱中。②

从来忠直之士，难保全于衰世之庭，良可痛哉！郑崇一语，令人想见其为人。哀帝以"君门如市人"的比喻句论难，郑崇亦以"如市""如水"的比喻句回复，一来一往，颇见机锋。郑崇"臣门如市"之语，紧承君王之指摘，但"臣心如水"四字，豁然醒目，一下子将语意的重心揽了过来。"如水"的静远，轻轻颠覆了"如市"的喧闹，比对之中，高节自见。

三、《汉书》善写辩论

可以《韩安国传》所记韩安国与王恢二人就汉对匈奴击与不击的相互辩难为代表，

---

① 韩愈. 韩昌黎文集校注[M] 马其昶，校注；马茂元，整理. 上海：上海古籍出版社，2014：189.
② 前四史：汉书[M]. 北京：中华书局，1997：3256.

且此段记载不见录于《史记》①,更明了《汉书》对于论辩类文字的重视与偏爱。

武帝元光元年,雁门马邑人聂壹通过王恢建言武帝,以马邑城为饵诱重击匈奴。武帝召问公卿:"朕饰子女以配单于,币帛文锦,赂之甚厚。单于待命加嫚,侵盗无已,边竟数惊,朕甚闵之。今欲举兵攻之,何如?"②于是王恢与韩安国就此展开了一场精彩辩论,往来对答,论难辩说,前后形成1100多字,文字着实淋漓畅快。"恢曰"与"安国曰"的密集排列,"击之便"与"勿击便"的针锋相对,夹以六次"不然"二字的领起,使行文紧凑、急促、激烈,但又凭借二人均立论高远,写来仍不失雍容舒缓。王恢首明"击之",安国继而发难,然后便以王、韩二人你来我往的相互诘难组织文章,前后形成七段辩驳文字,最终仍以王恢之议作尾,完整、甚至可以说完美地结束了这场辩论。而且我们注意到,第一,这七段文字,语言上甚见精彩。首先,两人的辩诘走着同一路数:先下"不然"二字作一断论,再以"臣闻"领起,阐发观点,末了归以"臣故曰击之便"或"勿击便"。循此框架,限定模式,为下一步从变动中求生动做好了准备;其次,同一样的语言模式,套住了格局,却套不住字句的灵活变动。王、韩二人,为求得自己的话语更有分量和说服力,在语言技巧上可谓尽其发挥之能事。不仅多种修辞手法层出,如比喻("至如猋风,去如收电"③;"夫盛之有衰,犹朝之必暮也"④)、对仗("北有强胡之敌,内连中国之兵"⑤;"风鸟乘于风,圣人因于时"⑥)、排比("夫草木遭霜者,不可以风过;清水明镜,不可以形逃;通方之士,不可以文乱"⑦;"或营其左,或营其右,或当其前,或绝其后"⑧)等,而且时夹立意高远的警策之语(如"夫圣人以天下为度者也,不以己私怒伤天下之功"⑨),再加上语气词、结构助词等虚字助阵,使语言婀娜多姿,文味十足。而有些语句更能冲破模式的藩篱,

---

① 《汉书补注》引齐召南:"安国与王恢论马邑之计,反复折辩,较《史记》为最详。"详见班固撰,王先谦补注《汉书补注》,上海古籍出版社2008年版,第3888页。
② 前四史:汉书[M].北京:中华书局,1997:2399.
③ 前四史:汉书[M].北京:中华书局,1997:2401.
④ 前四史:汉书[M].北京:中华书局,1997:2402.
⑤ 前四史:汉书[M].北京:中华书局,1997:2399.
⑥ 前四史:汉书[M].北京:中华书局,1997:2401.
⑦ 前四史:汉书[M].北京:中华书局,1997:2403.
⑧ 前四史:汉书[M].北京:中华书局,1997:2403.
⑨ 前四史:汉书[M].北京:中华书局,1997:2400.

更多地带着个人的风采，加强了对话的亲切效果，如韩安国"意者有它缪巧可以禽之，则臣不知也；不然，则未见深入之利也"①。更为有意思的是，他们二人特重筑台拆台之法，话语往往有针对而发，如韩安国以高帝尝困于平城，"及解围反位，而无忿怒之心"言事，王恢便有针对性地指出"所以不报平城之怨者，非力不能，所以休天下之心也"②；而对王恢"今以中国之盛，万倍之资，遣百分之一以攻匈奴，譬犹以强弩射且溃之痈也"③的说法，韩安国也以"强弩之末，力不能入鲁缟"④进行反驳。真正有论有辩，妙语连珠，上演了一出遣词造语的出色对决；第二，班固在此，自始自终只录辩论之语，没有做进一步情节上的展开，诸如辩论期间武帝及旁众公卿的反应，辩论结束后二位当事人的状态和举动等，甚至连王、韩二人说话时的动作、情态都不带出，唯见一"曰"字，令人只见一对一答，别无余事。情节的单调，完全靠了二人精美的语言来进行调节，才不减生动。语言之功力，以补叙事之不足，似更合于"正史"的体例，也未尝不是《汉书》"雅正"文学风格的体现。

四、《汉书》善于利用人物之间的"书面对话"

君臣之间的有些上疏与诏报，或臣僚、师友等一般的书信交流都属此类，《汉书》中往往多见。虽然这种对话只是行于纸上，但往来问答之间，精彩丝毫不减当面对语，甚至有出而上之。最具代表性的，大概要数赵充国与宣帝的上书与赐报了。

《汉书·赵充国传》中，几有一半内容是赵充国上书陈兵利害或屯田之便，和天子的相应报问之书。对充国忠直为国、有谋有略形象的塑造，这些上书发挥了十分重要的作用。因为书出其手，读之如睹其人，所以更能让我们感受到充国人品之崇高、形象之伟岸。而天子所报之书，也是或情恳意切，温慰备至，或直白如话，一似面谈，总之非常契合全文语境。所以，《赵充国传》虽有至少一半内容径以连篇累牍的上奏和诏书组成，但丝毫不给人堆砌之感，相反，全文作者的叙述语与所录书奏等交相辉映，有一种别样的生动和感人的力量。

---

① 前四史：汉书[M].北京：中华书局，1997：2402.
② 前四史：汉书[M].北京：中华书局，1997：2400.
③ 前四史：汉书[M].北京：中华书局，1997：2401.
④ 前四史：汉书[M].北京：中华书局，1997：2402.

本传载，是时西域羌人有反，充国以七十余岁高龄带兵远征。因为熟知羌事，他权衡制宜，采取灵活措施，攻则攻，降则降，很快便稳住了局势。但随着事态进一步发展，出征在外的充国虽为国远计，暂欲休战，却与朝廷之议不合，宣帝下书敕让充国，强令出兵。充国既得书受责，顶着巨大压力，"以为将任兵在外，便宜有守，以安国家"，于是上书谢罪，并陈述己意：

臣窃见骑都尉安国前幸赐书，择羌人可使使罕，谕告以大军当至，汉不诛罕，以解其谋。恩泽甚厚，非臣下所能及。臣独私美陛下盛德至计亡已，故遣开豪雕库宣天子至德，罕、开之属皆闻知明诏。今先零羌杨玉将骑四千及煎巩骑五千，阻石山木，候便为寇，罕羌未有所犯。今置先零，先击罕，释有罪，诛亡辜，起一难，就两害，诚非陛下本计也。

臣得蒙天子厚恩，父子俱为显列。臣位至上卿，爵为列侯，犬马之齿七十六，为明诏填沟壑，死骨不朽，亡所顾念。独思惟兵利害至熟悉也，于臣之计，先诛先零已，则罕、开之属不烦兵而服矣。先零已诛而罕、开不服，涉正月击之，得计之理，又其时也。以今进兵，诚不见其利，唯陛下裁察。①

正气浩然，有理有据，读之令人肃然起敬。尤以末段"臣位至上卿，爵为列侯，犬马之齿七十六，为明诏填沟壑，死骨不朽，亡所顾念"几句，读来令人如鲠在喉，不能不由衷生感佩之情。不错，与此近似的句子，比如"填沟壑"之类，在当时的臣僚上疏，尤其是乞骸骨疏中非常多见，但试问有几人有充国这样的真诚和耿直？有几人真能带给我们些许的感动？

是年秋，充国病，天子赐书问候，中有这样几句："制诏后将军：闻苦脚胫，寒泄，将军年老加疾，一朝之变不可讳，朕甚忧之。"②如果联系下文催令出兵的内容，开头这些话语未免带着客套之意，但流露于字句间的亲切、关爱与担忧，仍让人感到暖意融融。

---

① 前四史：汉书[M].北京：中华书局，1997：2981-2982.
② 前四史：汉书[M].北京：中华书局，1997：2984.

《汉书》文学个性初探

当然，最让人流连的地方还在充国的三次上屯田书和天子的相应诏问之中，一气连成，班固在文笔上未做任何羼入和干扰。但文长不便悉录，惟择取天子对充国第一次上书的报问之书和充国第三次上书的末段，以见梗概：

上报曰："皇帝问后将军，言欲罢骑兵万人留田，即如将军之计，虏当何时伏诛，兵当何时得决？孰计其便，复奏。"①……

充国奏曰："……臣窃自惟念，奉诏出塞，引军远击，穷天子之精兵，散车甲于山野，虽亡尺寸之功，偷得避慊之便，而亡后咎余责，此人臣不忠之利，非明主社稷之福也。臣幸得奋精兵，讨不义，久留天诛，罪当万死。陛下宽仁，未忍加诛，令臣数得孰计。愚臣伏计孰甚，不敢避斧钺之诛，昧死陈愚，唯陛下省察。"②

宣帝语气诚挚，言短而意丰，不失天子风采；老臣一片衷肠，不事藻饰，自然流泻，见出将军本色。

而且，《赵充国传》中的这些上书，文辞简劲朴厚，情理贯中，"皆斩钉截铁，无一躲闪语，无一枝蔓语"③，"论事曲尽，遣辞锐利不亚晁氏（按：指晁错）。《安边疏》尤有卓识，有体有用，不作空疏之谈。"④与班固的文字本色相当，二者辅成无间，交织成一篇《汉书》中光彩夺目的文章。

此外，贡禹上书乞骸骨和元帝的报书，以及谷永《戒段会宗书》等，也可作为"书面对话"的较好样本，值得仔细品读。

五、省写式对话

《汉书》的人物对话艺术，还有一种比较别致的处理手法，可名其曰"省写法"。即，不直接写出人物对话内容，而是采用烘托、白描等手法，让人物对话的风神留存

---

① 前四史：汉书[M].北京：中华书局，1997：2986.
② 前四史：汉书[M].北京：中华书局，1997：2990.
③ 王水照.历代文话[M].上海：复旦大学出版社，2007：6690.
④ 王水照.历代文话[M].上海：复旦大学出版社，2007：9076.

于读者的想象空间，既显飘渺空灵，又觉动感实在，其艺术效果，甚至要出直接的对白描写之右。

如《隽不疑传》记载，武帝末年，因连年征战，徭役繁重，造成人民流离失所，甚至聚而揭竿，到了所谓"郡国盗贼群起"的地步。铁腕官吏暴胜之被朝廷任命为"直指使者"，"衣绣衣，持斧，逐捕盗贼，督课郡国，东至海，以军兴诛不从命者，威震州郡。"① 施行残酷的镇压政策。有意思的是，暴胜之又是个爱才礼贤之人，"胜之素闻不疑贤，至渤海，遣吏请与相见"②。有了前面这些铺垫，隽不疑的出场便格外让人期待。一面是酷吏慕名而请，一面是书生不吝此行，暴、隽二人之间，将会有怎样的一番告诉呢？放缓了笔调，班固这样推出隽不疑：

> 不疑冠进贤冠，带櫑具剑，佩环玦，褒衣博带，盛服至门上谒。门下欲使解剑，不疑曰："剑者，君子武备，所以卫身，不可解。请退。"吏白胜之。胜之开阁延请，望见不疑容貌尊严，衣冠甚伟，胜之躧履起迎。登堂坐定，不疑据地曰："窃伏海濒，闻暴公子威名旧矣，今乃承颜接辞。凡为吏，太刚则折，太柔则废，威行施之以恩，然后树功扬名，永终天禄。"胜之知不疑非庸人，敬纳其戒，深接以礼意，问当世所施行。门下诸从事皆州郡选吏，侧听不疑，莫不惊骇。至昏夜，罢去。③

这段文字，无论从形象塑造、语言技巧，还是叙事艺术，都堪称俱美，实在是不可多得的妙文。不计其余，单从人物对话来看，实际写隽不疑与人说话的只有两处，而且说是对话，其实均为"只话不对"，将聚光灯全部打在隽不疑身上，而悉数隐去另一方，主要目的，恐怕还在让读者初步领略此人言语之魅力，以产生进一步想象其话语之美的能力和余地，所以作者让我们"浅尝辄止"。在这样充分蓄势的基础上，待到不疑真正口吐玉音，作者便有相当的自信和理由，非常巧妙地采用省写的方法，将隽不疑向暴胜之大谈"当世所施行"以至昏夜的所有话语内容，只用两句话一笔带过：

---

① 前四史：汉书[M]. 北京：中华书局，1997：3035.
② 前四史：汉书[M]. 北京：中华书局，1997：3035.
③ 前四史：汉书[M]. 北京：中华书局，1997：3035.

《汉书》文学个性初探

"侧听不疑,莫不惊骇"。"莫不"的双重否定大大加强了语意。这八个字落在这里,力道十足,接续前文,而留给我们巨大的品味空间。连"州郡选吏"们都听得惊骇不已,则不疑话语之妙,任我们怎么想象都不过分。这样的侧面烘托,胜过千言万语,不仅省笔,而且有韵,真正达到了以无胜有的境界,比起直接的语言描写,不知要高明多少倍。省写式的对话艺术,实在大有可味。

有时也可以完全由作者的叙述语言,采用白描的手法,来完成省写式对话,而不需当事人一言一语。因为契合于特定的语境,所以自有其别样的表达效果,绝非惯常的对话描写所能比拟。如《朱云传》中的下列记述:

> 是时,少府五鹿充宗贵幸,为《梁丘易》。自宣帝时善梁丘氏说,元帝好之,欲考其异同,令充宗与诸《易》家论。充宗乘贵辩口,诸儒莫能与抗,皆称疾不敢会。有荐云者,召入,摄衣登堂,抗首而请,音动左右。既论难,连拄五鹿君,故诸儒为之语曰:"五鹿岳岳,朱云折其角。"繇是为博士。[①]

朱云登场前的所有文字,其实只在蓄势,诸儒的萎萎缩缩更是一种反衬,这些首先应归美于叙事之妙,但也无妨看作是对话省写法的前奏。直至朱云应召登堂,"抗首而请,音动左右。既论难,连拄五鹿君",作者用一连串白描,十六字便写尽了二人的论辩场面,且余味无穷。"抗首"是正面着笔,"音动"属侧面烘托,"连拄"二字更为精妙,使人甚至可以想见五鹿先生在皇上、众卿面前步步败落的窘态。朱云之陈词高谈,当是怎样的神采飞扬!由此我们也注意到,同是写人物之间的辩论,这样的省写式对话,与韩安国、王恢御前论辩的细密交锋,情形如隔霄壤。作者处理材料之善,驾驭语言之精,不能不令人叹服。

[①]前四史:汉书[M].北京:中华书局,1997:2913.

第三节 修辞艺术

关于《汉书》的修辞艺术，我们在前文已经有过深入接触，即对偶、排比等，在讨论《汉书》语言的骈俪艺术和赋化倾向时，就已作为其标志性特征进行了重点分析。这里想再继续谈谈其余两种《汉书》常用的修辞手法，即比喻和引用。

比喻。比喻的使用加强了语言生动、直观的效果。以我们今日对比喻修辞格"明喻""暗喻""借喻"等的分类原则去绳之以《汉书》[1]，则这几种类型的比喻手法，均能在其中找到相应例证，不仅显示了班固高超的语言修饰技巧，更表明他重视语言的精致、微妙，而要进行自觉加工的态度。

《汉书》中的比喻十分常见，但明显都是作者的精心安排，不能简单地看成点缀和装饰。如，《武五子传》中，记载广陵王刘胥因见昭帝年少无子，遂生觊觎帝位之心，使巫祝诅。事败之前，灾异频现，其中有"胥宫园中枣树生十余茎，茎正赤，叶白如素"[2]之语。"叶白如素"四字，正是用比喻的手法，以"素"来形容其叶之"白"，明其白之不正，白之异常，生动贴切，比起直接描述其颜色之反常，不仅简洁，而且更有韵味，更能营造"山雨欲来"的紧张和恐怖氛围；又如《酷吏传》记严延年敏捷于事，在任苛残，所欲诛杀某人，"奏可论死，奄忽如神"[3]，非常精炼地道出其阴毒好杀的作风。"如神"的比喻说法，意在形容其处决人命的快速、利落，而留给读者的是足够的想象空间，和令人不寒而栗的回味余地。他如"王者之于天下，譬犹一堂之上也，故一人不得其平，为之凄怆于心……制礼以止刑，犹堤之防溢水也"[4]，"臣闻治乱民犹治乱绳，不可急也"[5]等，都是运用比喻手法，大大增强和丰富了语言的表现力。

---

[1] 对比喻修辞格的形态变化，经学者们的细致探讨，所分类别已达十几甚至几十余种，可谓详而细。本书作者则无意于拿《汉书》去对此进行一一的附会和套证。而想反而行之，用一般意义上的比喻修辞去观照《汉书》的修辞特色，以发见其努力的过程和效果的精妙。
[2] 前四史：汉书[M].北京：中华书局，1997：2762.
[3] 前四史：汉书[M].北京：中华书局，1997：3669.
[4] 前四史：汉书[M].北京：中华书局，1997：1109.
[5] 前四史：汉书[M].北京：中华书局，1997：3639.

以上所举，用今天的分类标准，皆属比喻中的明喻一支。《汉书》尚有暗喻、借喻等手法，也是各具情采。如《酷吏传》中严延年回复京兆尹张敞"愿次卿（按：严延年字次卿）少缓刑罚"的答语："河南天下喉咽，二周余毙，莠盛苗秽，何可不锄也？"① 首句用"喉咽"暗喻河南地理位置及政治地位之重要，而"莠""苗"云云，则是借耕耘之事，喻严刑酷法之必需。全句以暗喻加借喻的手法组成言辞，生动、风趣，而义理明然，其表达效果视直陈胸臆要高出许多。又如《严助传》："朔、皋不根持论，上颇俳优畜之。"② "不根持论"一语，正如颜师古所注，非常简洁、形象地描述出东方朔和枚皋"论议委随，不能持正，如树木之无根柢"③ 的情状。其借喻手法高妙自然，炉火纯青，可谓四字成文。《匈奴传》以"匈奴孕重堕殰，罢极苦之"一语，借孕妇流产之惨痛为喻④，十分精当地刻画出匈奴在汉武挥师重加挞伐，"汉兵深入穷追二十余年"⑤ 的打击之下极度疲困厌苦的境况。语言的形象性和遣词力道之劲足，都远非浅近的直白描述所能达到。另如《食货志》"谷贾翔贵"⑥、《王莽传》"盗贼麻起"⑦ 等等，林林总总，不一而足，为我们展现了比喻手法在《汉书》中的丰富情态和巨大魅力。

引用典籍成语或诗歌谣谚，也是《汉书》修辞方面的一大亮点。回顾史传著作，《左传》中虽录入了不少《诗经》语句，但一般皆为记述对象"赋诗言志"，而非著者本人在叙述语中引用；到了《史记》，司马迁始有意引录一些民谣俚谚和帝王咏志的诗作，如项羽《垓下歌》、刘邦《大风歌》《鸿鹄歌》等，以作为行文的辅助；班固继承了这一做法，并将它发扬光大，在《汉书》中引用了大量此类作品，成为一道独特的风景。

先看谣谚类。《汉书·赵充国辛庆忌传》赞曰："其风声气俗自古而然，今之歌谣

---

① 前四史：汉书[M]. 北京：中华书局，1997：3670.
② 前四史：汉书[M]. 北京：中华书局，1997：2775.
③ 前四史：汉书[M]. 北京：中华书局，1997：2776.
④ 颜师古注："孕重，怀任者也。堕，落也。殰，败也，音读。罢读曰疲。极，困也。苦之，心厌苦也。"王先谦补注引周寿昌曰："殰，未及生而胎败也。"详见班固撰，王先谦补注《汉书补注》，上海古籍出版社2008年版，第5657页。
⑤ 前四史：汉书[M]. 北京：中华书局，1997：3781.
⑥ 前四史：汉书[M]. 北京：中华书局，1997：1145.
⑦ 前四史：汉书[M]. 北京：中华书局，1997：4167.

慷慨，风流犹存耳"①，《循吏传》开篇也说："汉兴之初，反秦之敝，与民休息，凡事简易，禁罔疏阔，而相国萧、曹以宽厚清静为天下帅，民作'画一'之歌"②，在《叙传》中又提到"民用作歌，化我淳德"③，可见班固对民歌谣谚一贯甚为看重，屡次提及。而《汉书》中一再频繁地引录此类语言，也正说明了这一点：

始（王）吉少时学问，居长安。东家有大枣树垂吉庭中，吉妇取枣以啖吉。吉后知之，乃去妇。东家闻而欲伐其树，邻里共止之，因固请吉令还妇。里中为之语曰："东家有树，王阳（按：即王吉字）妇去；东家枣完，去妇复还。"其厉志如此。④

（王）吉与贡禹为友，世称"王阳在位，贡公弹冠。"言其取舍同也。⑤

元帝擢（诸葛丰）为司隶校尉，刺举无所避，京师为之语曰"间何阔，逢诸葛。"⑥

（涿郡）大姓西高氏、东高氏，自郡吏以下皆畏避之，莫敢与忤，咸曰："宁负二千石，无负豪大家。"⑦

（尹赏诛杀恶少数百人）瘗寺门桓东，楬著其姓名，百日后，乃令死者家各自发取其尸。亲属号哭，道路皆獻欷。长安中歌之曰："安所求子死？桓东少年场。生时谅不谨，枯骨后何葬？"⑧

朝廷称之曰："张释之为廷尉，天下无冤民；于定国为廷尉，民自以不冤。"⑨

（石）显与中书仆射牢梁、少府五鹿充宗结为党友，诸附倚者皆得宠位。民歌之曰："牢邪石邪，五鹿客邪！印何累累，绶若若邪！"言其兼官据势

---

① 前四史：汉书[M].北京：中华书局，1997：2999.
② 前四史：汉书[M].北京：中华书局，1997：3623.
③ 前四史：汉书[M].北京：中华书局，1997：4248.
④ 前四史：汉书[M].北京：中华书局，1997：3066.
⑤ 前四史：汉书[M].北京：中华书局，1997：3066.
⑥ 前四史：汉书[M].北京：中华书局，1997：3248.
⑦ 前四史：汉书[M].北京：中华书局，1997：3668.
⑧ 前四史：汉书[M].北京：中华书局，1997：3674.
⑨ 前四史：汉书[M].北京：中华书局，1997：3043.

《汉书》文学个性初探

也。①

先是有童谣曰:"燕燕,尾涎涎,张公子,时相见。木门仓琅根,燕飞来,啄皇孙。皇孙死,燕啄矢。"成帝每微行出,常与张放俱,而称富平侯家,故曰张公子。仓琅根,宫门铜锾也。②

五侯(按:即孝元皇后兄弟五人)群弟,争为奢侈……百姓歌之曰:"五侯初起,曲阳最怒,坏决高都,连竟外杜,土山渐台西白虎。"其奢僭如此。③

这里列举的,包括里中语、京师语、朝廷语、谚语、民谣、童谣等,基本能涵盖《汉书》所引俚语谣谚的种类。虽然在数量上不过是其林中数木,但也能收窥斑知豹之效。我们发现,这些语言置于文中,有的指意向前,对前文起总结、收束的作用;而有的取旨向后,以引启下文。并且,它们与作者的叙述语之间,有连有断。对其中一些,班固在引用之后还进行扩充申述,或者解释;而对另外一些,则随引而止,语断意足。一言以蔽:手法视语境而变,殊显灵活而自然,这十分契合陈望道先生所说的"修辞以适应题旨情境为第一义"④的话。而论其价值,我认为主要有这样几点:首先,这些谣谚俚语从一个侧面反映了汉代广阔丰富的社会生活风貌,是对史传著作内容的一个很好的补充;其次,又因为它多出自下层民众的口头创作,语言简练、诙谐,语调活泼,同时也不可避免地带着些俚俗的气息,所以,它不仅对《汉书》以谨严著称的史传语言起到调节作用,而且为其"雅""正"的行文风格注入了稍许的"俗"味,使之显得板严而不乏灵动,从而成为一片雅俗共赏的天地;再次,引录民谣俚语,有时还能起到"代言"的作用。如上举第三条,从京师盛传的"间何阔,逢诸葛"一语,让人形象地联想到时人是如何的敬惮诸葛丰,生怕有什么把柄落于其手,而避之唯恐不及的情态,也烘托了诸葛丰在任不惧权贵,"刺举无所避",甚至有点咄咄逼人的耿直形象。六个字的群众语言,概括性之强,抵得上史书中的一大段介绍性文字,作者予以引录,便省却了自己不少笔墨。最后,民谣俗语可以起到材料支撑的作用。如上

---

① 前四史:汉书[M].北京:中华书局,1997:3727.
② 前四史:汉书[M].北京:中华书局,1997:3999.
③ 前四史:汉书[M].北京:中华书局,1997:4024.
④ 陈望道.修辞学发凡[M].上海:上海教育出版社,1976:11.

举末条，在引用百姓歌谣之前，班固已有一段对五侯兄弟奢靡生活的铺排式描述："五侯群弟，争为奢侈，赂遗珍宝，四面而至；后廷姬妾，各数十人，僮奴以千百数，罗钟磬，舞郑女，作倡优，狗马驰逐；大治第室，起土山渐台，洞门高廊阁道，连属弥望。"①揭露不可谓不深刻，但这样单方面的叙述毕竟显得有些单薄，所以紧接以"百姓歌之"，从群众的角度作进一步发掘，不仅更深入，也使得前述事例坐到了实处。而或许正因为有了这些民众话语的陪衬和保障，所以，作者对史实的描述不妨深入些、大胆些，也可以更赤裸些。

如果说民间谣谚给《汉书》的语言注进了清新的"俗"韵，那么帝王将侯的诗赋作品，又给它带来异样的气象。这些来自社会上层的声音含有了更多个人的、政治的情感成分，如刘邦《大风歌》、项羽《垓下歌》、武帝《瓠子歌》、韦孟的讽谏诗、韦玄成的自劾诗等作品；或者关于生命的体悟，如息夫躬《绝命辞》之类；抑或表达相思之悲感，如武帝为李夫人作诗、作赋；甚至可以是服罪丧命之夕的长歌当哭，如武帝之子燕剌王刘旦、广陵王刘胥等人的对酒自歌。②对这些作品，已不宜用"雅"或"俗"的标准去硬行区分。它们不同于民谣的精炼与流畅，在引用数量上也难望民谣之项背，但它们一样给人留下了非常深刻的印象。推究其因，大概仍不出陈望道先生"修辞以适应题旨情境为第一义"一语。对这少数材料，引得精当，用得到位，自然能产生美的艺术效果——于语言是如此，于叙事又何尝不是呢！

至于对古代典籍，尤其是对儒家经典著作成语的引用，在《汉书》简直是遍地生花，殊难枚举。仅仅以《叙传》中对全书内容的七十条总括性介绍而言，几乎每一条都有引用或化用《书》《易》《诗》《论语》等作品之处，即所谓明引和暗引，以后者占绝大多数。而在前文六十九篇作品中，或于文首、或于文中、或于文末赞语，班固也大量用到了上述儒家典籍中的成语，只不过以明引的手法居多。需要注意的倒是，《诗经》和《论语》的被引频率颇高，《易》也不在少数。这除了与班固的正宗儒家思想有关，我想，还与班固作文所喜追求的风格有密切关系。四言为句、喜用叠音，本是《诗经》用语的普遍表现，而成为《汉书》的文学个性之一；《论语》的辞气不迫，雍

---

① 前四史：汉书[M]. 北京：中华书局，1997：4023.
② 以上所例举的作品，分别见《汉书》《高帝纪》《项籍传》《沟洫志》《韦贤传》《息夫躬传》《外戚传·孝武李夫人》《武五子传》。《汉书》中此类作品的统计见本书第五章第三节内容。

《汉书》文学个性初探

容娴雅，更是《汉书》最乐于追慕的行文风格。

第四节　虚字遣用

昔晋张辅所谓"迁之著述，辞约而事举，叙三千年事唯五十万言；班固叙二百年事乃八十万言。烦省不同，不如迁"①一席话，让后人每每误以为《汉书》的语言较《史记》要繁琐、冗沓。其实不尽然，有些方面甚至可以说正好相反。《汉书》的字数多，主要是因为它保存了大量的文献和史料，补充记载了很多人物事迹，而要仅论语言，就《汉书》对《史记》进行的加工来看，多数情况恰恰不是增繁，而是删减。《汉书》对《史记》原文的袭用，往往芟除枝蔓，留其主干②，虚词的省用就是一个突出现象（详见下文）。但也正因为如此，语言的韵味也随之减少，不复有《史记》婀娜多姿、婉转圆润的审美效果，却自有一种简净庄雅之美。

当然，虚词的用多用少只是一个方面，《史记》《汉书》的语言在一般性遣词用语上，也是各有千秋。这里不妨借着讨论虚词的机会稍作展开，以见一端。《史记·李将军列传》和《汉书·李广传》都记载了李广为匈奴所捕，佯死得脱之事：

> 胡骑得广，广时伤病，置广两马间，络而盛卧广。行十余里，广详死，睨其旁有一胡儿骑善马，广暂腾而上胡儿马，因推堕儿，取其弓，鞭马南驰数十里，复得其余军，因引而入塞。匈奴捕者骑数百追之，广行取胡儿弓射杀追骑，以故得脱。③

> 胡骑得广，广时伤，置两马间，络而盛卧。行十余里，广阳死，睨其傍有一儿骑善马，暂腾而上胡儿马，因抱儿鞭马南驰数十里，得其余军。匈奴

---

① 房玄龄.晋书：第六册[M].北京：中华书局，1974：1640.
② 如《汉书·张耳陈余传》对张、陈二人背景、经历的介绍，以及对答陈涉之问的一段话，俱较《史记·张耳陈余列传》减省许多。通过比较可以看出，《汉书》引文与《史记》重合的部分，在不影响叙事严明的前提下，语言上一般都有意地删去枝枝蔓蔓，显得简净。甚至于有时候一些必需的字词也被省去，致文意有阙，如《史记·淮南衡山列传》中有"孝文八年，上怜淮南王"一语，《汉书》去其"上"字，少了施动的主语。其它例段比较可见下文。
③ 前四史：史记[M].北京：中华书局，1997：2871.

骑数百追之，广行取儿弓射杀追骑，以故得脱。①

下加着重号部分均为《史记》《汉书》相异处。从中可以看出，《史记》重视语言和情节的接续、连贯，不厌其详地描述李广被俘后的被动情状，"胡骑得广"四句，句句有"广"字，以造声势，而《汉书》删其二。语意虽未受影响，但《汉书》为求省文，有伤及气氛之嫌。"暂腾"之前，《史记》有主语"广"，也似不宜删去。而《史记》"推堕儿，取其弓"两句，在《汉书》只简为"抱（抛）儿"两字，却更能传达李广之勇，"抱（抛）"的动作比起"推"，显然更加传神，用字确实精彩。清李慈铭则径直指出："《史记》作'推堕儿'，非也。下云'取胡儿弓射杀追骑'，安得先推堕儿乎？"②只是《汉书》也省去了"取其弓"三字，使下文"行取儿弓射杀追骑"无本。总的说来，《汉书》着意求简，但也不乏精警动人之处。《史记》《汉书》各有自家面目。

前文在分析《汉书》人物对话艺术时，元帝对史丹的一番陈词，语重心长，涵韵幽深，表达效果极佳，当中全赖众多虚词的安插和腾挪，这足够说明《汉书》的虚词遣用能达到很高的艺术境界。但进一步，要全面了解《汉书》虚词使用的特点，除了关注它本身，从《史记》这个参照物的角度，或许更能看出些问题。我们知道，《史记》语言的生动有味，很大程度上依赖于其虚词的使用，如，"余甚惑焉，傥所谓天道，是邪？非邪？"③，"於戏悲夫！夫计之生孰成败于人也，深矣！"④，"乃喟然而叹曰：'是余之罪也夫？是余之罪也夫！身毁不用矣。'"⑤，凡助词、连词、语气词等，均用得有棱有角，文味顿生。而相比之下，《汉书》较《史记》字数大大增加，虚词却反而呈减少之势，实在很耐人寻味，值得琢磨。我们只要简单举些例子便能看得很明显：

浮（于）沅湘。⑥

---

①前四史：汉书[M].北京：中华书局，1997：2443.
②李慈铭.越缦堂读史札记全编[M].北京：北京图书馆出版社，2003：177.
③前四史：史记[M].北京：中华书局，1997：2125.
④前四史：史记[M].北京：中华书局，1997：2642.
⑤前四史：史记[M].北京：中华书局，1997：3300.
⑥前四史：汉书[M].北京：中华书局，1997：2714.

《汉书》文学个性初探

太史公留滞周南,不得与从事,(故)发愤且卒。①

自上世尝显功名(于)虞夏。②

达大王王季(之)思虑。③

忠臣(死)义(之)士。④

(夫)《春秋》上明三王之道……。⑤

(故)有国者不可以不知《春秋》。⑥

为人臣子(而)不通于《春秋》之义者。⑦

以天下(之)大过予之,(则)受而不敢辞。⑧

而君比之(于)《春秋》。⑨

(于是)卒述陶唐以来……。⑩

(于是)汉兴……。⑪

《诗》《书》往往间出(矣)。⑫

以拾遗补阙,成一家(之)言。⑬

上述例句全部取自《汉书·司马迁传》,且集中于前半部分,换句话说,这些都是经班固删削后的《史记·太史公自序》里的句子。为求直观,我补足了《太史公自序》的原文,被班固省去的原有虚词,一律加括弧作为标记。之所以选择《司马迁传》作为抽取样本的对象,是因为本传正文完全是《太史公自序》和《报任安书》的组合

---

① 前四史:汉书[M].北京:中华书局,1997:2715.
② 前四史:汉书[M].北京:中华书局,1997:2715.
③ 前四史:汉书[M].北京:中华书局,1997:2716.
④ 前四史:汉书[M].北京:中华书局,1997:2716.
⑤ 前四史:汉书[M].北京:中华书局,1997:2717.
⑥ 前四史:汉书[M].北京:中华书局,1997:2717.
⑦ 前四史:汉书[M].北京:中华书局,1997:2718.
⑧ 前四史:汉书[M].北京:中华书局,1997:2718.
⑨ 前四史:汉书[M].北京:中华书局,1997:2719.
⑩ 前四史:汉书[M].北京:中华书局,1997:2720.
⑪ 前四史:汉书[M].北京:中华书局,1997:2723.
⑫ 前四史:汉书[M].北京:中华书局,1997:2723.
⑬ 前四史:汉书[M].北京:中华书局,1997:2724.

体,这无疑可以看作马、班二人超越时空的直接对话。以故其有所改动处,尤值得注意。我们发现,在首尾相隔不远的一段文字(主要是太史公答壶遂问那段)中,与其余字句的增减情形相比,《汉书》对史迁原作的改动,删除虚词成为其中最明显、程度最深的迹象,《史记》原句中诸多结构助词和语气词等统统被班固弃置了。可见,连"悉因旧文,附以后事,取述而不作之义"①的《司马迁传》都有如此明显的删减虚词的迹象,则《汉书》中其余沿袭《史记》的篇章,虚词的大量被删削,还有什么可怀疑的呢!本着举例全面的原则,上文所列诸句,从首发语词、句末语气词,以及起转折、承接等作用的连词、助词都基本涵盖,大致能反映出《汉书》对虚词处理的取向和一般情况。

句末语气词"也"字的砍削更其猛浪:

上之举错遵古之道,风俗纪纲未有所缺(也)。②
公独以为无福,何(也)。③
相得欢甚,无厌,恨相知之晚(也)?④
能富通者在我(也),何说贫。⑤
李延年,中山人(也)。⑥
匈奴,其先(祖)夏后氏之苗裔(也)。⑦
汉天子,我丈人行(也)。⑧
名为外臣,实一州主(也)。⑨

---

①《汉书补注》引钱大昕云:"盖叔皮父子踵史迁而作书,故自叙一篇,悉因旧文,附以后事,取述而不作之义,意主挹谦,非失于检照也。"详见班固撰,王先谦补注《汉书补注》,上海古籍出版社2008年版,第4325页。
②前四史:汉书[M].北京:中华书局,1997:2168.
③前四史:汉书[M].北京:中华书局,1997:2171.
④前四史:汉书[M].北京:中华书局,1997:2384.
⑤前四史:汉书[M].北京:中华书局,1997:3723.
⑥前四史:汉书[M].北京:中华书局,1997:3725.
⑦前四史:汉书[M].北京:中华书局,1997:3743.
⑧前四史:汉书[M].北京:中华书局,1997:3777.
⑨前四史:汉书[M].北京:中华书局,1997:3839.

《汉书》文学个性初探

> 颇有中国人相辅，此亦一州之主（也）。①
>
> 此必长沙王计（也）。②
>
> （汉）皇帝，贤天子（也）。③
>
> 南粤内属，国之利（也）。④
>
> 王年少，太后中国人（也）。⑤
>
> 朝鲜王满（者），（故）燕人（也）。⑥
>
> 孔子罕言命，盖难言之（也）。⑦

举不胜举。上述所有句末"也"字，都是《史记》所用，而为《汉书》所删的。这样做的结果，使《汉书》的语言显得硬朗、坚实，而余韵不足。出现此种情况，大概一是《汉书》语言立意求简的初衷使然，二来也与班固使气为言的一贯风格有关⑧，其三，这更脱不开那个时代大的文风趋向。西汉末至东汉初，文士吏员等的谏疏或纯粹的文学创作，都有少用虚词，尤其是句末"也"字的倾向，观谷永、杜邺、刘歆、扬雄等人的相关作品可知。

但这并不意味着班固不喜用或不善用语气词"也"，相反，在他笔下，"也"字是为传达各种语气而被经常遣用的虚词之一，有时还会别有风味，如《扬雄传》：

> （扬雄）家产不过十金，乏无儋石之储，晏如也。自有大度，非圣哲之书不好也；非其意，虽富贵不事也。⑨

---

① 前四史：汉书[M].北京：中华书局，1997：3847.
② 前四史：汉书[M].北京：中华书局，1997：3848.
③ 前四史：汉书[M].北京：中华书局，1997：3851.
④ 前四史：汉书[M].北京：中华书局，1997：3855.
⑤ 前四史：汉书[M].北京：中华书局，1997：3856.
⑥ 前四史：汉书[M].北京：中华书局，1997：3863.
⑦ 前四史：汉书[M].北京：中华书局，1997：3933.
⑧ "使气为言"，是说《汉书》的语言往往不乏以气势充足胜者，与"使气为文"不在同一范畴。
⑨ 前四史：汉书[M].北京：中华书局，1997：3514.

表达了三层意思，每一意都用"也"字断尾。三个"也"字一路排下，除了显示论定语气之强烈，字里行间，分明也寄寓着作者对扬雄的肯定、欣赏和追慕的感情。

可见对这一问题，绝不能呆板地拿某个标准或尺度去一概论定，我们宁愿欣赏《汉书》语言的丰富性。虽然，也有一些特例似可得而论之，即"矣"和"然"。

《汉书》中的句末语气词最常见的是"也"和"矣"。前者看起来在《汉书》中的使用颇显曲折复杂，而后者，却也不见弱，多有耐人咀嚼之处。如：

> 初，北边自宣帝以来，数世不见烟火之警，人民炽盛，牛马布野。及莽扰乱匈奴，与之构难，边民死亡系获，又十二部兵久屯而不出，吏士罢弊，数年之间，北边空虚，野有暴骨矣。①

整段话感情色彩浓厚，尤以末一"矣"字，寄寓无限感慨。其精妙处在于，"矣"短而促的论断语气，很好地接续了前面整段文字的句意和句势，而将它引入悠长的慨叹的意味。若换用"也"，或不用语气词，则显然无此效果。

又如："其后李延年弟季坐奸乱后宫，广利降匈奴，家族灭矣。"②这个"矣"字也是承前文孝武和李夫人凄清哀婉的情感故事而来，饱含深情，但透露的，又多是叹息和无奈；而《王莽传》记莽早期发迹、壮大，"故在位更推荐之，游者为之谈说，虚誉隆洽，倾其诸父矣。"③此一"矣"字，却明显带有暗讽的语气在内。

不仅如上述，《汉书》中"矣"字的妙用有时还能造成特别的幽默效果，让人解颐。《王莽传》：

> 又诏："太师王匡，国将哀章、司命孔仁、兖州牧寿良、卒正王闳、扬州牧李圣亟进所部州郡兵凡三十万众，迫措青、徐盗贼。……如黠贼不解散，将遣大司空将百万之师征伐剿绝之矣！"遣七公干士隗嚣等七十二人分下赦

---

① 前四史：汉书[M].北京：中华书局，1997：3826.
② 前四史：汉书[M].北京：中华书局，1997：3956.
③ 前四史：汉书[M].北京：中华书局，1997：4040.

令晓谕云。嚣等既出，因逃亡矣。①

读来实在令人忍俊不禁，多赖段末这一"矣"字。其妙有三：与王莽形同小儿游戏般的诏书保持了文意和语气的承续，却断而有力地给出了最后戏剧性的结果——既出而逃亡，头极重脚极轻；与王莽诏书中的末字"矣"形成对照和呼应，你"矣"我亦"矣"；与其他虚词"云""因"等巧妙配合，积蓄幽默的效果，待末尾而将它喷发至极致。

清初袁仁林《虚字说》云："'矣'字类俗间'了'字口吻，其声尖利清越，倒卷净尽，亦尝随语轻重。"②"倒卷净尽"四字尽其用，而"随语轻重"四字尽其神。考之上述诸例，确然。

其实在特定的语境中对每一虚词的每一次运用，都有妙意可会。而举例分析虽是最直观的捷径，却也是最笨重的办法，不能做充分的展开。即便如此，从上面的阐析中，我们已初步领略了《汉书》善用"矣"字，是一方多彩的天地，分担承载着《汉书》文学气格的一个方面。

但能凸现《汉书》虚词精神的，还有另外一个字——然——特指置于句首，作为转接连词的"然"。③

"然"之一字，与"也""焉""矣""乃"等字可谓各具风骚，在虚词大家庭中，本就有着举足轻重的地位。而其内涵的丰富，情态的多变，甚至令其他字词望尘莫及，以至于有学者专著《"然"字释义》一书来对它作详细考论。

《汉书》中转接连词"然"字的可味，并不是因其数量之胜，实际在使用频率上它还远远不及"也""矣"等字高。但它每次出场，总能让人心头一震，一如石之落池，水珠和涟漪已足醒目，即使那声音，既已结响，便难轻易挥移。如《车千秋传》，丞相车千秋初为高庙卫寝之郎官，因卫太子事，一言以寤武帝意，武帝召见而大悦之，"立拜千秋为大鸿胪"。作者进一步交待："千秋无他材能术学，又无伐匈奴功劳，特

---

① 前四史：汉书[M]．北京：中华书局，1997：4182.
② 袁仁林.虚字说[M]．解惠全，注.北京：中华书局，2004：54.
③ "转接连词"一语，取自杨树达《词诠》，上海古籍出版社2006年版，第227页。窃以为此说法要比通常所用的"转折连词"一概念科学得多。"接"字道出了"然"这一连词功能的另一面，"转接"而非仅仅的"转折"，方能体现"然"作为连词的价值和精神。

以一言寤意，旬月取宰相封侯，世未尝有也"①，并特地插入汉使者入匈奴一事，借单于之口加重渲染武帝此举的轻率："苟如是，汉置丞相，非用贤也，妄一男子上书即得之矣"②，层层蓄势，且每况愈下，直达底线。到此，"然"字才能领起并挥洒出另一层语意：

  然千秋为人敦厚有智，居位自称，逾于前后数公。③

  这几句话直如一线阳光，将刚刚累积的厚重阴霾倏然射化，消融于无形④。而那透光的洞口，全赖"然"字敲开的。的确，这一"然"字之于此处，就像一记重锤，任多厚的积垫，也要被轰然击溃。而由此，文意遂由阴转接为阳。

  与之相反，"然"字同样可以让行文由阳转接为阴。《霍光传》赞对霍光的一生作出总结时，起调不凡，极尽赞誉："霍光以结发内侍，起于阶闼之间，确然秉志，谊形于主。受襁褓之托，任汉室之寄，当庙堂，拥幼君，摧燕王，仆上官，因权制敌，以成其忠。处废置之际，临大节而不可夺，遂匡国家，安社稷。拥昭立宣，光为师保，虽周公、阿衡，何以加此！"⑤以此顿而有力的感叹句对"阳"的一面作结，稍事收束，班固这样继续下文：

  然光不学亡术，暗于大理，阴妻邪谋，立女为后，湛溺盈溢之欲，以增颠覆之祸，死财三年，宗族诛夷，哀哉！⑥

---

① 前四史：汉书[M]. 北京：中华书局，1997：2884.
② 前四史：汉书[M]. 北京：中华书局，1997：2884.
③ 前四史：汉书[M]. 北京：中华书局，1997：2884.
④ 这里有必要交待一下"逾于前后数公"一语的背景，翼以有助于更深切地体味"然"字之力。班固曾在《汉书·张周赵任申屠传》中深切指出："自嘉（按：指申屠嘉）死后，开封侯陶青、桃侯刘舍及武帝时柏至侯许昌、平棘侯薛泽、武强侯庄青翟、商陵侯赵周，皆以列侯继踵，龊龊廉谨，为丞相备员而已，无所能发明功名著于世者。"详见《前四史：汉书》，中华书局1997年版，第2102页。
⑤ 前四史：汉书[M]. 北京：中华书局，1997：2967.
⑥ 前四史：汉书[M]. 北京：中华书局，1997：2967.

段首这一"然"字力道十足。就像一个笼盖四野的穹庐，横空扣来，遮阳蔽日。转接之间，前后内容已然冰火两重。这个"然"，转得严肃，转得痛心，也转得悲惋，从前一感叹句处转起，段末复以一深沉的感叹句结尾。一字而挟千钧之力，承上转下，使文章棱角分明。

袁仁林《虚字说》："'然'字之声，承上转下，别伸一意"，"凡上文已有收束，则用'然'字认真转；上文只恁平来，则用'而'字轻便转。"① 上述两例《汉书》"然"字的精彩遣用，确可以为他的这几句话作最好的注脚。《虚字说》对虚字的阐说很有见地，精到之论往往而见，"然"字亦然。他还有以下话语，讲得十分精彩："此'然'字即'然诺'之'然'，用有落句、起声之异。用以落句，则口然而意亦然之，更无走作（"雍之言然""浩然""灿然"之类）。用以起声，则口然而意别掉转，殊多借势（即借上文语势，接口掉转）。正从不没前文处借他一点，而掉转之势已成，此'然'字之所以为转语辞也。按其意致，大似蜻蜓点水，才点便去；又如轻舟纵壑，借岸一篙，方得趁势扬舲。"所谓"落句""起声"，正是指的句末、词尾之"然"和句首之"然"而言。对于前者，《古书虚词通解》的编著者认为，"《虚字说》把形容词对、正确义与词尾的'然'联系起来是不确切的"②，这个暂且不论。最让我们感兴趣的是袁氏对于起声之"然"——即转接连词"然"的精妙论述，尤其"借势"一说，深揭肯綮，就是移之以论文章做法，也未尝不是亮人心眼的要言妙道。我们不妨再举几例，以明其说之不罔，亦见《汉书》转接连词"然"之多彩：

初，恽受父财五百万，及身封侯，皆以分宗族。……其轻财好义如此。恽居殿中，廉洁无私，郎官称公平。然恽伐其行治，又性刻害，好发人阴伏。③

万年廉平，内行修，然善事人，赂遗外戚许、史，倾家自尽。④

霸为人明察内敏，又习文法，然温良有让，足知，善御众。⑤

---

① 袁仁林.虚字说[M].解惠全，注.北京：中华书局，2004：14-15.
② 解惠全，崔永琳，郑天一.古书虚词通解[M].北京：中华书局，2008：561.
③ 前四史：汉书[M].北京：中华书局，1997：2890.
④ 前四史：汉书[M].北京：中华书局，1997：2899.
⑤ 前四史：汉书[M].北京：中华书局，1997：3628.

尚书令受丞相对，霸免冠谢罪，数日乃决。自是后不敢复有所请。然而汉兴，言治吏民，以霸为首。①

（朱邑）为人敦厚，笃于故旧，然性公正，不可交以私。②

故西南夷发于唐蒙、司马相如，两粤起严助、朱买臣，朝鲜由涉何。遭世富盛，动能成功，然已勤矣。追观太宗填抚尉佗，岂古所谓"招携以礼，怀远以德"者哉！③

五侯群弟，争为奢侈……其奢僭如此。然皆通敏人事，好士养贤，倾财施予，以相高尚。④

上述诸句中的"然"，大多为袁仁林所说的"认真转"，落字坚而有力；但有的也属"轻便转"，如"（朱邑）为人敦厚"一条，前后文之间的转折意味不是太强。其中的"然"，按袁仁林之说，似可代以"而"字。但它的终究未被代替，舍彼用此，正见出班固对于"然"字的倚重。

除了以上所述，《汉书》中的虚词，尚有"因""竟"等字也用得颇见精神，兹不具论。

第五节　语言的随遇而迁

所谓《汉书》语言的"随遇而迁"，简单地讲，就是《汉书》语言风格的变动性。但并非一般意义的变动，而是特指作者的叙述语言适应所记对象，并根据对象的不同，而调整相应的语言风格。再进一步，主要可归结为三个方面："武有武法"，"文有文法"，对赋家——则简直"赋法"。可分别以《傅常郑甘陈段传》《隽疏于薛平彭传》和《扬雄传》为代表。

---

① 前四史：汉书[M].北京：中华书局，1997：3634.
② 前四史：汉书[M].北京：中华书局，1997：3635.
③ 前四史：汉书[M].北京：中华书局，1997：3868.
④ 前四史：汉书[M].北京：中华书局，1997：4024.

《汉书》文学个性初探

所谓"武有武法",是指班固在记述武将们的戎旅生活或写到战事时,语言也会相应地充满了战斗的豪情,表现得壮烈明快,酣畅淋漓。无论传记中人物的语言,还是作者的描述语言,统皆如是。如《傅常郑甘陈段传》,记述的都是斩王搴旗、建功西域的悍将。而这篇传记的行文风格,亦视其前后各传为异样——这是《汉书》行文特"壮"处——用语凌厉狠重,斩钉截铁,是其突出特点。如傅介子往刺楼兰王一段:

> 介子与坐饮,陈物示之。饮酒皆醉,介子谓王曰:"天子使我私报王"。王起随介子帐中,屏语,壮士二人从后刺之,刃交胸,立死。其贵人左右皆散走。介子告谕以"王负汉罪,天子遣我来诛王,当更立前太子质在汉者。汉兵方至,毋敢动,动,灭国矣!"遂持王首还诣阙,公卿将军议者咸嘉其功。①

又如陈汤矫制发兵,甘延寿闻而欲止之,"汤怒,按剑叱延寿曰:'大众已集会,竖子欲阻众邪?'"②一"按"一"叱",鲜活的神态描写配合凌厉斩断的语言,显得十分苍劲。后来兵出而诛灭郅支单于,甘延寿、陈汤的上疏更是慷慨激昂:

> 臣闻天下之大义,当混为一,昔有唐虞,今有强汉……臣延寿、臣汤将义兵,行天诛,赖陛下神灵,阴阳并应,天气精明,陷陈克敌,斩郅支首及名王以下。宜县头槁街蛮夷邸间,以示万里,明犯强汉者,虽远必诛。③

完全是一派行伍中人的语言风格,质直而刚劲,特别是末尾"犯强汉者,虽远必诛"八字,尤见力道,使人想闻其风采。诚如李景星言:"其叙汤谋斩郅支单于处,字字精神,不亚太史公叙垓下之战。"④

---

① 前四史:汉书[M].北京:中华书局,1997:3002.
② 前四史:汉书[M].北京:中华书局,1997:3011.
③ 前四史:汉书[M].北京:中华书局,1997:3015.
④ 李景星.四史评议[M].韩兆琦,俞樟华,校点.长沙:岳麓书社,1986:224.

在这样的语境中,作者的叙述语也好像被"感染"了:

> 单于下骑,传战大内。夜过半,木城穿,中人却入土城,乘城呼。时康居兵万余骑分为十余处,四面环城,亦与相应和。夜,数奔营,不利,辄却。平明,四面火起,吏士喜,大呼乘之,钲鼓声动地。康居兵引却。汉兵四面推卤盾,并入土城中。①

落笔干脆壮力,语短气足,不同平常。就连为霍光设计的语言,也有别以往:

> 介子谓大将军霍光曰:"楼兰、龟兹数反覆而不诛……愿往刺之,以威示诸国。"大将军曰:"龟兹道远,且验之于楼兰。"②

霍光出语断而有力,字顿句促,辞气坚定沉毅,与《霍光传》中的下列语句形成强烈反差:

> 光曰:"今欲如是,于古尝有此否?"③
> 光谢曰:"九卿责光是也。天下匈匈不安,光当受难。"④
> 光谢曰:"王行自绝于天,且等鹜怯,不能杀身报德。臣宁负王,不敢负社稷。愿王自爱,臣长不复见左右。"光涕泣而去。⑤

两相比较,更能看出《傅介子传》中霍光的话语,显是经过班固特地"硬化"处理,以合于全文语言风格的。

在如此铮铮话语形成的气氛中,《傅常郑甘陈段传》全文读起来便殊觉气倍辞前,充满了浓烈的行伍风味,甚至还能嗅出些西域大漠的苍劲与壮阔!

---
①前四史:汉书[M].北京:中华书局,1997:3014.
②前四史:汉书[M].北京:中华书局,1997:3002.
③前四史:汉书[M].北京:中华书局,1997:2937.
④前四史:汉书[M].北京:中华书局,1997:2938.
⑤前四史:汉书[M].北京:中华书局,1997:2946.

《汉书》文学个性初探

而紧随本传之后的《隽疏于薛平彭传》，所记均为文职官吏，且皆有彬彬君子之风。相应地，遣词用语也呈现出与前篇迥然不同的风貌，似乎一下子从激越的怒涛过渡到平阔的静流，语气平缓，用词温雅，十分契合于传中人物的身份。是谓"文有文法"。本文开篇便已定调：

> 隽不疑字曼倩，勃海人也。治《春秋》，为郡文学，进退必以礼，名闻州郡。①

以下全文就是在这样舒缓、平静的语境中记述诸人诸事：

> 不疑为吏，严而不残。②
> 疏广……少好学，明《春秋》，家居教授，学者自远方至。③
> 太子每朝，因进见，太傅在前，少傅在后。父子并为师傅，朝廷以为荣。④
> 公卿大夫故人邑子设祖道，供张东都门外，送者车数百两，辞决而去。及道路观者皆曰："贤哉二大夫！"或叹惜为之下泣。⑤
> 定国乃迎师学《春秋》，身执经，北面备弟子礼。为人谦恭，尤重经术士，虽卑贱徒步往过，定国皆与钧礼，恩敬甚备，学士咸称焉。⑥

一路叙来，都是此类娓娓而叙的风格。就连为人物设计的语言，也是格外温润蕴藉，融于全文：

> （疏）广谓（疏）受曰："吾闻'知足不辱，知止不殆'，'功遂身退，天

---

① 前四史：汉书[M].北京：中华书局，1997：3035.
② 前四史：汉书[M].北京：中华书局，1997：3037.
③ 前四史：汉书[M].北京：中华书局，1997：3039.
④ 前四史：汉书[M].北京：中华书局，1997：3039.
⑤ 前四史：汉书[M].北京：中华书局，1997：3040.
⑥ 前四史：汉书[M].北京：中华书局，1997：3042.

之道'也。今仕官至二千石，宦成名立，如此不去，惧有后悔，岂知父子相随出关，归老故乡，以寿命终，不亦善乎？"受叩头曰："从大人议。"①

皆如此类。所以，《汉书》中紧连的列传第四十《傅常郑甘陈段传》和第四十一《隽疏于薛平彭传》，一前一后，一武一文，一金刚怒目，一平和静舒，风格迥异。不能不叹服，语言上，班固确是一位善驭的多面手。

而这种驾驭能力和多变的语言特点，在《扬雄传》中再次得到充分的展示。这就是我们要谈的《汉书》语言"随遇而迁"特色的最后一种表现——"对赋家，用赋法"。

今人眼中的汉赋大家，在《汉书》的记载，贾谊本传只载其《吊屈原赋》和《鹏鸟赋》，似乎不过是作为引子，而明显将记述重点放在了《陈政事疏》，占去全文多半篇幅；枚乘与贾山、邹阳、路温舒合传，传中所录作品亦皆为枚乘两次上疏谏吴王刘濞的内容，不仅《七发》等赋作一篇未录，而且对其作赋才能只一笔带过："复游梁，梁客皆善属辞赋，乘尤高"②；司马相如虽单独列传，但主要原因在其综合的文学才能，而不仅仅在赋的表现。其本传中，以赋命名的作品实际只有《上林赋》《哀二世赋》和《大人赋》，顶多只能与他的《檄蜀文》《封禅书》等其余作品等量齐观；至于王褒，也被安排与严助、朱买臣、吾丘寿王等人合传。我们说过，这篇传记——即《严朱吾丘主父徐严终王贾传》，是一篇典型的"大汉才子传"，说明班固眼里的王褒也未专以辞赋称高，所以本传只载其《圣主得贤臣颂》一篇作品，而对其赋家的身份及才能，全部采用侧面描述。

但是扬雄不同，他作为赋家的身份得到了《汉书》作者的特殊"优待"。《扬雄传》入文不久，便以"先是时，蜀有司马相如，作赋甚弘丽温雅，雄心壮之，每作赋，常拟之以为式"③作引线，开始记载其赋作，首列《反离骚》，然后依次是《甘泉赋》《河东赋》《校猎赋》《长杨赋》，再到《解嘲》《解难》，全是赋作的密集排列。直至末尾

---

① 前四史：汉书[M].北京：中华书局，1997：3039-3040.
② 前四史：汉书[M].北京：中华书局，1997：2365.
③ 前四史：汉书[M].北京：中华书局，1997：3515.

论赞之前，才算稍作拓展，跳出赋的圈子，但也只是仅仅条列了《法言》的目录。毫不夸张地说，《扬雄传》自始至终就是以扬雄一生最重要的几篇代表赋作组装而成的。他的其余作品，如建平四年上书哀帝，谏使匈奴来朝，见录于《匈奴传》；而《剧秦美新》等文，则只字未提。作者要有意突出扬雄汉赋大家的地位和成就，用意再明显不过。

而更吸引我们眼球的，则是穿插于这些赋作之间的班固的叙述语言——它们与扬雄的赋之间，配合得十分默契。也许是因为作者一心要推崇和抬高扬雄的赋，所以在行文中对这些作品进行阐释和介绍时，作者自己的语言也变得非常类赋，实在是不折不扣的"随遇而迁"。关于这点，前文讨论《汉书》语言的赋化问题时曾有所涉及。这里，我们专就《扬雄传》用力深入，以窥其"对赋家，用赋法"的语言特色，也不妨看作是对前文所论的补充。

班固在阐说扬雄《太玄》时，有这样一段文字：

> 筮之以三策，关之以休咎，绩之以象类，播之以人事，文之以五行，拟之以道德仁义礼知。无主无名，要合《五经》，苟非其事，文不虚生。①

无论从句式的铺排，字词的转换，还是长短句杂用的体例特点，都能让人感受到赋的气息。但论"随遇而迁"的表现，这只看作小荷才露。其实《扬雄传》中，充斥的赋作占去了绝大篇幅，所以穿插于各赋间班固的叙述语言本来就不是很多。为更直观地显示《扬雄传》中班固语言"逐"扬雄之赋而"化"的特点，最好的途径应该莫过于直接对比二人的语言（见表3.2），一目了然。

---

① 前四史：汉书[M].北京：中华书局，1997：3575.

表 3.2　扬雄赋作与《汉书》语言比较

扬雄作品	《汉书·扬雄传》中班固的叙述语
土事不饰，木功不雕。(《校猎赋》)	非木靡而不雕，墙涂而不画。
于是命群臣齐法服，整灵舆，乃抚翠凤之驾，六先景之乘，掉奔星之流旃，彏天狼之威弧。张耀日之玄旄，杨左纛，被云梢。奋电鞭，骖雷辎，鸣洪钟，建五旗。(《河东赋》)	上乃帅群臣横大河，凑汾阳。既祭，行游介山，回安邑，顾龙门，览盐池，登历观，陟西岳以望八荒，迹殷周之虚，眇然以思唐虞之风。(《河东赋》之前的介绍性文字)
三军芒然，穷尤阕与，亶观夫票禽之绁隃，犀兕之抵触，熊罴之挐攫，虎豹之凌遽。(《校猎赋》)	女有饰布，男有馀粟，国家殷富，上下交足，故甘露零其庭，醴泉流其唐，凤皇巢其树，黄龙游其沼，麒麟臻其囿，神雀栖其林。(《校猎赋》之前的阐说文字)
今年猎长杨，先命右挟风，左太华而右褒斜，椓巀嶭而为弋，迂南山以为罝，罗千乘于林莽，列万骑于山隅，帅军踤阹，锡戎获胡。搤熊罴，拕豪猪，木雍枪累，以为储胥，此天下之穷览极观也。虽然，亦颇扰于农民。(《长杨赋》)	秋，命右扶风发民入南山，西自褒斜，东至弘农，南驱汉中，张罗罔罝罘，捕熊罴豪猪虎豹狖玃狐菟麋鹿，载以槛车，输长杨豹熊馆。以罔为周陆，纵禽兽其中，令胡人手搏之，自取其获，上亲临观焉。是时，农民不得收敛。(《长杨赋》之前的说明文字)
扬子笑而应之曰。(《解嘲》)	雄笑而不应。(《扬雄传》赞)

另如《汉书·刑法志序》，其中有：

> 春秋之后，灭弱吞小，并为战国，稍增讲武之礼，以为戏乐，用相夸视。而秦更名角抵，先王之礼没于淫乐中矣。雄桀之士因势辅时，作为权诈以相倾覆，吴有孙武，齐有孙膑，魏有吴起，秦有商鞅，皆擒敌立胜，垂著篇籍。当此之时，合纵连衡，转相攻伐，代为雌雄。齐愍以技击强，魏惠以武卒奋，秦昭以锐士胜。世方争于功利，而驰说者以孙、吴为宗。①

语势凌厉，颇合"刑法"之气。紧接着便说"时唯孙卿明于王道，而非之曰：彼孙、吴者，上势利而贵变诈……"大段引入《荀子·议兵》，以下接入"善师者不陈，善陈者不战，善战者不败，善败者不亡"，过渡到"汉兴，高祖躬神武之材，行宽仁之厚，总揽英雄，以诛秦、项"。②我们看到，班固行文，于《荀子》之温润、刑法之

---

① 前四史：汉书[M].北京：中华书局，1997：1085.
② 前四史：汉书[M].北京：中华书局，1997：1090.

《汉书》文学个性初探

肃杀，以及与历史大势的推衍，俱能揉合而归之于辞气不迫的雅致叙述，体现出班固高度的语言融汇才能。

以上对《汉书》语言的总体风貌、人物语言、对话艺术、赋化倾向、修辞、虚字以及"随遇而迁"等特色进行了梳理和探讨。最后，《汉书》作为一部严肃的历史著作，其语言的严谨，或曰史家的微言妙旨，也自是我们应体察和领会之处。《史记》之作，太史公既已自比于《春秋》[①]，后人亦多以"春秋笔法"论其语言的精妙。而实际自孔子作《春秋》，确立了一言以寓褒贬的法式，"微言大义"遂成中国史著的重要传统。其垂范后世，非仅《史记》，《汉书》亦然。在《叙传》中，班固就明确提出其述《汉书》，"为春秋考纪、表、志、传，凡百篇"[②]，特冠以"春秋"二字，盖有深意焉。《汉书音义》云："春秋考记，谓帝纪也。言考核时事，具四时以立言，如《春秋》之经。"[③] 可谓有得于班氏之衷，但仍停留在表层的体例方面，而未言及笔法的问题。倒是南宋人刘子翚独具慧眼，发见根深，道出了"春秋考纪"一语的深意所在。其论笃而美，故引于下，以见《汉书》语言的精密和严谨：

> 班固作《汉书》，惟《纪》最为严密，事皆详载于《传》，而撮其要书于《纪》，固自名之曰《春秋考纪》，其言有深意焉。余尝考之。吴王濞约六国举兵，齐王后悔，背约城守，济北王为其郎中令劫守，不得发兵。濞败，遂得不诛。班固书曰："皆举兵反"。何以书"皆举兵反"？初意皆反也。戾太子斩江充，矫制发兵。武帝诏刘屈氂捕斩反者。班固书曰："太子以节发兵，与丞相刘屈氂大战长安。"何以不书反？初无反意也。张汤凌折三长史，长史发汤阴事，汤曰："谋陷汤者，长史也。"遂自杀。武帝尽诛三长史。班固书曰："张汤有罪自杀。"何不书陷汤？汤有罪也。弘恭、石显奏萧望之不悔过，请诎于牢狱，塞其快心。望之自杀。有司奏望之有罪，请绝其爵邑。班固书曰："中书令弘恭、石显谮望之，令自杀。"何不书有罪？恭、显谮之也。太子矫制不书反，而书以节发兵，讥武帝惑巫蛊而致祸乱也。望之自杀，

---

① 前四史：史记[M].北京：中华书局，1997：3297-3298.
② 前四史：汉书[M].北京：中华书局，1997：4235.
③ 班固.汉书补注[M].王先谦，补注.上海：上海古籍出版社，2008：6266.

不书有罪而书谮，讥元帝信阉宦而杀其师傅也。凡此之类不可殚举。固自谓《春秋考纪》者，岂以得《春秋》之意邪？①

当然我们还可补充对照，在《汉书·江充传》中，塑造江充邪佞善媚，处处揣摩武帝意旨，文中每写到江充行事，必交代一句"上说之"②"上许之"③"上以充忠直"④"上曰：'人臣当如是矣。'大见信用，威震京师。"⑤这些文字背后，不有深刻的微意寓焉！刘咸炘在《汉书知意》中引清人何焯之言曰："武帝之失，因事著见，所谓不溢美，不隐恶也。"并引明人杨慎之言盛赞"班氏书法，《春秋》复起，亦不能易矣。"⑥

---

①刘子翚.汉书杂论[M]//任继愈.中华传世文选.长春：吉林人民出版社，1998：745.
②前四史：汉书[M].北京：中华书局，1997：2176.
③前四史：汉书[M].北京：中华书局，1997：2176.
④前四史：汉书[M].北京：中华书局，1997：2177.
⑤前四史：汉书[M].北京：中华书局，1997：2178.
⑥刘咸炘.刘咸炘学术论集：史学编[M].黄曙辉，编校.桂林：广西师范大学出版社，2007：180.

第四章

《汉书》的叙事艺术（上）

对史传著作而言，叙事一门在其诸多的文学因素中，占据着举足轻重的地位。《说文解字》："史，叙事者也。"① 刘知幾说："夫史之称美者，以叙事为先。"② 某种意义上，历史即过去的故事，记载它，重现它，靠的便是叙事艺术，记载成形后也是一种叙事文本的存在。即使专门记言的史著，言语的对答应酬，也何尝不是构成一种事态？正所谓"记事而言亦具焉"，"记言而事亦见焉"③。所以可以说，著史即是记事。叙事的成败，成就的高低，直接关乎史传作品生命力的强弱与持久度。

第一节 《史》《汉》叙事风格的递变

对于《汉书》而言，"叙事"这个话题显得有些沉甸甸。面对已然横在眼前的《左传》《史记》这两座在叙事艺术上取得非凡成就的高峰，作为后起的《汉书》，勿论超越，单是做到厕身其间而能卓然自成一家已属不易；何况还要处理好与《史记》记载重合的部分，在记叙上既不脱史实，又呈现出自家面目、自家精神，无论如何，这都是一个巨大的挑战。

跟任何伟大成果的诞生一样，《史记》也是充分汲取前代史著的养料，加上注入自己的血液，而成为一家之言的。据统计，"《史记》中记述战国史事的传记共30篇，采

---

① 许慎.说文解字[M].北京：中华书局，1963：65.
② 刘知幾.史通[M].浦起龙，通释.上海：上海古籍出版社，2008：119.
③ 章学诚.文史通义校注[M].叶瑛，校注.北京：中华书局，1985：31.

用了《战国策》112章的材料，其中基本不加改动而直接录用的就有58章之多。"①朱东润先生说："后人读《史记》，因为这是正史中最古的著作，往往认为伟大的创造。其实在司马迁著作的时候，只是有意的模仿。《史记》五大部分：十二本纪模仿《春秋》十二公，八书模仿《禹贡》、《洪范》，十表模仿《春秋历谱牒》，三十世家模仿《世本》，而以后成为史传准绳的七十列传，也恰恰模仿《春秋》诸传。《汉书·艺文志》根据《七略》，看定全书的要点，把《太史公书》百三十卷放入春秋类，正是刘歆、班固的特识。"②"模仿"重在学习，而能自立新面目，正是司马迁的高明。《周易》上说，"通其变，遂成天地之文"③，《文心雕龙》也专辟《通变》一篇来讲论后代作家对前人成就的继承和发展。《汉书》无疑也是综合吸收了前人尤其是《史记》的优秀成果，"通"的基础上又加以"变"，才取得了垂范后世、彪炳千秋的成就和地位。因而其"变"处，就值得格外关注。

《史》《汉》关系的特殊性，使得二者异同或优劣的比较，早已成为一个绕有兴味的话题，甚至在班固创作《汉书》未尽之前，就已经有人开启这一门户了。王充《论衡·超奇》："班叔皮续《太史公书》百篇以上，记事详悉，义浃理备，观读之者以为甲，而太史公乙。"④既云"观读之者以为"，显然不是在称述他一己的观念，而应该是周围学士们的共同感受。班固编著《汉书》，必是在已有的这种评价和期待的氛围中进行，是否即受其影响，不好遽断，但他的笔触自觉地靠向当时的审美倾向，则是可以肯定的。《汉书》著成以后，学者"莫不讽诵之"⑤，便是用实际行动将其成就抬举到了《史记》之上。降至晋朝，张辅《名士优劣论》抬出马甲班乙的论调。自此，这两部巨著，包括它们的作者马、班二人，就再也没能逃脱在后世论者心目中此优彼劣、循环往复的命运，直至现世。一如明胡应麟所说："《史》《汉》二书，魏晋以还，纷无定说"⑥，沸沸扬扬。无论在《史记》还是《汉书》研究的领域，这无疑已成了一支"显

---

① 陈兰村.中国传记文学发展史[M].北京：语文出版社，1999：30.
② 朱东润.八代传叙文学述论[M].上海：复旦大学出版社，2006：22.引用时对原文用字稍作了调整，如"底"换为"的"，"止"换为"只"。
③ 周振甫.周易译注[M].北京：中华书局，2013：259.
④ 黄晖.论衡校释[M].北京：中华书局，1990：615.
⑤ 前四史·后汉书[M].北京：中华书局，1997：1330.
⑥ 胡应麟.少室山房笔丛[M].上海：上海书店，2009：131.

学"。诚然，其中多有持论公道者，但也有过极端抑彼扬此，甚至谩骂攻击的个例，这都与时代学术氛围和个人的学术修养相关。而考其比较的范围和内容，既有史学方面的，也有文学方面的，还有文史兼关的。抛开只重优劣短长的机械"较量"，有关《史》《汉》史学与文学上的差异及个性，经过两千多年的互参互照，确实取得了一批成果，这是应加以珍视和利用的。

既已有了这样丰厚的成果，于我们的研究本是极好的参照，可谓幸事。然而我们要讨论的并非《史》《汉》比较的专题。我们不仅只从"叙事"着眼，而且主要意在从纵向发展的脉络，看看《汉书》在继承《史记》一些优秀成分的同时，对它又有哪些推进，或者说变化。所以，提炼和借鉴前人的成果是必须的，在此基础上，我以为更有必要将《史》《汉》之间的比较归拢于二者各自的总体文学风格，因为这原是它们的文学精神所在。在这个意义上，可以将《史记》到《汉书》叙事理路的嬗变归结为两点：从奇到正、由疏而密。

一、从奇到正

章学诚曾指出《左传》的叙事有"离合变化，奇正相生"[①]的特色。的确，《左传》作为"叙事之最"[②]的标杆式作品，它对继之而来的《史记》《汉书》，影响之深远不言而喻。"离合变化"的一面固不必说，这三部作品在叙事上都是手法层出，不定一格；而"奇正相生"这一特点，《史》《汉》好像分取其一，各自走了不同的路，即《史》奇《汉》正。实际上，这只可看作其中的一个原因。《史记》的"奇"、《汉书》的"正"，更多的是与作者个人的气质、修养、审美观念、思想，以及他们所处的社会文化背景相关。司马迁好奇，这是为许多学者所指出过的，扬雄说："子长多爱，爱奇也。"[③]刘勰说他"爱奇反经"[④]，司马贞也看出"其人好奇而词省"[⑤]。鲁迅以为司马迁"恨为弄臣，寄以楮墨，感身世之戮辱，传畸人于千秋。"[⑥]则是更深刻地道出了史公爱

---

① 章学诚. 文史通义新编[M]. 仓修良，编. 上海：上海古籍出版社，1993：306.
② 刘知幾. 史通[M]. 浦起龙，通释. 上海：上海古籍出版社，2008：160.
③ 汪荣宝. 法言义疏[M]. 北京：中华书局，1987：507.
④ 刘勰. 文心雕龙注[M]. 范文澜，注. 北京：人民文学出版社，1958：284.
⑤ 前四史：史记[M]. 北京：中华书局，1997：附录.
⑥ 鲁迅. 汉文学史纲要[M]. 上海：上海古籍出版社，2005：53.

奇的本质。而《史记》本身的写作也说明了这一点。司马迁生活的时代，既去战国未远，纵横奇气的遗风尚有残留，《史记》中直接引用那么多《战国策》的史料并非偶然；加上这时又是西汉王朝如日中天的鼎盛期，开放、好动、向上的时代精神，自然就在他的作品中打上了深深的印记；而班固出生于学术氛围浓厚的家庭，从小濡染于正统儒家思想。他所处的东汉前期，社会稍趋稳定，但因政治的积弊，战乱的破坏，已经不复有西汉武帝时大汉王朝的辉煌了，主体的时代风神，走向了静穆、内敛、板正，这些不能不深深影响着《汉书》的写作。另外，思考这一问题，郭预衡先生有一段话，颇值得参考："班固不是汉代最伟大的作家，却是最正统的作家。在汉代文章的作者中间，班固的思想最正统的，文风也是最'醇正'的。他的《汉书》以及赋颂杂文，都可称为大汉文章的正统作品。要看汉代文章的正统特征，典型的作家不是贾谊、晁错，也不是司马相如、司马迁，而是班固。贾谊、晁错、司马相如、司马迁诸家之文，或'疏直激切'、或'虚词滥说'、或'纵横变化'，大抵都带有先秦诸子的余风，都带有过渡的时代性质。思想固然'不正'，文风也并'不醇'。而班固，生当罢黜百家，独尊儒术一百几十年之后，风气移人，已经形成一套正统思想；所为文章，也就很富大汉王朝一统天下的时代气息和特征。"[①]

我们来看《史》《汉》二者具体的奇、正表现。《史记·李将军列传》是一篇奇文，千载之下，读之犹生气凛然。《汉书·李广传》大部承袭了《史记》的内容，所异多只在文字。然而就是这细微的文字的差别，恰能透露一些不容忽视的信息。文章开篇，数笔点染，叙述了李广身世及早期经历，《史记》这样收束这一小节：

尝从行，有所冲陷折关及格猛兽，而文帝曰："惜乎，子不遇时！如令子当高帝时，万户侯岂足道哉！"[②]

"子不遇时"，可作全篇眼目，寄寓着司马迁对李广深切的同情和悲慨。"惜乎"的长叹，"子"的尊称，都其实是司马迁心声的流露。司马迁因李陵之事而罹祸，这里面的感情成分是复杂而微妙的。

---

① 郭预衡.班固的思想和文风[J].社会科学战线，1983（1）：258.
② 前四史：史记[M].北京：中华书局，1997：2867.

《汉书》文学个性初探

但百余年以后的班固笔下，这段文字被置换为：

> 数从射猎，格杀猛兽，文帝曰："惜广不逢时，令当高祖世，万户侯岂足道哉！"①

这只是冷静的陈述，而不复有深沉的叹息。但在班固，这是不足指瑕的，毕竟时过境迁，班固作为严肃的史家，他只是在叙述历史而已。

如果说上述片段因渗入了个人情感的因素而显出差异，那么再拿情感倾向不很明显的两句话做一比较：

> 广居右北平，匈奴闻之，号曰"汉之飞将军"，避之数岁，不敢入右北平。②
> 广在郡，匈奴号曰"汉飞将军"，避之，数岁不入界。③

我们注意到，司马迁在段首、段尾连用了两次"右北平"——这里就有"奇"的文章了。这个看似涉嫌重复的"拙"笔正是史公"奇"意的闪耀，他就是要特意重复前后两次"右北平"，来暗衬出李广之勇、李广之才，以及如果深加体味，还能触及的很多复杂因素——的确，在《史记》的这类文章里，很难找出一二完全客观的，不带作者感情的句子。我们在第三章第四节分析《汉书》的语言艺术时，举《史记·李将军列传》中李广被匈奴俘获而逃归的那段文字，与此相类，司马迁在那段话中更是十分热烈地、密集地重复"广"字："胡骑得广，广时伤病，置广两马间，络而盛卧广……"④以下皆是。这是情感的排洪，这是胸中奇气的宣泄。至于文字的"奇"，尚在表面。相比之下，《汉书》在这些地方就平淡多了，更加注重的是文字的规范、语句的简省，也即符合于通常意义上"正"的审美观。

---

① 前四史：汉书[M].北京：中华书局，1997：2439.
② 前四史：史记[M].北京：中华书局，1997：2871.
③ 前四史：汉书[M].北京：中华书局，1997：2444.
④ 前四史：史记[M].北京：中华书局，1997：2870.

第四章 《汉书》的叙事艺术（上）

不止于此，《史记》的"奇"，更醒人眼目的还在叙事结构上，材料的组织不依常法，常常有出人意料、横空出现的"飞来石"，让人初觉突兀，潜心品读，却愈觉有味。还看《李将军列传》，沿着上文"右北平"的例句所显示的文意继续下行，应该是"居顷之，石建卒，于是上召广代建为郎中令。……"[①]这样便与李广一生的遭际相吻合，保持着同调，因为前文也是基本上按李广的前后际遇来安排文章线索的，这样写最合于常理。然而，司马迁在此顿住笔头，在"居顷之，石建卒"一节之前，突兀地插入了一段近二百字的段落，娓娓地谈起了李广爱士、廉洁、善射、讷口少言、待人宽厚等等，语气舒缓，如话家常。在紧邻的上文，刚刚还诉说着"亲射虎"的威猛；将来的下文，亦即是"出定襄，击匈奴"[②]的豪迈。这样劲冲的气氛，这样紧密的文脉，中间却摊出这段不紧不慢的文字来，绝对不是寻常笔墨所能到处。按一般的写法，这种对传主生平行事进行总结性的介绍文字，或应置于文章前部，提挈下文；或应放在主人公逝后，以收束上文；或者至少应在李广一生行将覆灭前安排进来，用作过渡。但《史记》奇就奇在它的不可捉摸。倒是在《汉书》中，正如我们所推想和安排的那样，别移此段于李广生命中最后一次战役的叙述之前。这样处理，文路便返之于"正"了，当然也不可避免地显得有些刻板。对此，李景星品得比较到位："《史记》于'广亦竟射杀之'下，将广生平为人，并善射本末，皆叙在一处，重叠缭绕，读之可思可泣，此正史公用笔之妙；班氏割叙于后，便大减色矣。"[③]

还可附带一谈的是，即便在上引这段横空插入的文字中，司马迁落笔也是奇而不正，表现在事项的多头并进、断而后续：首先点明"广廉，得赏赐辄分其麾下，饮食与士共之……"这是写其廉洁爱士的一面，但不多几句，便以"终不言家产事"一句收束住。又突然叙及李广的善射："广为人长，猿臂，其善射亦天性也，虽其子孙他人学者，莫能及广"，但这里又再次顿笔，转而写李广"讷口少言"和"以射为戏"。多个话头连续开启，而开又辄止，笔触游移，飘忽不定。待到这时，史公之笔调又开始收拢，以"广之将兵，乏绝之处，见水，士卒不尽饮，广不近水，士卒不尽食，广不尝食。宽缓不苛，士以此爱乐为用"，再次接应第一个话题，即廉洁爱士；又以"其

[①] 前四史: 史记[M]. 北京：中华书局，1997：2872.
[②] 前四史: 史记[M]. 北京：中华书局，1997：2872.
[③] 李景星. 四史评议[M]. 韩兆琦，俞樟华，校点. 长沙：岳麓书社，1986：207.

射,见敌急,非在数十步之内,度不中不发,发即应弦而倒"遥相接续第二个话题,即善射;而第三个话题便成了这两两前后对称的中心点。这种笔法,以及充溢其间的奇气,确非史公莫能有,真是奇哉伟哉!

又如,《史记·平津侯主父列传》开篇介绍公孙弘:

> 丞相公孙弘者,齐菑川国薛县人也,字季。少时为薛狱吏,有罪,免。家贫,牧豕海上。年四十余,乃学《春秋》杂说。养后母孝谨。①

这是对公孙弘为人的总说。计其免吏、牧豕、学习《春秋》等事,大笔勾勒,从"少时"跨到"年四十余",扩尽其前半生。但段末"养后母孝谨"五字,却与前文所叙诸事义脉不属,且无下文,单立于此,初读甚觉突兀。及至后文"弘为人恢奇多闻。……弘为布被,食不重肉。后母死,服丧三年"②,方始恍然。断续照应之法,此又一奇笔。而《汉书·公孙弘传》拨其奇返之正,将"养后母孝谨"这句话从开首一段中剔出,与"后母死,服丧三年"二句连为一体,集中于下文补叙"弘为人……"③时一次性延入,句法得正,句意亦得连贯。然而就叙事言,应以《史记》为胜。盖史公非为"奇"而刻意求"奇"也。"养后母孝谨",虽与少时免吏、牧豕海上、学习《春秋》等事不类,但同为公孙弘早年之事可知。及至"服丧三年",却已是弘发迹显名之后,则文法上不仅前后互有呼应,且弘之一贯"孝谨",亦已自明。这样也使文末赞语中"公孙弘行义虽修"一语有所本。所以,《史记》虽奇,却奇而稳。经《汉书》一改,语言、语意返于正轨,却正而平,不复有《史记》叙事之妙法与深意。

关于《史记》的奇而稳,《汉书》正而平,宜做进一步阐析。先看一则材料:

> 班氏父子踵《太史公记》作书,以谓慎核其事,整齐其文,而其体例各有不同。《史》于"汉元年诸侯罢戏下就国"之后,历举楚之所以失天下,汉之所以得者,使后世了然见其全局。楚之杀义帝,不义之大者也,故首举之,

---

① 前四史:史记[M].北京:中华书局,1997:2949.
② 前四史:史记[M].北京:中华书局,1997:2950.
③ 前四史:汉书[M].北京:中华书局,1997:2619.

并次年江中贼杀之事而终言之,不复系之某年也。废韩王成为侯,已又杀之,而诸侯心离矣,臧荼因此击杀韩广,而诸侯不用命矣。田荣以怒楚,故杀三田并王三齐,而齐叛矣。荣与彭越印,令反梁地,而梁叛矣。陈馀说田荣击常山以复赵,而赵叛矣。是时汉还定三秦,起而乘其敝,复以征兵怨英布,而九江亦将叛矣。所至残灭,齐人相聚而叛,而田横亦反城阳矣。撮项王举事失人心局势之大者,总序于汉元二之间,提纲挈领,较如指掌。此太史公作史之大法也。班书以事之先后为次,首序田荣之反,次及汉定三秦,遗羽书,次及九江称疾,次及羽使布杀义帝,次及陈馀立赵。年经月纬,一循史家之例。而于太史公序事之指意,则失之远矣。[①]

这段话出自清钱谦益《牧斋初学集·书史记项羽高祖本纪后一》。钱氏还主张,"读班、马之书,辩论其同异,当知其大段落、大关键,来龙何处,结局何处,手中有手,眼中有眼,一字一句,龙脉历然;又当知太史公所以上下五千年纵横独绝者在何处,班孟坚所以整齐《史记》之文而瞠乎其后不可几及者又在何处。"[②] 再对照上述文字,尤见其读书求识之功力。他看出的这个问题,实际已融及史家著史的深刻心思与笔力。我们不妨就此提出"史家之心"这样一个概念。凡史家之心,褒贬抑扬,存乎片言只句,皆为微妙,这是从《春秋》就已确立的传统,历代史家都有继承,无须赘言。司马迁的《史记》,最伟大、最可贵之处,恐怕还在于它第一次超越了单纯的褒贬抑扬,不再重复先秦史书只罗列史事的记载方式,而是用他创立的五体,拉通了历史,引导人们认识历史现象背后的根源。为表其心,为达其思,他甚至要在不脱离基本史实的前提下,变换组织史事,前者后之,后者前之。出险招奇招,只为探掘和揭示历史发展、成败祸福的深刻原因。史家之心,可谓微矣,史家之法,亦可谓奇矣。但"奇"而能符合历史,且深入历史,所以又说它"稳";而班固的记载"一循史家之例",拘于绳墨,正轨严谨,后浪循前浪,滚动推进。也不乏精彩,但总体平平。所以,可以这样说,《史记》是在总结历史,《汉书》是在呈现历史。《史记》叙事,客观的历史框架内,不妨大胆主观;《汉书》则更走向了客观记述。虽然《汉书》不时也跳

---

① 钱谦益.牧斋初学集[M].上海:上海古籍出版社,2009:1749.
② 钱谦益.牧斋有学集[M].上海:上海古籍出版社,1996:1309.

出漂亮的舞步，但往往自甘并且熟练于脚镣的束缚。从不同的角度去衡量，二者都有价值，也各有利弊。

上面重点探讨了《史记》叙事的笔法之奇、章法之奇、手法之奇和《汉书》相应的"正"。而有些情况下，《史记》还奇在微妙、奇在气度。赵翼在《廿二史札记》中列了一条："《史记》，秦始皇以东南有天子气，乃东游以厌之。高祖即自疑，隐于芒砀山泽之间。吕后以其所居处常有云气，求辄得之。《汉书》删去'即自疑'三字。高祖以匹夫而以天子自疑，正见其志气不凡也，《汉书》删此三字，便觉无意。"① 其实像《史记》中这等奇谲文字，刊落于班固这位正统史家之手，属于很正常的事。但回过头来看司马迁，这个显系出于合理虚构的细节，交代得实在不一般，非有奇气、奇思在胸不能为。这样写，实际已触及历史的纵深处——于细微中见志节，见精神。于刘邦，"即自疑"三字最能以小见大。这种隐秘心理的想象和挖掘，其寓意、其预兆，于人物、于历史，不知胜过那些实写内容多少倍。这一细节本身已不平凡，而史公之手笔，更属奇绝。

《史记》之奇，还在于它的锋芒毕露，无所避讳和顾忌。《太史公自序》言及孔子作《春秋》之意时，引董仲舒之语而直言之："周道衰废，孔子为鲁司寇，诸侯害之，大夫雍之。孔子知言之不用，道之不行也，是非二百四十二年之中，以为天下仪表，贬天子，退诸侯，讨大夫，以达王事而已矣。"② 用语直露激切。而《汉书·司马迁传》在引录这段文字时，有意删去"贬天子"一语，改"退诸侯"为"贬诸侯"，显得正板而不偏激，只是大大缺少了司马迁的锐气与魄力。

当然，所谓《史》"奇"《汉》"正"，不可视同泾渭。"奇"，不等于漫漶无涯；"正"，也并非硬套死板，二者都是"奇正相生"之佳构，只不过表现的程度有所侧重而已。前人有言："《史记》多先秦文，若班史则醇乎汉矣，故曰，马如天班如地。地至平，而山川之奇险载焉；至质，而草木之英华钟焉。若夫天，日月云霞，卷舒空际，无不有也，无一有也。"③ 所言实在精妙。在《汉书》这块茫茫大地上，偶尔就会冒出奇耸惊拔的别致景观，试以《隽不疑传》为例。

---

① 赵翼.廿二札记校证[M].王树民，校证.北京：中华书局，1984：17.
② 前四史.史记[M].北京：中华书局，1997：3297.
③ 杨燕起，陈可青，赖长扬.历代名家评《史记》[M].北京：北京师范大学出版社，1986：207-208.

第四章 《汉书》的叙事艺术（上）

  此传开篇就已不凡，依照写作惯例对隽不疑进行简单的介绍以后，便兀地从"武帝末，郡国盗贼群起"写起，以奉命镇压群"盗"，"以军兴诛不从命者，威震州郡"的暴胜之，隆重烘托出隽不疑的秀伟不群，出类拔萃[①]。继而从隽不疑被举荐，到两度升擢为京兆尹的过程，作者用大笔焦墨粗线条勾勒，而以"京师吏民敬其威信"一句，总括其为人与为政。以此作顿，又转入平静的叙述："每行县录囚徒还，其母辄问不疑：'有所平反，活几何人？'即不疑多有所平反，母喜笑，为饮食语言异于他时；或亡所出，母怒，为之不食。故不疑为吏，严而不残。"[②]好一幅母慈子孝图。这段文字笔调舒缓，不觉间将前文的叙事从丘陵起伏引入了波光粼粼的湖面，一派温存亲馨。猛然，作者笔头似如千斤下坠，给这平静的湖面，也给沉浸于中的我们一记强烈的震撼："始元五年，有一男子乘黄犊车，建黄旐，衣黄襜褕，著黄冒，诣北阙，自谓卫太子。"我们知道，卫太子刘据早在武帝末年的巫蛊之祸中殒命，这个突然冒出的"卫太子"，未知何许人也。文章的突兀，紧紧配合事件的突发，不可谓不奇。班固实在善于营造特定的情境，让叙事深得缓急相宜之妙。接着，作者又进一步营造气氛："公车以闻，诏使公卿将军中二千石杂识视。长安中吏民聚观者数万人"，以至于到了"右将军勒兵阙下，以备非常"的剑拔弩张的地步。在这样的情境中，作者又适时运用对比之法，不忘添一句"丞相御史中二千石至者并莫敢发言"。直至"京兆尹不疑后到，叱从吏收缚"，并发表了一通引经据典、义正词严的铮铮之语："诸君何患于卫太子！昔蒯聩违命出奔，辄拒而不纳，《春秋》是之。卫太子得罪先帝，亡不即死，今来自诣，此罪人也。"遂送诏狱。隽不疑英武果断而干净漂亮地处理了这起突发事件。接下来，才是本篇叙事最为奇绝之处：

  天子与大将军霍光闻而嘉之，曰："公卿大臣当用经术明于大谊。"繇是名声重于朝廷，在位者皆自以不及也。大将军光欲以女妻之，不疑固辞，不肯当。久之，以病免，终于家。京师纪之。后赵广汉为京兆尹，言："我禁奸止邪，行于吏民，至于朝廷事，不及不疑远甚。"廷尉验治何人，竟得奸诈。本夏阳人，姓成名方遂，居湖，以卜筮为事。有故太子舍人尝从方遂卜，谓

[①] 请参阅本书第三章第二节相关内容。
[②] 这段文字后被采入《续列女传》，文字稍有改异。

《汉书》文学个性初探

曰:"子状貌甚似卫太子。"方遂心利其言,几得以富贵,即诈自称诣阙。廷尉逮召乡里识知者张宗禄等,方遂坐诬罔不道,要斩东市。一云姓张名延年。①

并不是说这段文字本身有什么特奇之处,而是只要将它与前文所述事件等内容联系起来,实在不能不让人叹服班固用心微妙,笔法高奇。此处对这一事件的叙述次序似有倒置之嫌!试想,当朝天子脚下,竟然忽地冒出一个前朝太子,也就是本来名正言顺的社稷之主、本应坐拥江山之人,这是何等耸人听闻之事,简直石破天惊!而且此事已经闹得众人皆知,群情汹汹。这对登基不久的年幼的昭帝,对身负托孤之重、权倾朝野的辅政大臣霍光,对整个朝廷上下,都不啻一枚重磅炸弹轰然炸开,其严重程度和受关注的热度,是怎么估计都不过分的。但此事既然已经由能吏隽不疑果断处理,且这个"自谓卫太子"的人亦已被"收缚"并"送诏狱"了,那么接下来,此人是否为冒充者,其真实身份的鉴定,以及事态的进一步发展,就应该是最先予以交代,也是读者最为悬心待解的问题。而至于人们在事件过后的反应、举动和感想,当然只需作为狂澜之余波补充交代即可。

然而,不同寻常的作家笔下,自会有不同寻常的景致。班固并没有按通常的逻辑安排事序,而是恰恰让它颠而倒之:在假太子被押送入狱以后,班固于第一时间劈面推出的,却是昭帝与大将军霍光的反应和态度,"闻而嘉之"四字断而有力。而事实真相反被置于本传末尾,似只作补充说明。这是为何?其实,只要细加琢磨,便不难领会。因为此"太子"横空出世,带给最大震惊和惶恐的,必是当朝天子与第一辅政大臣——天子当然唯恐江山不属,而霍光担忧的,却是自身权势不再;而等到真相大白,忧患解除以后,最先也是最深地觉得释然和轻松,并由衷感佩隽不疑的,也理所当然是昭帝与霍光。所以班固首先交代此二人的反应,是有微意存焉。至于霍光甚至要"以女妻之",则更可视为妙义层出,锦上添花。这样写法,其中的妙旨大有可味,原非寻常之笔所能达到。而昭帝与霍光的这些行为本身,已然昭示此事原属子虚乌有,所以事件真相自可缀于本传末尾,轻松叙来,作为补笔,且与前文断而复续,形成

---

① 前四史:汉书[M].北京:中华书局,1997:3038.

照应。

如此奇思妙笔，在《汉书》中虽不普遍出现，但也代表了《汉书》叙事特色的一个方面。而且因为《汉书》总体上"正"的文风，"正"中之"奇"，尤显可贵、难得。如果从险象环生、奇景迭出的角度审视，《隽不疑传》无疑是《汉书》中第一流的精彩篇章之一，无怪乎要被茅坤誉为《汉书》列传之"最"："隽不疑多大略，班掾叙次亦多风神有画意，《汉书》列传为最。"①

另外，《汉书》之"正"还有值得提及的一面，即持论正大。这在十《志》当中体现得较为集中，《礼乐志》《郊祀志》《地理志》《沟洫志》等等，其中都闪烁着史家班固体国经野的宏大眼光和深刻洞达的历史思考。如《刑法志》文末有云："原狱刑所以蕃若此者，礼教不立，刑法不明，民多贫穷，豪杰务私，奸不辄得，狱不平之所致也。《书》云'伯夷降典，哲民惟刑'，言制礼以止刑，犹堤之防溢水也。今堤防凌迟，礼制未立；死刑过制，生刑易犯；饥寒并至，穷斯滥溢；豪杰擅私，为之囊橐，奸有所隐，则狃而浸广：此刑之所以蕃也。……是以罔密而奸不塞，刑蕃而民愈嫚。必世而未仁，百年而不胜残，诚以礼乐阙而刑不正也。岂宜惟思所以清原正本之论，删定律、令，撰二百章，以应大辟。其余罪次，于古当生，今触死者，皆可募行肉刑。及伤人与盗，吏受赇枉法，男女淫乱，皆复古刑，为三千章。诋欺文致微细之法，悉蠲除。如此，则刑可畏而禁易避，吏不专杀，法无二门，轻重当罪，民命得全，合刑罚之中，殷天人之和，顺稽古之制，成时雍之化。成、康刑错，虽未可致，孝文断狱，庶几可及。《诗》云'宜民宜人，受禄于天'。《书》曰'立功立事，可以永年'。言为政而宜于民者，功成事立，则受天禄而永年命，所谓'一人有庆，万民赖之'者也。"② 此段议论正大切实，非深明治国之体、胸怀家国苍生者不能为。诚如李景星所言："班氏《刑法志》叙述极得大体，开端以礼与刑对勘，已寓轻重本末之意。……次叙刑……次又总括汉家刑事而备论之……终之以'礼乐阙而刑不正'，到底不脱'礼'字。不惟前后照应，章法谨严，并以制礼止刑之训隐隐为后世告焉。呜呼，此班氏之所以为良

---

①凌稚隆.汉书评林[M]//吴平，曹刚华，查珊珊.《汉书》研究文献辑刊：第二册.北京：国家图书馆出版社，2008：388.

②前四史：汉书[M].北京：中华书局，1997：1112.

史也！"①《志》体之外，《纪》《表》《列传》也时时处处体现出班氏持论之正大，可谓一以贯之。如《景十三王传赞》："昔鲁哀公有言：'寡人生于深宫之中，长于妇人之手，未尝知忧，未尝知惧。'信哉斯言也！虽欲不危亡，不可得已。是故古人以宴安为鸩毒，亡德而富贵，谓之不幸。汉兴，至于孝平，诸侯王以百数，率多骄淫失道。何则？沉溺放恣之中，居势使然也。自凡人犹系于习俗，而况哀公之伦乎！夫唯大雅，卓尔不群，河间献王近之矣。"②李景星言："赞语议论正大，笔意沉着，远胜《史记》原赞。"③信然！

二、由疏而密

再来说说疏与密的问题。就其实质讲，《史记》《汉书》的叙述风格由"疏"而"密"，与二者之间的从"奇"到"正"是一脉相承的。惟其"奇"，才会有"疏""粗""逸"的表现；同理，因为"正"，方能有"密""详""厚"的特点。只不过在所有这些"奇""正"的"连锁反应"的特点里，"疏"与"密"最显突出，可概其余，诚如刘熙载所说："苏子由称太史公'疏荡有奇气'，刘彦和称班孟坚'裁密而思靡'。'疏''密'二字，其用不可胜穷。"④

综观历代学者论《史》《汉》叙事之异同，都不乏"疏""密"的指辨，除了上引刘熙载所录苏辙和刘勰之语，朱熹也曾说"《太史公书》疏爽，班固书密塞。"⑤类似的直接将"疏""密"对举的又如刘大櫆所云："文贵疏。孟坚文密，子长文疏。凡文力大则疏。气疏则纵，密则拘；神疏则逸，密则劳。疏则生，密则死。"⑥朱子之语太短，不好一下便解，但他还有另一句话，似可帮助我们理解其意："司马迁才高，识亦高，但粗率。"⑦看来，"疏爽"虽不等同于"粗率"，但至少已很接近。至于刘大魁之说，实际不过是以孟坚、子长为依托，来附会他的论文主张。且只是以"疏""密"二

---

① 李景星.四史评议[M].韩兆琦，俞樟华，校点.长沙：岳麓书社，1986：163.
② 前四史：汉书[M].北京：中华书局，1997：2436.
③ 李景星.四史评议[M].韩兆琦，俞樟华，校点.长沙：岳麓书社，1986：206.
④ 刘熙载.艺概注稿[M].袁津琥，校注.北京：中华书局，2009：79.
⑤ 黎靖德.朱子语类[M].北京：中华书局，1986：3202.
⑥ 刘大櫆.论文偶记[M].北京：人民文学出版社，1959：8.
⑦ 黎靖德.朱子语类[M].北京：中华书局，1986：3202.

字贯之，但究竟何谓"疏""密"，所言不详。而更多的论者虽没有直接以"疏""密"对举，但从他们的相关论述中，可窥得"疏""密"所指之一二。唐刘肃云："司马迁意在博文，综核疏略，后六经而先黄老，贱处士而宠奸雄。"[①]"疏""略"连文，似指一义。后朱熹说《史记》记七国之反"甚疏略，却都是汉道理。班固所载虽详，便却不见此意思"[②]，这个"疏略"与"详"对言，更明显是"简略"之意。王若虚所言"迁记事疏略而剩语甚多，固记事详备而删削精当，然则迁似简而实繁，固似繁而实简也"[③]，与此同义，又多了一层繁芜与简净的对比。到明代王鏊又云："《史记·董仲舒传》不载《天人三策》，贾谊与屈原同传，不载《治安》等疏，视《汉书》疏略矣。盖《史记》宏放，《汉书》详整，各有所长也。"[④]明何乔新曰："班掾《汉书》，范晔称其'详而有体'，如贤良策载其三篇，皆明于经术，此详而有体也。"[⑤]着眼点已不是记事本身的详与略，而是从材料去取的态度立言，那么这个"疏"就有了疏漏、简阔之意，而"宏放"与"详整"云云，更是重在风格与气度的对比。茅坤所谓"《史记》以风神胜，而《汉书》以矩矱胜。惟其以风神胜，故其遒逸疏宕如餐霞，如啗雪，往往自眉睫之所及，而指次心思之所不及，令人读之，解颐不已；惟其以矩矱胜，故其规划布置，如绳引，如斧斵，亦往往于其复乱庞杂之间，而有以极其首尾节奏之密，令人读之，鲜不濯筋而洞髓者。"[⑥]将《史记》的"遒逸疏宕"，拿来对照《汉书》"规划布置"的"首尾节奏之密"，则是深入到叙事结构的比较了。

这样看来，"疏""密"二字指涉甚广，似无确指。其实这正反映了《史》《汉》二著叙事特征的丰富性，原不必亦不宜有所确指。我们则要试图跳出就《史》《汉》论《史》《汉》的圈子，从史传著作叙事发展的大局去审视和观照，我以为，这个由"疏"而"密"，简单地说，就是从疏阔走向严密。文学上，它是两种风格，应该说各有所长；但从史事记述的角度，这是《汉书》对《史记》的一种进步。司马贞说："夫太史

[①] 杨燕起，陈可青，赖长扬.历代名家评史记[M].北京：北京师范大学出版社，1986：257.
[②] 黎靖德.朱子语类[M].北京：中华书局，1986：3202.
[③] 王若虚.滹南遗老集校注[M].胡传志，李定乾，校注.沈阳：辽海出版社，2006：180.
[④] 杨燕起，陈可青，赖长扬.历代名家评史记[M].北京：北京师范大学出版社，1986：261.
[⑤] 凌稚隆.汉书评林[M]//吴平，曹刚华，查珊珊.《汉书》研究文献辑刊：第二册.北京：国家图书馆出版社，2008：215.
[⑥] 凌稚隆.汉书评林[M]//吴平，曹刚华，查珊珊.《汉书》研究文献辑刊：第一册.北京：国家图书馆出版社，2008：1.

公记事，上始轩辕，下讫天汉，虽博采古文及传记诸子，其间残阙盖多，或旁搜异闻以成其说。"① 胡应麟也说："子长叙事喜驰骋，故其词芜蔓者多。"② 确实，抵牾、阙漏之处时见，是《史记》不必讳言的缺点，以至清人梁玉绳因感于《史记》"百三十篇中，愆违疏略，触处滋疑，加以非才删续，使金玉罔别，镜璞不完，良可闵叹。解家匡谬甄疵，岂无稗益，第文繁事博，舛漏尚多"③，起而为之探本溯源，匡谬正疵，历二十余年而成《史记志疑》三十六卷。且不论其结论与成就如何，《史记》"草创之疏"④ 正可得见。"班氏父子因其例而损益之"⑤，兼采各家之长，踵事增密，条流更明。虽未臻至善，但醇而少杂，毕竟是更加严密而详整了。

我们还要特别指出，《汉书》叙事较《史记》严密、详整，是突出表现在对一些历史关节的补足、交待上，不管事大事小，《汉书》都注意揭示其前后关联，环环扣紧；而不是说对每个单一事件的描述，《汉书》都要详于《史记》。恰恰相反，在很多情况下，对于某件史事，《汉书》的记述往往要简于《史记》，"鸿门宴"就是一个最好的例证。这自然要另当别论。

那么《汉书》是怎么打通历史关节的呢？比如，项羽违背"先入定关中者王之"的初约，"更立沛公为汉王，王巴、蜀、汉中四十一县，都南郑。"⑥ 当诸侯军罢戏下，各自就国，刘邦功高被贬的满腹牢骚、极不情愿可想而知，他怎肯轻易俯首？《史记》在这里出现了断层，《项羽本纪》《高祖本纪》及其余篇章均无只字片语的交待，似乎一切都进行得非常顺利。只有到《汉书》，才补足了这一遗漏，为我们解惑释疑。《汉书·高帝纪》记载当时"汉王怨羽之背约，欲攻之，丞相萧何谏，乃止。"⑦ 继而在《萧何传》中详细记述事件过程：

  汉王怒，欲谋攻项羽。周勃、灌婴、樊哙皆劝之，何谏之曰："虽王汉

---

① 前四史：史记[M].北京：中华书局，1997：附录.
② 胡应麟.少室山房笔丛[M].上海：上海书店出版社，2009：129.
③ 梁玉绳.史记志疑[M].北京：中华书局，1981：2.
④ 钱大昕.潜研堂集[M].吕友仁，校点.上海：上海古籍出版社，2009：396-397.
⑤ 钱大昕.潜研堂集[M].吕友仁，校点.上海：上海古籍出版社，2009：397.
⑥ 前四史：汉书[M].北京：中华书局，1997：28.
⑦ 前四史：汉书[M].北京：中华书局，1997：28.

中之恶，不犹愈于死乎？"汉王曰："何为乃死也？"何曰："今众弗如，百战百败，不死何为？《周书》曰'天予不取，反受其咎'。语曰'天汉'，其称甚美。夫能诎于一人之下，而信于万乘之上者，汤、武是也。臣愿大王王汉中，养其民以致贤人，收用巴、蜀，还定三秦，天下可图也。"汉王曰："善。"乃遂就国，以何为丞相。①

这样不仅体现了历史情节的完整性和合理性，也使萧何在这一重大历史关头所表现出的冷静、睿智和关键作用得以突出，让人们了解到这一人物的又一不凡功绩。

又如，沈德潜指出："贾山《至言》与贾谊之疏、董仲舒之策，可以鼎足，又能谏文帝除铸钱之令，而《史记》不为列传，《汉书》补之，此班之胜于马也。"②且不说对此三人之重要著述，《汉书》文献保存之功至伟；即使仅仅以董仲舒《天人三策》全文，尤其罢黜百家、独尊儒术的主张对西汉统治思想的改造，对中国文化走向的重要影响和深远意义，又怎是一个"胜"字所能概括得了的！对这样关乎历史进程的大机括、大文章，《史记·儒林列传》记董仲舒时竟然未著一字。李景星认为，"西汉儒者以董仲舒为第一，其学纯乎孔孟，其告君必以尧舜为归，盖七篇而后，未有能及之者。太史公因其长于《春秋》，次之于《儒林传》中，与申公、辕固生等并列，不可谓不推重。然仲舒对策推明孔氏，抑黜百家，其言皆正大而且实用；至其辅相骄王，尽心匡正，尤得大臣之体，岂仅以经生名世哉！"而《汉书·董仲舒传》"于'学士皆师尊之'下，详载贤良三策；于'为江都相'下，详载其对易王正谊明道等语；于'病免'下，添'两相骄王'语；于'修学著书为事'下，添'仲舒在家，朝廷如有大议，使使就问'数语；又'武帝推明孔氏，抑黜百家，皆自仲舒发之'数语；又'子孙皆以学至大官'，及'仲舒所著，皆明经术之意'数语，而董仲舒之学术经济俱见矣。"③刘咸炘说："天人三策、对江都王，乃仲舒学之纲要。"④可以毫不夸张地说，班固用他的《汉书·董仲舒传》，为中国思想史、文化史，替《史记》补上了最绚烂的一笔。

---

① 前四史：汉书[M].北京：中华书局，1997：2006.
② 杨燕起，陈可青，赖长扬.历代名家评史记[M].北京：北京师范大学出版社，1986：270.
③ 李景星.四史评议[M].韩兆琦，俞樟华，校点.长沙：岳麓书社，1986：209.
④ 刘咸炘.刘咸炘学术论集：史学编[M].黄曙辉，编校.桂林：广西师范大学出版社，2007：204.

《汉书》文学个性初探

当然,《汉书》的比《史记》严密,并不都表现在大格局、大关节上,有时候一些小小的改动,从中也能窥见这种进步:

> 《史记》,分王诸将,韩王成都阳翟。《汉书》无"都阳翟"三字,以成虽有此封,实未至国也。①

> 《吴王濞传》,《史记》,晁错议削诸王地,楚王戊以在薄太后服中有奸,削东海郡,因削吴之豫章、会稽二郡。及前二年削赵王河间郡,胶西王六县。汉廷臣方议削吴,吴王恐削地无已,因此发谋。按是时廷臣所议削者,即豫章、会稽也,故下文云,及削豫章、会稽书至,吴王遂反。今先云削吴之豫章、会稽,下又云方议削吴,是又于二郡外再议削矣,则下文所谓及削豫章、会稽书至者,又何说耶?《汉书》先删去削豫章、会稽字,但云削楚及赵、胶西地,廷臣方议削吴,及削豫章、会稽书至,吴王遂反,较为明晰。②

> 厉王以罪废徙蜀,《史记》谓一路传送者皆不听发车封。王谓侍者曰:"吾以骄故,不闻过至此。人生一世间,安能邑邑如此!"乃不食死。至雍,雍令发封,以死闻。按既不发封,则王在车中与谁语?若有人共语,则饿死后岂不声言,直待雍令发封始知耶?《汉书》先叙王语,方叙传送者不敢发封,以致饿死,文义较明。③

上述材料引自清赵翼《廿二史札记》。这些梳理、比较,颇能见出《汉书》较《史记》密而谨的叙事特点。

有时一点细微的差别,也能反映出班固"改造"《史记》时力求严密的用心。不妨转引这样一条有趣的增字现象:"《史记·司马相如列传》写卓王孙请司马相如去他家做客时说:'至日中,谒司马长卿,相如谢病不能往。临邛令不敢尝食,自往迎相如。相如不得已强往,一坐尽倾。'既然如此'不得已',那么到了宴会上自然也就不应该再有什么过于积极的表现了,但事实却不如此。当人们邀请司马相如鼓琴时,司马相

---

① 赵翼.廿二史札记校证[M].王树民,校证.北京:中华书局,1984:15.
② 赵翼.廿二史札记校证[M].王树民,校证.北京:中华书局,1984:19.
③ 赵翼.廿二史札记校证[M].王树民,校证.北京:中华书局,1984:20.

如'为鼓一再行。是时卓王孙有女文君新寡,好音,故相如缪与令相重,而以琴心挑之'。前后的表现完全矛盾,实不可解。到《汉书》中,班固对此增加了一个字,将其改为'相如为不得已而强往'。'为'者,'伪'也,意思即假装。于是豁然贯通,原来前面的'不得已',乃是一种故意的拿捏,假撇清!实际上他早就想去找卓文君了。这个'为(伪)'字怎么能省!"① 真是庄谐两兼,妙趣横生!

《史》"奇"《汉》"正"不可看作泾渭,同样,《史》"疏"《汉》"密"也不能视为绝对,就像明黄淳耀指出的:"马疏班密,向有定论,然亦论其行文耳,其叙事处互有疏密。"② 甚至会出现刚好相反,《汉》"疏"《史》"密"颠倒的个案,也在所难免。比如:

> 《韩信传》,《史记》汉王之败彭城,信收兵与汉王会荥阳,《汉书》谓信发兵与汉王会荥阳。按是时信未有分地,何从发兵?盖收集溃卒耳,收字得实。③

总之,从《史记》到《汉书》,叙事上有一个由张扬到内敛、露情到持重、灵活到正规的转变。二者都是千古杰作,各有其长。章学诚说:"史氏继《春秋》而有作,莫如马、班,马则近于圆而神,班则近于方以智也。""盖迁书体圆用神,多得《尚书》之遗;班氏体方用智,多得官礼之意也。"并且指出:"然而固《书》本撰述而非记注,则于近方近智之中,仍有圆且神者,以为之裁制,是以能成家,而可以传世行远也。"④ 后来刘咸炘也有类似提法:"章君尝谓:'马书体圆而用神,班书体方而用智。'然方智之中,仍有圆神者存,后世失之矣。"⑤ 这些与我们前面讨论的"奇""正""疏""密",不尽同但完全相通,道理近似。说到底,其实就是《史》《汉》二者在叙事上"拘"与"不拘"的问题。《史记》例不拘常,而有常法可循;《汉书》体有一定,亦能不

---

① 韩兆琦.中国古代散文专题[M].北京:高等教育出版社,2008:103-104.
② 杨燕起,陈可青,赖长扬.历代名家评史记.[M]北京:北京师范大学出版社,1986:263.
③ 赵翼.廿二史札记校证[M].王树民,校证.北京:中华书局,1984:17.
④ 章学诚.文史通义校注[M].叶瑛,校注.北京:中华书局,1985:49-50.
⑤ 刘咸炘.刘咸炘学术论集:史学编[M].黄曙辉,编校.桂林:广西师范大学出版社,2007:174.

拘定法。[1]

第二节 《汉书》对近世史传文风的振起

自《史记》创为纪传体，降至《汉书》产生的时代，百余年间，传记文学已有了长足发展。而仅从《史记》的续作来说，班固之前已先后有二十多人进行了这项工作，在班固之时，想必都是能见到这些作品的。如何对此进行比较、删汰，去粗取精，拔高一筹，也是摆在班固面前绕不过去的课题。

苏轼称赞韩愈"文起八代之衰"[2]，我们不敢贸然用这样的隆誉来给班固加上灿亮的冠冕。但是，挽住史传文章日渐衰靡的颓势，振地拔高，远绍《史记》，却是班彪父子的一大作为、一大贡献，尤以班固最有力焉，却是不容否认的。

范晔《后汉书·班彪列传》载："彪既才高而好述作，遂专心史籍之间。武帝时，司马迁著《史记》，自太初以后，阙而不录，后好事者颇或缀集时事，然多鄙俗，不足以踵继其书。彪乃继采前史遗事，傍贯异闻，作后传数十篇，因斟酌前史而讥正得失。"[3] 这些"好事者"，据本传李贤注、《汉书》颜注及刘知幾《史通·古今正史》篇，约有刘向、刘歆、冯商、孟柳、扬雄、阳城衡、褚少孙、史岑[4]、梁审、肆仁、晋冯、段肃、金丹、冯衍、韦融、萧奋、刘恂等人，郑樵《通志·总序》又拉入了贾逵[5]，人

---

[1] 譬之行伍，《史记》就像是游击军，而《汉书》无疑是正规部队，大要如此。类似譬喻前人多有，如王鏊："子长之文博而肆，孟坚之文率而整。方之武事，子长如老将用兵，纵横荡恣，若不可羁而自中于律。孟坚则游奇布置，不爽尺寸，而部勒雍容，密而不烦，制而不迫，有儒将之风焉。"又如茅坤："予尝譬之治兵者，太公则韩、白之兵也，批亢捣虚，无留行，无列垒，鼓钲所向，川沸谷平；乃若班掾，则赵充国之困先零、诸葛武侯之出岐山也，严什伍，饱糇粮，谨间谍，审向导，先为不可胜，以待敌之可胜，故其动如山，其静如阴，攻围击刺，百不失一。两家之文，并千古绝调也。"

[2] 苏轼. 苏轼文集[M]. 孔凡礼，点校. 中华书局，1986：508.

[3] 前四史：后汉书[M]. 北京：中华书局，1997：1324.

[4] 按：据《文选·史孝山〈出师颂〉》李善注，名"史岑"者有二人：字子孝者仕王莽之末，字孝山者当和熹之际，中间间隔百有余年（萧统《文选》，李善注，上海古籍出版社1986年版，第2096页）。然则《后汉书》所云："王莽末，沛国史岑子孝亦以文章显"者，无误，但李贤注云"岑一字孝山，著《出师颂》"者误（详见《前四史：后汉书》，中华书局1997年版，第2610页）。

[5] 郑樵《通志·总序》："自昭帝至平帝，凡六世，资于贾逵、刘歆。"详见郑樵《通志》，中华书局1987年版，志一中。

数可观。但补续作品除褚少孙"缀集"之作因附于《史记》而得流传，余皆湮没无闻。这不会仅仅是因为班彪的摒弃，最终原因，当归于历史的淘汰。他们的续作"鄙俗"在哪里，到什么程度，今已不得而知。班彪、班固父子应时而生，对于中国的史学领域，实在是继百多年前司马谈、司马迁父子之后又一传奇式幸事。而更富传奇色彩的是，班彪再次扮演了司马谈的角色，为子辈的著述铺路垫基。班彪之作赖《汉书》流传下来了一部分，但已非原貌，需做一番详细精审的辨疑和勾沉工作，这个暂且不论。先来重点关注班固，这个"年九岁，能属文诵诗赋，及长，遂博贯载籍，九流百家之言无不穷究"的一代俊秀，年方十三，便被王充一见而"抚其背谓彪曰：'此儿必记汉事'"①。除了显示班固史才的"早熟"，这里还透露了一个信息："记汉事"在东汉初已经成为一个重要课题，是时代的呼唤，学人们也以此来策励自己、察量别人，甚至暗自较劲、炫耀都有可能，最终只是花落谁家、谁能最终担此重任的问题。而班固也终于没有辜负王充的预言，没有荒废从小就表现出的过人的修史才能，潜精积思二十余年而编撰成《汉书》——在那个时代，只有他做到了。我们不该忽略，班固在完成《汉书》之前，还曾"与前睢阳令陈宗、长陵令尹敏、司隶从事孟异共成《世祖本纪》"②，这些共事的人都是当时的显学硕儒，奉诏修史，亦当有其突出的史才。然而《世祖本纪》最终也只成为历代共修的《东观汉记》的一部分。大浪淘沙，"记汉事"的大任的担当，历史最终抖落其余而选择了班固，这绝不仅仅是偶然。班固在《汉书·叙传》言及他撰写本著的初衷和经过时，有这样一段话：

  汉绍尧运，以建帝业，至于六世，史臣乃追述功德，私作本纪，编于百王之末，厕于秦、项之列。太初以后，阙而不录，故探纂前记，缀辑所闻，以述《汉书》，起元高祖，终于孝平王莽之诛，十有二世，二百三十年，综其行事，旁贯《五经》，上下洽通，为春秋考纪、表、志、传，凡百篇。③

---

① 前四史：后汉书[M].北京：中华书局，1997：1330.
② 前四史：后汉书[M].北京：中华书局，1997：1334.
③ 前四史：汉书[M].北京：中华书局，1997：4235.

《汉书》文学个性初探

班彪只是"继采前史遗事,傍贯异闻",到班固已成"探纂前记,缀辑所闻……综其行事,旁贯五经",一"继"一"探",一"采"一"综",从"异闻"到"五经",立言立意,何其不同,这是怎样的一个进步!班固乃"实睿实聪"之人,他不能满足于在他父亲以前众人对《史记》修补续断的简单工作。他要另起炉灶,断代成书。没有远过前人的魄力和才识,谈何容易。这是我们谈的作品体制和作者修史才能方面,班固对历史散文起衰救弊的第一步。

那么所谓"好事者"的续作,到底提供给班固多少参考和利用价值呢?在前文所列续作者名单中,明确被班固在《汉书》中提及的只有冯商、刘向、刘歆、扬雄和班彪。褚少孙的续作当然久附《史记》,今犹历历在目的还有不少,留待下文讨论。

先看冯商。《汉书·艺文志》"春秋家"录"冯商所续《太史公》七篇",又于其类之小序中自注"省《太史公》四篇"。[①]据清姚振宗考,"班氏省之,即冯商书"[②],这样去四取七就显得有些特别而且奇怪了。姚氏又云:"冯商所续,著录七篇,省四篇,盖十一篇,故班氏、韦氏并云十余篇。"[③]张舜徽先生说:"班氏自注云'省《太史公》四篇'者,谓《七略》原有而此志省去也。"[④]说"《七略》原有"还好理解,[⑤]但"此志省去"却是为何呢?一个最合理的推断是,大概班固出于对刘向、刘歆的尊崇和对《七

---

① 前四史:汉书[M].北京:中华书局,1997:1714.

② 王承略,刘心明.二十五史艺文经籍志考补萃编[M].北京:清华大学出版社,2011:244.

③ "韦氏"指韦昭。韦昭注《汉书》云:"冯商受诏续《太史公》十余篇,在班彪别录,商字子高。"详见王承略,刘心明《二十五史艺文经籍志考补萃编》第三卷,清华大学出版社2011年版,第111页。

④ 张舜徽.汉书艺文志通释[M].武汉:华中师范大学出版社,2004:235.本版《汉书艺文志通释》一书于此"志"字省了书名号,宜加补。

⑤ 或如顾实先生所说,"续(《太史公》)者不止冯商一人,盖余俱中秘所不藏,故刘《略》、班《志》不录欤。"(详见班固著,顾实讲疏《汉书艺文志讲疏》,上海古籍出版社2009年版,第65页)。或如张舜徽先生所说:"续《太史公》者,其人尚多。刘《略》班《志》独著录冯商一家者,殆以其学出刘向耳。"(详见张舜徽《汉书艺文志通释》,华中师范大学出版社2004年版,第233页。)按"学出刘向"说,有颜师古注为据:"《七略》云,商,阳陵人。治《易》,事五鹿充宗,后事刘向。能属文,后与孟柳俱待诏,颇序列传,未卒,病死。"(详见《前四史:汉书》,中华书局1997年版,第1715页)。

略》的看重①，沿其旧貌而引录冯商之作，但省去了其中尤为"鄙俗"或甚不合己的四篇。惜在所录、所省的十一篇冯商之作今均已不传，无从窥知其详情，也不能考察班固去取的用心和标准。但仅存在《汉书》列传部分的两条有关冯商的信息，或许可以帮助我们了解一点"内情"：

> 冯商称张汤之先与留侯同祖，而司马迁不言，故阙焉。②
>
> 自孝武置左冯翊、右扶风、京兆尹，而吏民为之语曰："前有赵张，后有三王"。然刘向独序赵广汉、尹翁归、韩延寿，冯商传王尊，扬雄亦如之。③

《赵尹韩张两王传》是一篇合传，所记载的赵广汉、尹翁归、韩延寿、王尊、王章五人都曾在昭、宣、元、成之际做过"左冯翊、右扶风、京兆尹"之类，且都有所作为，颇立政绩。刘向"独序"赵、尹、韩三人，不管是出于何种原因，总归不够全面。冯商另具慧眼，补"传王尊"，这说明他有敏锐的历史洞察力和捕捉典型人物的眼光，是具备一定的史才和史识的。但也许他才有不足，记述不周，所以有扬雄更"如之"。当然这只能是一种推测，冯商具体是如何"传"，扬雄又是怎样"如"的，我们已不得而知。但冯商之史才不足，难继《太史公书》，却可肯定，因为有前一条材料佐助我们的认识。试想，冯商轻率地宣称"张汤之先与留侯同祖"，这是无论如何也不能为之回护的瑕疵。我们的语气这样断定是并不过分的，因为生活时代去留侯未远、且又与张汤同时的司马迁都对此从未有只字提及，半个多世纪以后的冯商又是从何处冒出来的这一说法！仅此一条，已足以窥知冯商所谓的"续"史究竟是一个怎样的境况。班固是非常推崇司马迁的史才的，服膺于其"善序事理"④的"实录"精神，并以此自励。他搬出司马迁来轻轻推倒冯商的无稽之谈，正见出班固史才、史识之高，直追

---

① 《汉书·楚元王传》赞："自孔子后，缀文之士众矣，唯孟轲、孙况、董仲舒、司马迁、刘向、扬雄。此数公者，皆博物洽闻，通达古今，其言有补于世。传曰：'圣人不出，其间必有命世者焉'，岂近是乎？刘氏《洪范论》发明《大传》，著天人之应；《七略》剖判艺文，总百家之绪，《三统历谱》考步日月五星之度。"详见《前四史：汉书》，中华书局1997年版，第1973页。

② 前四史：汉书[M].北京：中华书局，1997：2657.

③ 前四史：汉书[M].北京：中华书局，1997：3239.

④ 前四史：汉书[M].北京：中华书局，1997：2738.

史迁。

　　说到这里，我们不得不暂时中断对《史记》续作者及作品的梳理，而大致辨析一下所谓的"续"作《太史公书》，在两汉到底走了怎样的路径。我以为，共有两种情况，或曰两条路：一条便如上述冯商之类，"传王尊"之"传"。本来，两汉时代，"传"字常见与"记"字连用为"传记"一词，多数情况下用以指经籍的训释，《后汉书·卢植列传》载其上书云"今《毛诗》《左氏》《周礼》各有传记，共与《春秋》相表里"①，明显就是此意。观《汉书·东方朔传》称董偃"颇读传记"，《后汉书·郑玄列传》郑玄自称"博稽六艺，粗览传记，时睹秘书纬术之奥"②，都是这个意思。但《汉书·楚元王传》附《刘向传》云向"采传记行事，著《新序》、《说苑》凡五十篇奏之"③，这里"传记"与"行事"连言，已不是通常意义上的"传记"，而应分解为"传"和"记"，"传"为名词，"记"为动词，连起来即为"传中所记"。"传"已隐然含有人物传记的意义。而直言冯商"传王尊"，将"传"字与某一人物联系起来，显然更不是"训释"之义了。这个"传"，最宜解作人物传记之类，"传王尊"即是为王尊作传。其实，《太史公书》自宣帝朝得以流布以来④，"列传"的名称和做法，对之后的"好事者"如冯商之类已不陌生，奠定了为某一人物立传的可能，甚至可以说提供了模式。《东方朔传》⑤的出现，并被褚补《史记》和班固《汉书》对它有所吸收、引用的现象，更说明当时确已有人物传记的创作和流传，冯商之作只是其一。但是作品不传，我们便无法详其面貌了；另一条路，却走的是"论"的途径。汉初贾谊《过秦论》等作品，似可视为滥觞。《汉书·艺文志》在《诸子略》"杂家类"著录"司马相如等"《荆轲论》五篇，但《文心雕龙·颂赞》篇云"至相如属笔，始赞荆轲"⑥，则又是《荆

---

①前四史：后汉书[M].北京：中华书局，1997：2116.
②前四史：后汉书[M].北京：中华书局，1997：1209.
③前四史：汉书[M].北京：中华书局，1997：1958.
④《汉书·司马迁传》："迁既死后，其书稍出。宣帝时，迁外孙平通侯杨恽祖述其书，遂宣布焉。"详见《前四史：汉书》，中华书局1997年版，第2737页。
⑤或称《东方朔别传》，分见《世说新语注》《文选注》及《太平御览》诸卷，朱东润先生《八代传叙文学述论》一书附录有辑本。在《八代》一书第三部分"传叙文学底蒙昧时期"里，朱先生已考证《东方朔传》的完成"在《汉书》之前"，"必在武帝以后，褚少孙、刘向以前，大致在昭帝、宣帝之间。"见朱东润《八代传叙文学述论》，复旦大学出版社2006年版，第41-42页。
⑥刘勰.文心雕龙注[M].范文澜，注.北京：人民文学出版社，1958：158.

轷赞》。不管是"论"是"赞",汉人喜欢论列历史人物的传统看来久已有之。只不过"论"之体前后虽一,但所论对象和内容,已由朝代国家缩至历史人物了。刘向、刘歆、扬雄等人的所谓续史,大概即属于这一类。班固在《汉书》纪传部分每每引述他们的观点时,总离不开使用一些象征议论性质的字眼,除了上文所举的刘向"独序"之"序"①,还有如:

> 刘向云,战国时,刘氏自秦获于魏……②
>
> 刘向称贾谊言三代与秦治乱之意,其论甚美……③
>
> 扬子以为孝文亲诎帝尊以信亚夫之军,曷为不能用颇、牧?……④
>
> 刘向称董仲舒有王佐之才……至向子歆,以为伊吕乃圣人之耦……至向曾孙龚,笃论君子也,以歆之言为然。⑤
>
> 扬雄以为靡丽之赋,劝百而风一……⑥
>
> 刘向言,少时数问长老贤人通于事及朔时者……而扬雄亦以为朔言不纯师,行不纯德……⑦
>
> 其后谷口有郑子真,蜀有严君平……及雄著书言当世,称此二人。其论曰……⑧

这些字词透露的信息,"论"的分量之重,非常明显。而且,上面所录的扬雄讥短东方朔之语见其《法言·渊骞》篇,称赞郑、严二人之言见《法言·问神》及《问明》篇——而《法言》绝不是纪传体史著。如果要求更加贴近于"续"史的层面,则

---

① 《汉书·艺文志》"诸子略"儒家类录"刘向所序六十七篇""扬雄所序三十八篇",并自注谓即《新序》《说苑》《世说》《列女传颂图》《太玄》《法言》等。"序"重在指"论次",甚明。详见《前四史:汉书》,中华书局1997年版,第1727页。
② 前四史:汉书[M].北京:中华书局,1997:81.
③ 前四史:汉书[M].北京:中华书局,1997:2265.
④ 前四史:汉书[M].北京:中华书局,1997:2326.
⑤ 前四史:汉书[M].北京:中华书局,1997:2526.
⑥ 前四史:汉书[M].北京:中华书局,1997:2609.
⑦ 前四史:汉书[M].北京:中华书局,1997:2873.
⑧ 前四史:汉书[M].北京:中华书局,1997:3056.

我们还可引申出去，举出刘向曾作《商君论》一篇[①]。这篇文章在《新序》原书也许不是单独成篇，但它告诉我们，刘向等人喜"论"史而非"叙"史，却是很明了的。《汉书·艺文志》将《法言》《太玄》《新序》《说苑》连同《列女传》一并归入《诸子略》之"儒家"，而非《六艺略》之"春秋"类，就很明白地昭示不能视它们为史体。盖刘、扬等人确乎对汉代过往的人、事有一些看法，但他们的表达多用议论式、品评式。所谓"续"作史者，可能就是指此而言。后来即使如班彪所作的《王命论》，虽径直以"论"名篇，却正被刘勰归入"史体"："及班彪王命、严尤三将，敷述昭情，善入史体。"[②]跟这一个道理。余嘉锡先生也曾指出："余按《史通·采撰》篇只云《汉书》太初以后杂引《新序》《说苑》《七略》之辞，不言有《续史记》。《文选·西征赋》云：'长卿渊云之文，子长政骏之史。'李善注只引《汉书》向著《疾谗》《摘要》《救危》及《世颂》凡八篇，又著《五行传》《列女传》《新序》《说苑》，歆著《七略》，亦不言有《续史记》。是则潘安仁、刘知幾所称向歆之史，即指《新序》《说苑》《七略》《别录》言之，未尝别著一书名为《续史记》也。且司马迁书本不名《史记》，两汉人安得有《续史记》乎！"[③]"余因以疑《史通·正史》篇'向、歆相次，撰《续史记》'，即是指《七略》、《别录》；因其体如列传，故为后人采入《续史记》之中，并非向、歆实尝修史。"[④]

所以说，有非常之功，必待非常之人。历史的"大叙事"、大手笔，史迁之后，惟可期于班固。虽然《新序》《说苑》等著作中确也存在一定的叙事成分，刘向所著《说苑》中"东海孝妇"的故事还被班固采入《汉书·于定国传》，《列女传》中的叙事成分更夥。但它们多是采自前人书籍或缀集时闻佚事的片段而成，意在垂训鉴戒，

[①] 见《史记·商君列传》裴骃《集解》引，题作"《新序》论曰"。文章命名取吴小如先生之说，见其《古文精读举隅》，天津古籍出版社2002年版，第161-163页。严可均辑录《全上古三代秦汉三国六朝文》时，署此文名曰《新序论》，归于刘歆名下，并误。详见严可均《全上古三代秦汉三国六朝文》第一册，上海古籍出版社2009年版。

[②] 刘勰.文心雕龙注[M].范文澜,注.北京：人民文学出版社，1958：327.

[③] 杨树达.积微居小学金石论丛[M].上海：上海古籍出版社，2013：19-20.

[④] 语出北京大学出版组1930年代出版的余嘉锡《目录学发微》一书《叙录》篇。余先生晚年曾修改整理《目录学发微》，后由上海古籍出版社等诸家出版机构再版时，上引内容全被删去。详见安学勇《余嘉锡学术思想研究》，河北人民出版社2020年版，第58页。

第四章 《汉书》的叙事艺术（上）

而非记史①，谈不上是对《史记》的续作，更无法与《汉书》宏阔、系统的历史叙事同日而语，也就失了对比的资格了。

至于班彪的续《太史公书》，前人多认为已吸纳进《汉书》。但除了几篇列传赞语赫然写着"司徒掾班彪曰"的字样，其他并没有太明显的痕迹可检寻。也有学者从一些字句、称谓上下功夫，考证《汉书》中的班彪之作②。但即使这样，依然难辨此篇作品是全篇皆彪作呢，还是班固只取其一部分入了《汉书》？如果属于后一种情况，那么哪部分文字是彪作、哪些又属固作呢？比如《汉书·元后传》，赞语虽然标示"司徒掾班彪曰"，可是正文明明有"世祖初起，（刘）丹降为将军，战死"③的话，称呼光武帝为"世祖"，又显系班固的语气。如此之例全书尚多。况且班固积思二十余年才著成《汉书》之大部，尚不满百篇④，那么就很值得怀疑，到底所谓班彪之"续太史公书百篇以上"⑤，又该是怎样的一副境况？如此这般，非专力深入考辨，难得其要。但这是须另外撰文讨论的问题。就历史叙事的层面，留待作为《汉书》比较对象的，只有褚少孙一人之作。

褚少孙，《史记·孝武本纪》索隐："张晏云：'褚先生，颍州人，仕元、成间。'韦棱云：'《褚顗家传》：褚少孙，梁相褚大弟之孙，宣帝时为博士，寓居沛，事大儒王式，故号先生。续《太史公书》。'阮孝绪亦以为然。"⑥他之爱好《史记》，屡

---

①《汉书·楚元王传》附《刘向传》载："向以为王教由内及外，自近者始。故采取《诗》《书》所载贤妃贞妇，兴国显家可法则，及孽嬖乱亡者，序次为《列女传》，凡八篇，以戒天子。及采传记行事，著《新序》《说苑》凡五十篇奏之。"详见《前四史：汉书》，中华书局1997年版，第1957—1958页。

②陈其泰，张爱芳.20世纪二十四史研究丛书汉书研究：第四卷[M].北京：中国大百科全书出版社，2009：200-212.

③前四史：汉书[M].北京：中华书局，1997：4035.

④袁宏《后汉纪》卷十九孝顺皇帝永和五年记载："班固著《汉书》，缺其七表，及《天文志》有录无书，续尽踵而成之。"（荀悦、袁宏《两汉记》，张烈点校，中华书局2002年版，第369页）一般认为"七"当作"八"，"续"指马续。《后汉书·列女传·曹世叔妻》却载："兄固著《汉书》，其八表及《天文志》未及竟而卒，和帝诏昭就东观藏书阁踵而成之。……及邓太后临朝……时《汉书》始出，多未能通者，同郡马融伏于阁下，从昭受读；后又诏融兄续继昭成之。"（详见《前四史：后汉书》，中华书局1997年版，第2784—2785页）以后《隋书·经籍志》及《史通》等书说法又各互有异同。但有一点是相通的，即班固生前《汉书》并未彻底杀青，待后人补作乃得完整。

⑤王充《论衡·超奇》篇："班叔皮续太史公书百篇以上。"详见黄晖《论衡校释》，中华书局1990年版，第538页。

⑥前四史：史记[M].北京：中华书局，1997：451.

有自白。《史记·三王世家》:"褚先生曰:臣幸得以文学为侍郎,好览观太史公之列传。"① 又《龟策列传》:"褚先生曰:臣以通经术,受业博士,治《春秋》,以高弟为郎,幸得宿卫,出入宫殿中十有余年。窃好《太史公传》。"② 因好之而更续之,其情可原可嘉。今日所见褚补作品附于《史记》,以"褚先生曰"标出者凡有十篇:《三代世表》《建元以来侯者年表》《陈涉世家》《外戚世家》《梁孝王世家》《三王世家》《田叔列传》《滑稽列传》《日者列传》《龟策列传》③。综观其所续之作,不乏有一定贡献之处,但也许是因为紧邻于《史记》原文的映照,总体成就似不甚高,缺乏精彩,正所谓"珠玉在前则形秽,高松之下无茂草也"④。仅以《史记·三代世表》中褚先生续作的文字看,首先,模仿史公之文的痕迹十分明显。以问答体行文于我们并不陌生,汉赋、汉文多有,但褚先生此处与"张夫子"的往来问答,无疑是《太史公自序》中太史公与壶遂对言的翻版,尤以其中"此可为博闻远见者言,固难为浅闻者说也"⑤一语,更明显是化自司马迁《报任安书》"此可为智者道,难为俗人言"⑥的句法,只是太过刻意;还有,百字之内三言"天命":"天命难言,非圣人莫能见"⑦,"皇帝策天命而治天下"⑧ "其有天命然"⑨ 等,实际也是对司马迁好密集重复某些语词以增强语感和气势的做法的学习。推开来说,后人往往喜对此类论调冠以"封建""保守"等恶名而专责于班固,独不见其早为前人所发为如此自然而然乎?其次,从史学著作的层面讲,褚文流于平庸,实乏史识。他轻下断语:"汉大将霍子孟名光者,亦黄帝后世也。"然后为此

---

① 前四史.史记[M].北京:中华书局,1997:2114.
② 前四史.史记[M].北京:中华书局,1997:3225.
③ 司马迁《史记·太史公自序》裴骃集解引张晏曰:"迁没之后,亡《景纪》《武纪》《礼书》《乐书》《律书》《汉兴已来将相年表》《日者列传》《三王世家》《龟策列传》《傅靳蒯列传》。元、成之间,褚先生补阙,作《武帝纪》,《三王世家》,《龟策》、《日者列传》,言辞鄙陋,非迁本意也。"见司马迁《史记》,中华书局1997年版,第3321页。清代赵翼又谓"褚少孙补史记不止十篇","十篇之外尚有少孙增入者""又有就史迁原文而增改者",并判定"少孙所补久附《史记》并传矣。"(详见赵翼《廿二史札记校证》,王树民校证,中华书局1984年版,第7-9页。)总之众说纷纭。
④ 吴见思.史记论文[M].陆永品,点校.上海:上海古籍出版社,2008:76.
⑤ 前四史.史记[M].北京:中华书局,1997:506.
⑥ 严可均.全上古三代秦汉三国六朝文:第一册[M].上海:上海古籍出版社,2009:267.
⑦ 前四史.史记[M].北京:中华书局,1997:505.
⑧ 前四史.史记[M].北京:中华书局,1997:505.
⑨ 前四史.史记[M].北京:中华书局,1997:506.

论断煞费周折地巧为回护："何以言之？古诸侯以国为姓。霍者，国名也。武王封弟叔处于霍……"而他依据的材料，竟不过是《黄帝终始传》和方士之言："《黄帝终始传》曰：'汉兴百有余年，有人不短不长，出白燕之乡，持天下之政，时有婴儿主，却行与。'霍将军者，本居平阳白燕。臣为郎时，与方士考功会旗亭下，为臣言。"①此《黄帝终始传》原书早佚。视其内容，不外纬书之类，唐司马贞索隐早已指出："盖谓五行谶纬之说，若今之童谣言。"②我们确知道，纬书和方士，其说最易飘忽，最不可信。作为一名补史者，褚先生不仅不积极地反思和总结历史，反而拿这样游谈无根之语来支撑自己的观点，实在也有些太轻浮、太滑稽了。这正显示了他的轻率与不稳重，缺乏作史的储备与根基。拿此与《汉书》进行一下对比，即优劣自见：《汉书·霍光传》赞也提到这一点："昔霍叔封于晋，晋即河东，光岂其苗裔乎？"③但用的是存疑的语气，有微意在焉。司马迁说过："疑则传疑，盖其慎也"④，得其真旨者，唯在班固。褚少孙续《史记》之魄力可嘉，但于史迁之精神、品格，实在没有深入的领会。

然褚先生的叙事文字也有可称之处，历来为人所推许的，是《史记·滑稽列传》中补作的西门豹、东方朔等人物小传。关于西门豹一节，清人吴见思《史记论文》评曰："褚先生文笔，较之史公，虽稍曼弱，然外戚中金王孙一段，与此篇西门豹一段，序来楚楚如生，历历如画，读之如亲见其事，若再加劲肆，当不失史公之后尘。"⑤说西门豹一段"楚楚如生，历历如画"极是，那的确是褚先生笔下不可多得的精彩段落；但移之以誉"外戚中金王孙一段"，却不见得是那么一回事——至少对于一部历史性质的著作而言，尤嫌卑琐不合体。文见下引：

> 褚先生曰：臣为郎时，问习汉家故事者钟离生。曰：王太后在民间时所生一女者，父为金王孙。王孙已死，景帝崩后，武帝已立，王太后独在。而韩王孙名嫣素得幸武帝，承间白言太后有女在长陵也。武帝曰："何不蚤言！"乃使使往先视之，在其家。武帝乃自往迎取之。跸道，先驱旄骑出横

---

① 前四史.史记[M].北京：中华书局，1997：506.
② 前四史.史记[M].北京：中华书局，1997：507.
③ 前四史.汉书[M].北京：中华书局，1997：2967.
④ 前四史.史记[M].北京：中华书局，1997：487.
⑤ 吴见思，李景星.史记论文 史记评议[M].上海：上海古籍出版社，2008：76.

《汉书》文学个性初探

城门,乘舆驰至长陵。当小市西入里,里门闭,暴开门,乘舆直入此里,通至金氏门外止,使武骑围其宅,为其亡走,身自往取不得也。即使左右群臣入呼求之。家人惊恐,女亡匿内中床下。扶持出门,令拜谒。武帝下车泣曰:"嚄!大姊,何藏之深也!"诏副车载之,回车驰还,而直入长乐宫。行诏门著引籍,通到谒太后。太后曰:"帝倦矣,何从来?"帝曰:"今者至长陵得臣姊,与俱来。"顾曰:"谒太后!"太后曰:"女某邪?"曰:"是也。"太后为下泣,女亦伏地泣。武帝奉酒前为寿,奉钱千万,奴婢三百人,公田百顷,甲第,以赐姊。太后谢曰:"为帝费焉。"于是召平阳主、南宫主、林虑主三人俱来谒见姊,因号曰修成君。有子男一人,女一人。男号为修成子仲,女为诸侯王王后。此二子非刘氏,以故太后怜之。修成子仲骄恣,陵折吏民,皆患苦之。①

《汉书·外戚传》也记载了这段事,试做一比较:

初,皇太后微时所为金王孙生女俗,在民间,盖讳之也。武帝始立,韩嫣白之。帝曰:"何为不蚤言?"乃车驾自往迎之。其家在长陵小市,直至其门,使左右入求之。家人惊恐,女逃匿。扶将出拜,帝下车立曰:"大姊,何藏之深也?"载至长乐宫,与俱谒太后,太后垂涕,女亦悲泣。帝奉酒,前为寿。钱千万,奴婢三百人,公田百顷,甲第,以赐姊。太后谢曰:"为帝费。"因赐汤沐邑,号修成君。男女各一人,女嫁诸侯,男号修成子仲,以太后故,横于京师。②

两相比较,再结合《史记·外戚世家》中的其余褚补内容,与《汉书·外戚传》中同类记载相对照,可以看出:

(1)褚先生叙事细碎,好摹小节。若单以叙事论,也许不失为小有成就,有些情节的描述已接近小说意味;但归之于历史叙事的框架内,不得不遗憾地承认它多流于

---

① 前四史:史记[M].北京:中华书局,1997:1981-1982.
② 前四史:汉书[M].北京:中华书局,1997:3947.

浅俗、卑琐，不合史体。拿上文所录金王孙一段来说，如此琐屑之事，本算不得什么史材，不过是外戚史上的一点佐料。可以简略交代，作为调剂，如《汉书》那样，但绝不宜描述得详繁杂沓以致喧宾夺主。而褚先生却似乎对此特别钟情，津津乐道，描述起来大张旗鼓，不厌其详，致使吴见思誉其为"曲折姿致，反胜史公"[①]。但依笔者看，其"胜"处毋宁说恰恰成为其败笔。至如"景帝崩后，武帝已立"[②]"乃使使往先视之，在其家"[③]等语，以及往迎、载归、母女姊妹相见等情节的琐碎交待，殊为繁赘，何"胜"之有！

《史记》对此事一笔带过："臧儿长女（按，即王太后）嫁为金王孙妇，生一女矣"[④]，但无下文，稍显疏阔。这可能也成了褚先生补作的初衷；《汉书》对褚补进行了精简，由原来的四百五十余字缩为二百余字，去细取粗，勾勒精当，表现出极高的文字和材料的驾驭能力。故，文虽简，但生动不减，且更凝练，合于全文之中，文气、语势俱为得体，也达到了周全交待史事的目的。这是《汉书》叙事"密"的又一表现。

至于褚先生所记"尹夫人与邢夫人同时并幸，有诏不得相见"[⑤]的一段情节，则直是搜奇猎艳，一无所取。《史》《汉》对此并皆不录。这些都反映出褚先生的作品，文格卑弱，难振史体。

（2）卑弱的还不仅仅是文章格调，即文字亦如是。详见表4.1。

表4.1 《史记·外戚世家》褚先生补作与《汉书·外戚传》文句比较

序号	《史记·外戚世家》褚先生补作文句	《汉书·外戚传》文句
1	景帝崩后，武帝已立，王太后独在。而韩王孙名嫣素得幸武帝，承间白言太后有女在长陵也。	武帝始立，韩嫣白之。
2	是时平阳主寡居，当用列侯尚主。主与左右议长安中列侯可为夫者，皆言大将军可。主笑曰："此出吾家，常使令骑从我出入耳，奈何用为夫乎？"左右侍御者曰："今大将军姊为皇后，三子为侯，富贵振动天下，主何以易之乎？"于是主乃许之。言之皇后，令白之武帝，乃诏卫将军尚平阳公主焉。	青还，尚平阳主。

---

① 吴见思.史记论文 史记评论[M].陆永品，点校整理.上海：上海古籍出版社，2008：33.
② 前四史：史记[M].北京：中华书局，1997：1981.
③ 前四史：史记[M].北京：中华书局，1997：1981.
④ 前四史：史记[M].北京：中华书局，1997：1975.
⑤ 前四史：史记[M].北京：中华书局，1997：1984.

《汉书》文学个性初探

班固文笔之干脆有力十分显见。当然，这样比较并不是要以字句的长短繁简来定优劣，不然也不会有顾炎武"《史记》之繁处必胜于《汉书》之简处"[1]的话了；也不是说不要细节的交代，《左传》在文学上的成功，一个重要因素就是其细节描写生动。我们在此两两对照的意思，主要是想说明，褚少孙在一些本不必详尽，再"繁"也"繁"不出什么特别意味的地方，却力求曲折尽致，结果反因芜蔓冗赘，而累及文字的气格，削弱了文势。吴见思对其文"曼弱"之评，"劲肆"之期，正中要害。《汉书》大而化之，详其该详，略其所略，显得简当精粹。

另外，褚先生笔力稍弱，并不仅仅是语言技巧的问题，还跟他识见的贫乏、思想的凡庸鄙俗也有很大关系。这在前文谈到他用方士之言作为自己立说的根据时已有所涉及，不妨再看这段文字：

> 褚先生曰：丈夫龙变。《传》曰："蛇化为龙，不变其文；家化为国，不变其姓。"丈夫当时富贵，百恶灭除，光耀荣华，贫贱之时何足累之哉！[2]

言词之间，充溢的是赤裸裸的艳羡，绝乏历史的深重与厚度。在史公之文的陪衬下，这样的语言，虽有"丈夫""龙"等高大意象，"百恶灭除""何足累之哉"等豪迈语调，但读过之后，给人的感觉却是轻荡、漂浮的，沾染了浓厚的世俗气，撑不起厚重的历史。还是借重前人颇具穿透力的评语吧："两篇并观，则前系史公之笔何疑？"[3]当然，也尽可以说，站在《汉书》的一方回望，则此定非班固之文，亦正不必疑也。

（3）《史记·外戚世家》中的褚补内容，绝大多数不为《汉书·外戚传》所取。即使有所借鉴，也必如上表所列一般进行大幅度"改造"。而改过之后，境界自出，往往能给人耳目一新之感。班固之笔力劲肆，信非之前的"好事者"所能望及。而他对史记文学起衰救弊之功，也不难从中窥知。

诚然，褚先生之能续补《史记》，且其"所补久附《史记》并传"[4]，我们便知其确

---

[1] 顾炎武. 日知录集释[M]. 黄汝成，集释；栾保群，吕宗力，校点. 上海：上海古籍出版社，2013：1099.
[2] 前四史：史记[M]. 北京：中华书局，1997：1983.
[3] 吴见思，李景星. 史记论文 史记评议[M]. 陆永品，点校整理. 上海：上海古籍出版社，2008：76.
[4] 赵翼. 廿二史札记校证[M]. 王树民，校证. 北京：中华书局，1984：9.

非庸者之流。清吴见思认为"《龟策列传》通篇是褚先生笔,不是太史公之笔"[1],在其《史记论文》中就对褚补《龟策列传》赞赏有加,而《史记·滑稽列传》中褚先生补作的《西门豹传》,也是历来颇受好评的佳构。相比之下,本篇中另一褚补之作——一千三百余字的《东方朔传》,虽然内容仍有徒事猎奇之嫌,但尚能见容于"滑稽"的名下,也算得名实相符。其叙事也有可称之处。选材具有一定的典型性,全文总计不过记载了东方朔的几小事,除末尾"临死切谏",余皆颇具诙谐意味,紧扣"滑稽"二字,故事零碎而不紊乱。但整体成就视其《西门豹传》稍显逊色。抛开具体的叙述技巧,《东方朔传》最大的缺陷,就是人物事迹被割裂式拼装,生搬硬凑,而缺乏内部的联系与过渡,就像一盘散沙没有被收拢起来。尤其是在"建章料事"一节与前面的事迹之间,横插入六百字左右的东方朔对答"宫下博士诸先生"诘问的长篇大论,其实内容完全是对东方朔所作《答客难》一文进行分段截取,然后生搬硬凑,再糅进了行文当中。不仅不尊重传主的原著,而且生生割断了文脉,显得不伦不类,也使本来就"曼弱"的文章气势更显委顿。

荀悦《汉纪·孝武皇帝纪》记载,"朔对问响应,权变锋出,文章辞令纵横无穷,上颇俳优蓄之。然而时发忠直之言极谏,尤亦以此异焉。"[2]东方朔其人不可以"滑稽"之列等闲视之,这是一个颇有正义感的光彩人物。在《汉书·东方朔传》,班固完全摒弃了褚少孙所用的材料和写作路子,将朔作《答客难》一文也还原为原貌,并用另一番生花妙笔,把东方朔其人其事演绎成了一篇颇具规模,既特别又精彩的专传。全文几近九千字,却处处扣紧了赞语中"滑稽之雄"这一全篇眼目,从容叙来,有条不紊。更难得的是,班固克服了记载东方朔这类人物时,因为免不了堆垛事迹,而容易造成的生硬和材料之间隔阂断裂的毛病,将东方先生诙谐的言行(如对答武帝、射覆自解、割肉自责等)与他正直的谏诤(如除上林苑、禁淫侈等)、斥责(董偃事)等种种事迹,作为一奇一正两条线索——虽然都属于滑稽型——同时交叉进行,文章谐趣横生,又富于正义和理性,让读者在充分领略东方先生机智、幽默的同时,也深刻地认识到其道德、人格的可贵与光芒。而且,班固将自己的文字与东方朔的《谏除上林苑》《答客难》《非有先生论》等作品,还有他那些或令人捧腹、或义正词严的言辞

---

[1] 吴见思,李景星.史记论文 史记评议[M].陆永品,点校.上海:上海古籍出版社,2008:77.
[2] 荀悦,袁宏.两汉纪:全二册[M].张烈,点校.北京:中华书局,2002:161.

巧妙融汇，显得和洽自然，相映生辉。总之，无论从取材的精当①，还是叙述手法的高超，《汉书·东方朔传》都称得上是一篇不可多得的佳作。明何良俊誉之曰："《朔传》不承袭褚先生之语，而自立论。其序董偃事，亦周匝顿挫，宛如画出。"②茅坤更是给出了无以复加的赞美："东方曼倩为汉朝第一流，此传摹写淡宕瑰伟之气极工，当为《汉书》第一文。"③我们确信，只有在班固这样的大才的笔下，方能活现出东方朔这样的千古怪才。近人李景星评曰："读此一传，即不啻读《史记》滑稽全传也。至于朔之为人，在汉世中再寻不出第二个来。而班氏各传皆以谨饬胜，其'言曲而中、事肆而隐'如此传者，亦再寻不出第二篇来。谓之《汉书》中第一别体可也，必如茅氏称为第一文则非也。"④

但是，我们也应看到，班固在此篇的叙事上，出现了跟褚少孙补《史》之作一样的缺陷——因横生枝蔓而阻隔文脉。即，叙完"上寿"事后，就要进入斥责董偃的一幕，但在这两节之间，为交代相关背景，竟用了近千字的笔墨，详述馆陶公主如何近幸董偃，"董君"又是如何得势作乐，甚至连武帝带俏皮意味的"愿谒主人翁"等细节都详加写出。文笔本身已猥琐蔓弱不堪，更大大冲淡了全文围绕东方先生业已形成的良好氛围。这个弯子绕得太大，反成了白璧之瑕。当然，作者这样写，是为下文东方朔严厉斥责董偃张本，属于"预叙"手法。但是，将本来稍作引申即可的节外之枝，却花了大量心血去雕花镂纹，弃本逐末，其效果只能适得其反。到头来，真正写东方朔责让董偃及其他相关事情，却只用了三百来字，落得前后失衡、头重脚轻。所以，我们在欣赏《汉书·东方朔传》这篇美文的同时，不免要稍稍地病其不洁，这也是不必为它讳言的。

---

①这在与《东方朔别传》（见朱东润《八代传叙文学述论》一书附录的辑本，复旦大学出版社2006年版）和褚补《史记·滑稽列传·东方朔传》的比较中可以看得更清楚。前者所记事迹大小靡遗，良莠不齐。班固只取其一（答武帝问），且在文句上进行了润饰加工，余皆废去；对于后者，则完全摒弃。考察班固弃去之材料，确然明白，那些传说实在不足以展现东方先生之风采。可以肯定，班固在题材的去取上是费过一番功夫的。

②上海古籍出版社.明代笔记小说大观：第二卷[M].上海：上海古籍出版社，2005：903.

③凌稚隆.汉书评林[M]//吴平，曹刚华，查珊珊.《汉书》研究文献辑刊：第二册.北京：国家图书馆出版社，2008：323.

④李景星.四史评议[M].韩兆琦，俞樟华，校点.长沙：岳麓书社，1986：219.

第五章

《汉书》的叙事艺术（下）

第一节 叙事框架

上一章用了《史记》和后人补续《史记》的作品作参照，通过与《汉书》的对比，我们了解了《史》《汉》之间史传文学大致的嬗变路径和方向，知道肃正、严密，不拘定法、富于变化，同时表现得恢宏、大气，凌越近作而能远绍《史记》，这是《汉书》叙事的一般面貌。下面则要更进一步，专力于《汉书》本身，探讨其叙事的框架模式。

一、灵活多变的叙事模式

一般而言，叙事模式讲纵、横二体。纵向，谓时间的连缀；横向，谓事件的拼接。一而二，二而一，本不宜分开来讲，史传文学尤其如此。历史人物和事实的具体存在，记载的严肃性和实录要求，加上史传著作的体例，种种限制，等于给作者套上了无形的枷锁。因此，在史传著作里，我们看到最多的，是按历史事件的本来面目，依照时间顺序，将一件件史实在一定的空间里铺开。在叙事学里，即是所谓的"顺叙"。所以，如果能稍稍打破这一格局，扭曲甚至颠倒事件发生的次序，便颇能醒人眼目。于是便有了"预示""倒叙""预叙""插叙""补叙""馀叙"等手法[①]。其中插叙在《史》《汉》二书都很常见，不烦赘论。

"预示"，顾名思义，就是预先提示事件的结局，或所记人物的命运，然后再用

[①] 名目所列，参考了清冯李骅《左绣》对《左传》叙事手法的总结，全同冯者为"预叙""补叙"两种。

《汉书》文学个性初探

具体事实加以回应和印证。这和常说的"倒叙"手法有些相近之处，都是"结局在前，故事在后"。但不同的是，倒叙是用一个完整事态的讲述来展开故事结局，一开始给予读者的，是一个未知的、待解的悬念；而"预示"，往往只靠一个提示、一句话，如"终以此败"之类，就告完成。也待求证，但结局已不神秘，因为它已被读者所了然。所以，前者多见于虚拟的小说，后者常用于征实的史著。如《汉书·赵广汉传》，在历叙赵广汉的赫赫政绩之后，以"初"字领起，转而写赵广汉在霍光殁后，如何"侵犯贵戚大臣"，继而交代其"所居好用世吏子孙新进年少者，专厉强壮蜂气，见事风生，无所回避，率多果敢之计，莫为持难。广汉终以此败"。[①] 作者于此用了一系列表示劲冲意味的语词，一方面固可见出赵广汉的不畏强御，行事雷厉果敢，另一方面也预示着这些行为将会导致的严重后果。而"广汉终以此败"一句，简直就是之前堆砌的这些劲冲凌厉、挟风裹气的语词所逼出来的——一锤定音。这是揭示的故事的结局，但在叙述上，故事才要开始。结局已在掌握之中，人们却更想看到过程——这就是"预示"的手法所具有的特殊效果，其实就是一个"已知的悬念"。于是接下来事件才要展开，才要一步步让读者知晓广汉是如何"终以此败"的。

而被茅坤誉为"《汉书》第一传"[②]的《霍光传》中，也能见到这种手法。霍光死后，宣帝采取了一系列措施疏远霍氏宗族，霍光之妻、子、孙、婿等人俱内不自安，更恐毒杀许皇后之事泄，遂狼狈为奸，"始有邪谋矣"。作者叙述至此，却顿住笔头，转从霍光的女婿赵平说起：

> 初，赵平客石夏善为天宫，语平曰："荧惑守御星。御星，太仆奉车都尉也，不黜则死。"平内忧山等。[③]

不祥之兆已见于此，隐约笼罩住了下文的纪事。至"会事发觉，云、山、明友自杀，显、禹、广汉等捕得。禹要斩，显及诸女昆弟皆弃市。唯独霍后废处昭台宫。与

[①] 前四史．汉书[M]．北京：中华书局，1997：3204．
[②] 凌稚隆．汉书评林[M]//吴平，曹刚华，查珊珊．《汉书》研究文献辑刊：第二册．北京：国家图书馆出版社，2008：353．
[③] "山"指霍光兄霍去病之孙，下文"云""明友""显""禹""广汉"分别指霍山之兄霍云、霍光之婿范明友、霍光之妻、霍光之子霍禹、霍光之长女婿邓广汉。

霍氏相连坐诛灭者数千家。"算是对石夏的预言有了一个交代。

无论"预示"的技巧如何变化，它的美学效果总不离其宗——它是一个"已知的悬念"，吸引读者的，便是求证的过程和预言落实的最终状态。

至于"倒叙"，要在以"雅""正""严密"见称的《汉书》里找出个倒证，确也不太容易。不过，非常具有反讽意味的是，《汉书》第一篇的第一段文字，我们却可将它当作倒叙的手法品读：

> 高祖，沛丰邑中阳里人也，姓刘氏。母媪尝息大泽之陂，梦与神遇。是时雷电晦冥，父太公往视，则见交龙于上。已而有娠，遂产高祖。①

《高帝纪》的这段开篇文字虽是承自《史记·高祖本纪》，但在《汉书》，它被置于全书首篇的首段，有笼括全书之势，意义自然大有区别。就叙事技巧而言，这是再"正"不过的正体叙事，属顺叙，因为它叙述的是主人公的里邑和出生，这是史传著作的通例。但我们如能越过写作体例和文字的表面，而聚目光于"梦与神遇""交龙于上"等情节，那我们也就不能把这段叙事本身看得太平凡。班固用主人公奇特的出生经历为作品开了头，但也不妨看作是暗暗地寄寓了结局：他是龙种，必登龙位。所以下文所有的事件——包括细枝末节，其实都在不断地、步步深入地靠近和证实着开篇的这一神秘寓意。这即是我们所谓的"当作倒叙的手法品读"。《高帝纪》文末一句"得天统矣"②，暗合开篇，收束全文。

而所谓"预叙"，即指"先叙一事，以为后文照眼作地，兼以蓄势；笔法如东海霞起，总射天台。……又谓之张本，犹戏曲之有楔子。"③"蓄势""张本"，正是预叙之事最重要的美学价值。因为有了一事在先，便有了一种铺垫，或为揭示背景，或只搭建平台，或为别的原因，总之其存在，就是要使待叙之事来得更有理、有味。如《汉书·陈汤传》，起首简略介绍了陈汤之为人及其经历，至"久之，迁西域副校尉，与

---

① 前四史：汉书[M].北京：中华书局，1997：1.
② 前四史：汉书[M].北京：中华书局，1997：82.
③ 详见台北文史哲出版社1982年出版的张高评著《左传之文学价值》一书第154页。该书对清冯李骅《左绣》总结的《左传》叙事三十余法进行逐条例释，此处取其说。下文对"补叙"的说明一并参考此书。

甘延寿俱出"①，收束暂住。行文至此，其意尚平，但作者蓦地便运用插叙之法，引入匈奴郅支单于与汉朝结怨始末，以及郅支之惨毒恶行的叙述，这即是预叙之事。郅支单于之"惨毒行于民，大恶通于天"②（甘延寿、陈汤上疏中语），难免令人深感不平。班固这样极写其恶，明其当诛，正是借此蓄积文势。即使其中全录谷吉上书，也是蓄势的重要一环。此书言辞诚挚，充溢着拳拳报国之心，"没一使以安百姓，国之计，臣之愿也。愿送至庭。"③读此言，想忠臣，几令人哽咽在喉。而"既至，郅支单于怒，竟杀吉等"④，这个"竟"字，下得特别厚重有力。既录谷吉之书，再叙其被杀，实在可看作预叙之中包裹着的另一层预叙之法。这样，蓄足文势以至将欲喷发的地步，于是紧接而来的陈汤、甘延寿矫制发兵，"斩郅支之首""扫谷吉之耻"⑤（刘向上疏中语）的军事行动，便写得格外淋漓畅快：

> 单于乃被甲在楼上，诸阏氏夫人数十皆以弓射外人。外人射中单于鼻，诸夫人颇死。单于下骑，传战大内。夜过半，木城穿，中人却入土城，乘城呼。时，康居兵万馀骑分为十馀处，四面环城，亦与相应和。夜，数奔营，不利，辄却。平明，四面火起，吏士喜，大呼乘之，钲鼓声动地。康居兵引却。汉兵四面推卤盾，并入土城中。单于男女百馀人走入大内。汉兵纵火，吏士争入，单于被创死。军候假丞杜勋斩单于首，得汉使节二及谷吉等所赍帛书。诸卤获以畀得者。凡斩阏氏、太子、名王以下千五百一十八级，生虏百四十五人，降虏千余人，赋予城郭诸国所发十五王。⑥

班固在此明显是有意着力描述郅支单于被汉军斩杀的全过程，并详细罗列了大小战功。笔端始终游走于激烈的战斗场面，且多着眼细处，因而触及纵深。而且用语狠劲壮力，似乎在发泄积怨和仇恨，将这次行动叙写得虎虎生风，特显凛冽。造成这

---

① 前四史：汉书[M].北京：中华书局，1997：3008.
② 前四史：汉书[M].北京：中华书局，1997：3015.
③ 前四史：汉书[M].北京：中华书局，1997：3009.
④ 前四史：汉书[M].北京：中华书局，1997：3009.
⑤ 前四史：汉书[M].北京：中华书局，1997：3017.
⑥ 前四史：汉书[M].北京：中华书局，1997：3014.

种效果，很大程度上就是得力于前文已经预叙的铺垫。前叙之事，"以为后文照眼作地"，良然。

再看余叙和补叙。大要说来，补叙重在补充，"叙中所阙，重缀于后之法也"①。史传叙事，有时为求文脉的贯通，或记述的单一纯净，而暂时搁置一些枝蔓性质的事情，留待主干事件的记述完成之后，再予以补充交代，是为"补叙"。而更重要的是，补充叙入的事件又往往能为前文主体事件的描述增光添彩。同时因为这些后补之事一般比较琐细短小，且多带趣味，所以它本身对行文、对读者阅读都是一种很好的调节。比如，《汉书·循吏传》记载黄霸，从"黄霸字次公，淮阳阳夏人也"，到"为丞相五岁，甘露三年薨，谥曰定侯"，②以及霸死后其子孙嗣爵为吏等后事的交代，凡两千多字，都属于主体的正规叙事，将黄霸一生行事、突出政绩等记述得一清二楚，塑造了一位贤明通达、长于治民而讷于为相的"循吏"形象。然后，作者腾出手来，又补充载入了这样一段趣事：

> 始霸少为阳夏游徼，与善相人者共载出，见一妇人，相者言"此妇人当贵，不然，相书不可用也。"霸推问之，乃其乡里巫家女也。霸即娶为妻，与之终身。为丞相后徙杜陵。③

这段小插曲饶有情趣，虽补缀于后，却反增文味。与此类似的还可举出《汉书·于定国传》，同样，在记述了于定国平生事迹，完成主体叙事后，作者又补叙道：

> 始定国父于公，其闾门坏，父老方共治之。于公谓曰："少高大闾门，令容驷马高盖车。我治狱多阴德，未尝有所冤，子孙必有兴者。"至定国为丞相，永为御史大夫，封侯传世云。④

---

① 张高评.左传之文学价值[M].台北：文史哲出版社，1982：155.
② 前四史：汉书[M].北京：中华书局，1997：3634.
③ 前四史：汉书[M].北京：中华书局，1997：3635.
④ "永"指于定国之子于永。于定国死，于永"居丧如礼，孝行闻。由是以列侯为散骑光禄勋，至御史大夫。尚馆陶公主施。施者，宣帝长女，成帝姑也，贤有行，永以选尚焉。"详见《前四史：汉书》，中华书局1997年版，第3046页。

补叙的重点虽是于公事,但对于定国这一形象的树立,起到了很好的回衬作用,使其更加完善。

余叙,虽也在主体叙事之后进行,但与补叙之重在补充有别,它更近于余音绕梁的意味,是对主体事件的延伸。先观其例。《汉书》中运用余叙手法,最典型的莫过于《李广传》。李广一生骁勇无匹,作者述之甚详。广死后,作者极省净简略地交代了其三子当户、椒、敢的经历,但都只叙其勇而不及其他,让人犹能想见其父飞将军的风采。然而这不能看作完备意义上的余叙。主人公死后,交代其后嗣传袭情况,是《史记》以来正史的通例。这里班固特将后叙诸事的中心靠向为人勇略的一面,暗寓着李将军余威犹在的微意,已接近余叙之意。而对李广之孙李禹,依照通常的写作模式,只需交代"当户有遗腹子陵,将兵击胡,兵败,降匈奴。后人告禹谋欲亡从陵,下吏死"即可。但作者用了一段"横生"出来的枝节,显然是特意倾其笔墨,对李禹的勇略过人加重渲染:

> 敢男禹有宠于太子,然好利,亦有勇。尝与侍中贵人饮,侵陵之,莫敢应。后诉之上,上召禹,使刺虎,县下圈中,未至地,有诏引出之。禹从落中以剑斫绝累,欲刺虎。上壮之,遂救止焉。①

这段割绳自坠欲刺虎的情节,分明是班固匠心的安排。班固是不比司马迁爱"奇"的,但此处之奇笔,并不在史公之下。李禹之勇不可当,实在是对前文李广之勇的一种延伸,一种接续。仅就情节言,它甚至具有一定的独立性,可单另品读。但当它郑重地附着于《李广传》正叙内容之后,带给人的,便是悠远的回味,使人犹见李将军,大大加深了我们的印象。我们知道,司马迁在《史记·李将军列传》中是鸣着一股不平之气的,班固在《汉书》里接续了这种不平。对李广子孙勇略大气的着意刻染,其实也是一种"不平则鸣"的表现,是对李广精神的张扬,更是对其遭遇的不满的宣泄。这便是"余叙"能产生的特殊的审美效果。而向后看,则这段关于李禹的叙写,更是在为下文李陵"张空拳,冒白刃"②,力战匈奴预开先路。文章转关之妙,可尽道哉!

---

① 前四史:汉书[M].北京:中华书局,1997:2450.
② 前四史:汉书[M].北京:中华书局,1997:2456.

二、叙事的块状特征

从结构的整体着眼,《汉书》在叙事上有一个非常明显的特点,就是"块状"结构分明,叙事纹路清晰,按块推进,层次感强。以《霍光传》为典型特例。高步瀛先生在他的《两汉文举要》一书中选注此篇,于每一段落的注解,必首引曾国藩之说,概括该段内容如下:"霍光字子孟",至"出入禁闼二十余年,小心谨慎,未尝有过,甚见亲信",曾涤生曰:"以上为郎、侍中";自"征和二年,卫太子为江充所败",至"帝年八岁,政事一决于光",曾曰:"以上受遗诏辅幼主";自"先是后元年,侍中仆射莽何罗与弟重合侯通谋为逆",至"明日,诏增比郎秩二等,众庶莫不多光",曾曰:"以上辅孝昭帝";自"光与左将军桀结婚相亲",至"昭帝既冠,遂委任光,讫十三年,百姓充实,四夷宾服","以上诛上官、桑、丁、燕王、盖主,国家以安"(按:从此以下皆省去"曾曰"二字);自"元光元年,昭帝崩,无嗣",至"于是议者皆叩头曰:'万姓之命在于将军,唯大将军令'","以上昭帝崩,迎立昌邑王贺,贺无道,光会议废之";自"光即与群臣俱见白太后,具陈昌邑王不可以承宗庙状",至"号呼市中曰:'当断不断,反受其乱'","以上废昌邑王";自"光坐庭中,会丞相以下,议定所立",至"已而光奉上皇帝玺绶,谒于高庙,是为孝宣帝","以上立孝宣皇帝";自"明年,下诏曰"云云,至"其封光兄孙中郎将云为冠阳侯","以上门第之盛,及饰终之典";自"禹既嗣为博陆侯",至"显及诸女昼夜出入长信宫殿中,亡期度","以上霍氏之骄侈";自"宣帝自在民间,闻知霍氏尊盛日久,内不能善",至"悉易以所亲信许、史子弟代之","以上宣帝收霍氏之权";自"禹为大司马,称病",至"皆曰:'安所相避'","以上霍氏怨望有反谋";自"会李竟坐与诸侯王交通"至"上乃下诏曰"云云,"以上霍氏之诛";自"初,霍氏奢侈",至"上乃赐福帛十匹,后以为郎","以上就赏徐福事,以见宣帝失防闲霍氏之法";自"宣帝始立,谒见高庙",至"封光从父昆弟曾孙阳为博陆侯,千户","以上追溯霍氏祸始"。[①] 借此以观,《霍光传》块状拼接的叙事结构非常明显。

以此结构法撰成之篇,《汉书》中不在少数,而每篇情况又各异。篇内各板块之间,一般而言,大致有"顺连"与"转接"两种结构模式。此处所谓"顺""转",并

[①] 高步瀛.两汉文举要[M].北京:中华书局,1990:233-260.

非指叙事时间的扭曲，实际上这些块状的结构一般都是按自然时间前后拼接；而是指各"板块"之间在发生次第，以及语义上或承或转的接续关系。这显示了作者下笔前已有全局在胸，能够熟练组织材料，驾驭文笔，也表现出《汉书》叙事注重条理，有板有眼的一贯风格，十分合于章学诚对《汉书》"方以智"的定位。"顺连"的情况，除了上举《霍光传》，还可以《王莽传》为例。此传开篇用了较长的篇幅，描述了王莽的出身、立世、造势、邀宠，总归是准备阶段，他的政治命运也是平缓中见风波，起伏不定。而以莽被遣就国为界，此后，则显属扶摇直上的时期，层次非常分明：

从"莽还京师岁余，哀帝崩，无子，而傅太后、丁太后皆先薨，太皇太后即日驾之未央宫收取玺绶，遣使者驰召莽"[1]，到"（平帝）帝年九岁，太后临朝称制，委政于莽"[2]——先揽朝政；

从"莽以大司徒孔光名儒，相三主，太后所敬，天下信之，于是盛尊事光，引光女婿甄邯为侍中奉车都尉"[3]，到"太后不得已，遣立（王莽叔王立）就国。莽之所以胁持上下，皆此类也"[4]——排除异己；

"于是附顺者拔擢，忤恨者诛灭"，[5]到"上以惑太后，下用示信于众庶"[6]——培植党羽；

"始，风益州令塞外蛮夷献白雉，元始元年正月，莽白太后下诏，以白雉荐宗庙"[7]，到众公卿盛陈莽德，建言太后宜赐莽号曰安汉公，"太后诏尚书具其事"[8]——渐取尊位，每进一阶，即我们所加的小标题，行文上都可相应地自成一段落，步步为营，渐次推进，直至王莽获赐"安汉公"，青云直上。叙事的块状特征十分明显。但各板块彼此并不孤立，而是环环相扣，文字上也注意用"于是""始"等词加强关联，所以文随事进，一气呵成。

与此相类，《东方朔传》的叙事结构也呈块状的顺序叠加：自朔上书，"高自称

---

[1] 前四史：汉书[M]. 北京：中华书局，1997：4044.
[2] 前四史：汉书[M]. 北京：中华书局，1997：4044.
[3] 前四史：汉书[M]. 北京：中华书局，1997：4044.
[4] 前四史：汉书[M]. 北京：中华书局，1997：4045.
[5] 前四史：汉书[M]. 北京：中华书局，1997：4045.
[6] 前四史：汉书[M]. 北京：中华书局，1997：4046.
[7] 前四史：汉书[M]. 北京：中华书局，1997：4046.
[8] 前四史：汉书[M]. 北京：中华书局，1997：4046.

誉"①，至"赐酒一石，肉百斤，归遗细君"②，极写武帝爱才为第一段；自上欲营上林苑，至观察颜色，直言切谏，极写朔不负知遇为第二段；篇终附所著文辞二篇为第三段。这是清陆继辂对《汉书·东方朔传》的段落划分，大而化之，其实未能尽显《汉书》此传叙事的精彩之处。但他道出其叙事结构上的块状特征，却是符合实际的。至其所谓"通体至为完善，惟'上尝使诸数家射覆'至'遂得爱幸'，几四百言，芜秽已甚，于帝于朔，两无发明，读者便可删却"③，则不过是见仁见智之说。其实这段叙写正不可删。作者于此用了对比叙事的手法，以郭舍人为标靶，陪衬出东方朔的机智超群，诙谐无匹，以"舍人所问，朔应声辄对，变诈锋出，莫能穷者，左右大惊"④作小结。若依陆氏之见"删却"这段情节，则如何坐实本传赞语中"滑稽之雄"一语？此真篇目锁紧处，陆氏不察，妄作讥评，岂非失之？《汉书·东方朔传》行文上确有不洁芜蔓之处，但不在此。前文具论，兹不赘述。

对于"转接"的情况，我们可以《匈奴传》为例。《汉书》此篇，亦属上乘之作，洋洋乎两万余言之巨制，"将匈奴盛衰强弱原委，及汉家驾驭匈奴之得失曲折写出，如黄河千里，导源星宿，其间水势之回转，山岭之激荡，随时随地，皆成奇观，诚属长篇佳作。"⑤此篇在叙事框架上，块状特征也十分鲜明，明凌稚隆指出："《匈奴》全传以盛衰强弱为眼目，分三大段看。秦以前，乍盛乍衰，无论已。高祖平城以后一段，以和亲为主，其势强；武帝即位以后一段，以征伐为主，其强弱相半；至元、成以后一段，则款塞臣服，衰弱不复为患矣。"⑥李景星认为此说颇为允当，能得本传体要⑦。这是从大处着眼。如果从文字入手，那么我们只要抓住其"转"关之处，则还有进一步简化的余地。以下引文字为锁钮，我以为全文尽可划为前后两"块"：

  自贰师没后，汉新失大将军士卒数万人，不复出兵。三岁，武帝崩。前

---

① 前四史：汉书[M].北京：中华书局，1997：2842.
② 前四史：汉书[M].北京：中华书局，1997：2846.
③ 杨燕起，陈可青，赖长扬.历代名家评史记.[M]北京：北京师范大学出版社，1986：277.
④ 前四史：汉书[M].北京：中华书局，1997：2845.
⑤ 李景星.四史评议[M].韩兆琦，俞樟华，校点.长沙：岳麓书社，1986：252-253.
⑥ 凌稚隆.汉书评林[M]//吴平，曹刚华，查珊珊.《汉书》研究文献辑刊：第三册.北京：国家图书馆出版社，2008：41.
⑦ 李景星.四史评议[M].韩兆琦，俞樟华，校点.长沙：岳麓书社，1986：252.

《汉书》文学个性初探

此者，汉兵深入穷追二十余年，匈奴孕重堕殰，罢极苦之。自单于以下常有欲和亲计。①

自此匈、汉乾坤倒转，强弱易位。至其中小有逆违，无论可矣。所以这是历史转捩之关键，也是全文结构转捩之关键。前后两大板块之间的接续，正是突出地表现在这一"转"字上——文随事转。

如果不计较严格的叙事文体标准，《汉书》中这种"文随事转"之法，我们还可以找到很多痕迹，如《刑法志》：

> 夫人宵天地之貌，怀五常之性，聪明精粹，有生之最灵者也。爪牙不足以供耆欲，趋走不足以避利害，无毛羽以御寒暑，必将役物以为养，任智而不恃力，此其所以为贵也。故不仁爱则不能群，不能群则不胜物，不胜物则养不足。群而不足，争心将作，上圣卓然先行敬让博爱之德者，众心说而从之。从之成群，是为君矣；归而往之，是为王矣。《洪范》曰："天子作民父母，为天下王。"圣人取类以正名，而谓君为父母，明仁、爱、德、让，王道之本也。爱待敬而不败，德须威而久立，故制礼以崇敬，作刑以明威也。圣人既躬明哲之性，必通天地之心，制礼作教，立法设刑，动缘民情，而则天象地。故曰：先王立礼，"则天之明，因地之性"也。刑罚威狱，以类天之震曜杀戮也；温慈惠和，以效天之生殖长育也。《书》云"天秩有礼"，"天讨有罪"。故圣人因天秩而制五礼，因天讨而作五刑。大刑用甲兵，其次用斧钺；中刑用刀锯，其次用钻凿；薄刑用鞭扑。大者陈诸原野，小者致之市朝，其所繇来者上矣。②

这段文字气势流畅，用语练雅，深得先秦《管》《荀》之风。从结构上说，不到四百字的短章，不但具循循渐引之妙，而且颇有波澜，层层激荡。两处转关，分作三层："群而不足，争心将作"，此一转也，语义稍有拔高，"转"出仁爱德让之需行；

---

① 前四史：汉书[M]. 北京：中华书局，1997：3781.
② 前四史：汉书[M]. 北京：中华书局，1997：1079.

"爱待敬而不败,德须威而久立,故制礼以崇敬,作刑以明威",此为二转,更进一层,明刑罚威狱之必须。内容上三个板块,彼此之间,赖结构之"转",愈转愈升,愈转愈精。

三、依事立体

的确,《汉书》在叙事框架上灵巧多端,心裁层出。触目之处,皆可圈可点,实在不难体会其结撰之精心与用意良苦。我们在本书第三章第五节讨论《汉书》的语言艺术时,曾谈到它有"随遇而迁"的特色;无独有偶,《汉书》在叙事结构上,也有着与之类似的"依事立体"的重要特点。"事"谓所记对象,"体"指结构。从空间地理的铺展、历史时间的衔接和文化脉络的传承三个方面,可分别以《西域传》《艺文志》和《儒林传》为代表。

《汉书·西域传》记载西部地区的国家五十余个。其叙事依空间方位行进,地异文转,国殊笔随,落落有致,条而不紊,这是其叙事结构上的最大特征。本传开篇,即下笔不凡:

> 西域以孝武时始通,本三十六国。其后稍分至五十余,皆在匈奴之西,乌孙之南。南北有大山,中央有河,东西六千余里,南北千余里。东则接汉,扼以玉门、阳关,西则限以葱岭。其南山,东出金城,与汉南山属焉。其河有两原:一出葱岭山,一出于阗。于阗在南山下,其河北流,与葱岭河合,东注蒲昌海。蒲昌海,一名盐泽者也,去玉门、阳关三百余里,广袤三百里。其水亭居,冬夏不增减,皆以为潜行地下,南出于积石,为中国河云。自玉门、阳关出西域有两道:从鄯善傍南山北,波河西行至莎车,为南道;南道西逾葱岭则出大月氏、安息。自车师前王廷随北山,波河西行至疏勒,为北道。北道西逾葱岭,则出大宛、康居、奄蔡焉。①

叙次西域之山川地理形势如画,眉目极为清晰。"条理分明,如数掌上螺纹,一一

---

① 前四史:汉书[M].北京:中华书局,1997:3871.

俱见。"① 而以下分叙各国，精彩亦不见减色，且更具面目。以"出阳关，自近者始，曰婼羌"②领起，文章正式进入对西域各国的记载。全文总体的叙述框架，王先谦《汉书补注》引徐松之说已明之："传叙诸国，以南道始，北道终。自鄯善至乌弋山离，南道也。以次而西南，其道经葱岭东南，以至岭之西南，由乌弋山离转北而东，至葱岭西，得安息四国。东入葱岭，经岭中休循、捐毒二国。莎车傍葱岭西山之东，不当乌弋山离道，故下葱岭，经其国。自南道北行，至北道，得疏勒。以此东北至焉耆，焉耆之北即天山，车师地于此终焉。"③ 如此章法妙意，可胜道哉！既始往及，首段以简当的文字陈述婼羌国的位置、民俗、畜牧、战具等情况。④ 需要我们特加留心的，是其中一些带有"线头"性质、起牵引作用的文字："西与且末接"⑤"随畜逐水草，不田作，仰鄯善、且末谷"⑥"西北至鄯善，乃当道云"⑦等。为什么说它具"线头"的性质和牵引作用呢？读下文便知：

> 鄯善国，本名楼兰，王治扜泥城，去阳关千六百里，去长安六千一百里。……鄯善当汉道冲，西通且末七百二十里。自且末以往皆种五谷，土地草木，畜产作兵，略与汉同，有异乃记云。⑧
>
> 且末国，王治且末城，去长安六千八百二十里。……北接尉犁，南至小宛可三日行。有蒲陶诸果。西通精绝二千里。⑨
>
> 小宛国，王治扜零城，去长安七千二百一十里。……东与婼羌接，辟南不当道。⑩

---

① 李景星.四史评议[M].韩兆琦，俞樟华，校点.长沙：岳麓书社，1986：255.
② 前四史：汉书[M].北京：中华书局，1997：3875.
③ 班固.汉书补注[M].王先谦，补注.上海：上海古籍出版社，2008：5771.
④ 既记该国，并立范式。下文对诸国之记载，详所当详，略其当略。而凡略记处，皆循此记述模式。此又其结构牵引之一法也。
⑤ 前四史：汉书[M].北京：中华书局，1997：3875.
⑥ 前四史：汉书[M].北京：中华书局，1997：3875.
⑦ 前四史：汉书[M].北京：中华书局，1997：3875.
⑧ 前四史：汉书[M].北京：中华书局，1997：3875.
⑨ 前四史：汉书[M].北京：中华书局，1997：3879.
⑩ 前四史：汉书[M].北京：中华书局，1997：3879.

精绝国，王治精绝城，去长安八千八百二十里。……南至戎卢国四日行，地厄狭，西通扜弥四百六十里。①

戎卢国，王治卑品城，去长安八千三百里。……②

扜弥国，王治扜弥城，去长安九千二百八十里。……③

仔细寻绎，不难发现它组织文法的线索：以长安为定点，以某国距离长安之远近先行定位，各国之间依次排列；以一国引出连属的另一国或二国，呈发散型结构形态：

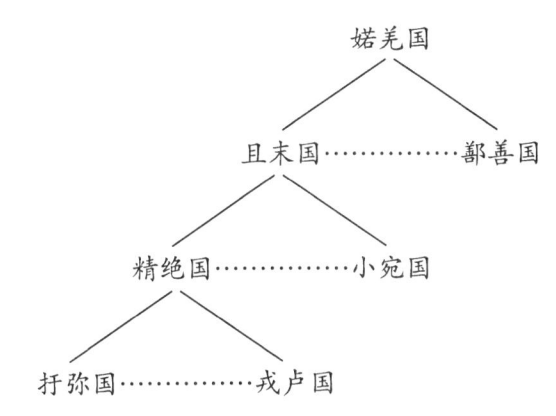

```
                婼羌国
                 /\
                /  \
            且末国……鄯善国
             /\
            /  \
         精绝国……小宛国
          /\
         /  \
      扜弥国……戎卢国
```

很明显，文章的记述结构，完全依据所记对象的现实"结构"来立意，来设计——这即是我们所谓《汉书》叙事结构"依事立体"的特征。这样的结构呈现的效果，不仅其本身叙事如画，令人览之历历在目；就是按其所记，绘制一幅《西域诸国分布图》，也完全是有可能的。北魏郦道元在《水经注》中记载水道流布，其结构和手法大类于此。当然，并不是说《西域传》对五十余国的记载都严格依此模式，随着实际的地理山川的阻隔、断续等变化，文章的记述结构也会做出相应调整，这自是不必喋喋赘言的。

由此横向块状并接的叙事结构——"空间地理铺展"生发开去，其余两种——"历史时间的衔接"和"文化脉络的传承"的结构类型，实际不过是换作了纵向的帘状挂串式，是由"经"而"纬"的问题，然其"依事而立"的结构宗旨则是相通的。关于前者，即文章结构依时间链条而自然成形的，可以《艺文志》序为代表：

---

① 前四史：汉书[M].北京：中华书局，1997：3880.
② 前四史：汉书[M].北京：中华书局，1997：3880.
③ 前四史：汉书[M].北京：中华书局，1997：3880.

> 昔仲尼没而微言绝，七十子丧而大义乖。故《春秋》分为五，《诗》分为四，《易》有数家之传。战国从衡，真伪分争，诸子之言纷然淆乱。至秦患之，乃燔灭文章，以愚黔首。汉兴，改秦之败，大收篇籍，广开献书之路。迨孝武世，书缺简脱，礼坏乐崩，圣上喟然而称曰："朕甚闵焉！"于是建藏书之策，置写书之官，下及诸子传说，皆充秘府。至成帝时，以书颇散亡，使谒者陈农求遗书于天下。诏光禄大夫刘向校经传诸子诗赋，步兵校尉任宏校兵书，太史令尹咸校数术，侍医李柱国校方技。每一书已，向辄条其篇目，撮其指意，录而奏之。会向卒，哀帝复使向子侍中奉车都尉歆卒父业。歆于是总群书而奏其《七略》，故有《辑略》，有《六艺略》，有《诸子略》，有《诗赋略》，有《兵书略》，有《术数略》，有《方技略》。今删其要，以备篇籍。①

首以"昔"字带起，尾以"今"字收住，中间部分依时分段推进，且注重遣字用词的转换（见着重号所标），结构明了，层次井然。短短三百余字，却几乎相当于当时的一部学术流变史和经籍播迁史。

同样是以时间先后组织篇章，但《儒林传》却呈现出另一种情态，时间因素降至隐性地位，却以学术上的师生承传作为主线，这是《汉书》叙事结构依事而立的另一典型表现。其传序部分的结构十分类似于上举《艺文志》序——依时立体，只是要比前者详尽得多。正文部分，则依《易》《书》《诗》《礼》《春秋》的顺序，详细梳理每一"经"师授承传的过程，时杂叙事。举一例以见之：

> 自鲁商瞿子木受《易》孔子，以授鲁桥庇子庸。子庸授江东馯臂子弓。子弓授燕周丑子家。子家授东武孙虞子乘。子乘授齐田何子装。及秦禁学，《易》为筮卜之书，独不禁，故传受者不绝也。汉兴，田何以齐田徙杜陵，号杜田生，授东武王同子中、雒阳周王孙、丁宽、齐服生，皆著《易传》数篇。同授淄川杨何，字叔元，元光中征为太中大夫。齐即墨城，至城阳相。广川

---

① 前四史：汉书[M]．北京：中华书局，1997：1701．

孟但，为太子门大夫。鲁周霸、莒衡胡、临淄主父偃，皆以《易》至大官。要言《易》者本之田何。①

余皆大致类此。所以，若单论一"经"，其师承关系十分明朗。但有一师一传，也有一师多传，而弟子再传，依次推进，便形成一种上尖下宽的塔式结构；若合全文观之，同时提挈诸"经"，则恰似每一"经"都串起了一组链子，多头并进，条理分明。

要之，如《文心雕龙·书记》所说，"随事立体，贵乎精要。"②《汉书》这种依循事体而灵活采取相应叙述路径的手法，让叙事避免板滞，而更突出了所叙对象的特征。

《汉书》在叙事模式上多彩纷呈，值得再三品读，以待更有新见。我们在第一章讨论《汉书》的结构艺术时，对此也有所涉及，与此正形成一种补充。

第二节 叙事的一般特点

《汉书》在叙事上有着趋于"正"和"密"的特点，说具前文；而冯商、褚少孙等补续《史记》的内容，更衬出《汉书》叙事的严谨、大气和崇高的文格。的确，密而不拘，劲而不肆，这是《汉书》叙事的一般特色。除此之外，倘加深入挖掘，它还有更多可称之处。

一、典型化叙事

《汉书》叙事，有典型化倾向——典型人物的典型事迹。这里所谓"典型"，更确切地说，是指作品中对人物进行的典型化处理，是一种倾向、一种努力。人物确有一定的典型性，在《史记》则为"倜傥非常之人"③，但这种性质，更多的是表现在他被录载于历史文本的意义上，标记着他留传于史的资格。

---

① 前四史：汉书[M].北京：中华书局，1997：3597.
② 刘勰.文心雕龙注[M].范文澜，注.北京：人民文学出版社，1958：134.
③ 严可均.全上古三代秦汉三国六朝文：第一册[M].上海：上海古籍出版社，2009：267.

《汉书》对《史记》中的单传、合传、类传进行大刀阔斧的拆解，然后再将这些人物形象依据某一标准进行重新组合，各就各位[①]。如《史记》有《郦食其陆贾列传》《刘敬叔通列传》，朱建附郦陆传内，《汉书》乃合此五人为《郦陆朱刘叔孙传》，"盖以五人皆以舌辩著也"；蒯通、伍被在《史记》分别附于《淮阴侯列传》《淮南王列传》，《汉书》则将他们二人连同江充、息夫躬，四人合为《蒯伍江息夫传》，"则以其利口而覆邦家者也"[②]。此例尚多。他如《严朱吾丘主父徐严终王贾传》之"才子"类，《杨胡朱梅云传》之"狂狷类"，《眭两夏侯京翼李传》之"方士"类等等，不一而足。这种整齐化，其实就可理解为一种典型化，是对"类型化"的提升——因为它只选取某类人当中的几个典型代表。所谓《汉书》的"典型人物"，可作如是观。

而对这些人物的记叙，《汉书》的作者又往往选取其一生中的几个典型事件进行连缀，觇其概以知其人。如《陈万年传》，半数以上的篇幅让位于其子陈咸，剩下那三分之一的篇幅，又只用其一半略述陈万年之"善事人"，而不惜用另一半详细描述陈万年病中教子学谄那一"经典"场面[③]（这点内容将在下文论及）。而正是这"大要教咸谄也"的事件，非常典型而深刻地点化出陈万年专事谄媚以履高位的可鄙形象。观此事，则其余可知。"谄"之一字，括尽了《陈万年传》，而"教谄"一事，更见出陈万年一生。作者慧心独具，选择用来塑造人物的材料可谓精当，十分具有典型意义。

又如《丙吉传》，丙吉这位西汉中期的贤相，身仕三朝，经历丰富。但班固只采其数事，分段记述。首叙其最重要的功绩——在武帝末年的巫蛊之难中保全并翼养皇曾孙（即后来的宣帝），后荐之大将军霍光，在关键时刻稳住大局，使国家步入正轨；继而引出"吉为人深厚，不伐善"[④]的可贵；再叙其"于官属掾吏，务掩过扬善"[⑤]的一面；再记他在宰相任上深知为官大体的表现；最后归于临终荐贤，明其知人。事各独立，但因其典型性，合则丙吉之形象毕见。《赵广汉传》记其为人，与此手法近似。

他如《蔡义传》《循吏传·召信臣》等作品，篇首跳跃式数事独立描述，便足以概

---

①详见本书第一章第二节内容。
②李景星.四史评议[M].韩兆琦，俞樟华，校点.长沙：岳麓书社，1986：195.
③这段情节常为后世论《汉书》者所津津乐道，每言及《汉书》叙事，辄喜举引。而其故事本身也极耐品读，故谓之"经典"。
④前四史：汉书[M].北京：中华书局，1997：3144.
⑤前四史：汉书[M].北京：中华书局，1997：3146.

其履历及为政之风,也是典型化叙事的表现。

二、善于营造情境

《汉书》叙事,善于营造特定情境,使人物和事件置于某种氛围之中,而取得良好的叙事效果。这种手法已多见于之前的史传著作,《汉书》仍之,殊不减色,且表现出自家风格。如《韩延寿传》,延寿颇具吏能,治有令名。官至左冯翊,因与丞相萧望之有隙,遭望之劾奏,公卿大臣跟风帮腔,共毁延寿,遂至"天子恶之,延寿竟坐弃市"[①],韩延寿终在险恶的官场角逐中沦为牺牲品。当他赴刑之时:

> 吏民数千人送至渭城,老小扶持车毂,争奏酒炙。延寿不忍距逆,人人为饮,计饮酒石余。使掾吏分谢送者:"远苦吏民,延寿死无所恨。"百姓莫不流涕。[②]

班固用饱蘸浓情的笔调,将这一场面渲染得悲怆、动情,催人感奋,含无限惋惜、同情于笔墨之外,留给人深远的回味余地。

也有作者隐遁自身,只平静地创设情境的情况,如《武五子传》中记载燕刺王刘旦谋反事觉,同谋者上官桀等皆已伏诛。大祸临头,刘旦既忧且惧,以酒浇愁:

> 王忧懑,置酒万载宫,会宾客群臣妃妾坐饮。王自歌曰:"归空城兮,狗不吠,鸡不鸣,横术何广广兮。固知国中之无人!"华容夫人起舞曰:"发纷纷兮置渠,骨籍籍兮亡居。母求死子兮,妻求死夫。裴回两渠间兮,君子独安居!"坐者皆泣。[③]

将"山雨欲来"之前众人紧张、压抑、绝望,而又无奈地自释等情态描摹得十分到位。

---

① 前四史:汉书[M].北京:中华书局,1997:3216.
② 前四史:汉书[M].北京:中华书局,1997:3216.
③ 前四史:汉书[M].北京:中华书局,1997:2757.

但最为人所乐道的，还是"苏、李饯别"一段：

> 于是李陵置酒贺武曰："今足下还归，扬名于匈奴，功显于汉室，虽古竹帛所载，丹青所画，何以过子卿（笔者按，苏武字子卿）！陵虽驽怯，令汉且贳陵罪，全其老母，使得奋大辱之积志，庶几乎曹柯之盟，此陵宿昔之所不忘也。收族陵家，为世大戮，陵尚复何顾乎？已矣！令子卿知吾心耳。异域之人，壹别长绝！"陵起舞，歌曰："径万里兮度沙幕，为君将兮奋匈奴。路穷绝兮矢刃摧，士众灭兮名已聩。老母已死，虽欲报恩将安归！"陵泣下数行，因与武决。①

李陵乃忠臣之后，承受着兵败降匈的巨大耻辱和痛苦，"忽忽如狂，自痛负汉"②。而今"贺"武当归，"贺"字满含万千感慨。作者有意泯去苏武，让饯别之会成为李陵的"独角戏"，且十分善于营造声情并茂的场面，感人至深，千载之下，读之犹然音声在耳。

三、独到的战争描写

从《左传》到《史记》，尤以前者之善写战争，一直为研究者所大加称道。如今将目光下移于《汉书》，更发现其于战争描写颇具功力，有独到之处，视《左》《史》可无愧色。当然要首举《李陵传》。

《李陵传》中的战斗描述，深得《左传》叙战的妙法，于战前、战中、战后俱有着笔，巨细兼该，过程完整而波澜起伏，荡人心魄。论其精要，约有两端：曰曲尽其妙，曰缓急相得。

这次战事从"天汉二年，贰师将三万骑出酒泉，击右贤王于天山"③写起，至"步乐召见，道陵将率得士死力，上甚说，拜步乐为郎"④为第一段，属总提挈。以年号起笔，借"天""汉"二字之力，下笔虎虎有生气。下文文势之所以气薄云天，实因其涌

---

① 前四史：汉书[M]. 北京：中华书局，1997：2466.
② 前四史：汉书[M]. 北京：中华书局，1997：2464.
③ 前四史：汉书[M]. 北京：中华书局，1997：2451.
④ 前四史：汉书[M]. 北京：中华书局，1997：2452.

动高扬，早已始于此处。本段属背景交待，虽已用字狠重，似见风起云涌，但俱为蓄势阶段，故可作缓笔读。然"奇材剑客""力扼虎，射命中"①"步兵五千人涉单于庭"②等激壮之语，已隐然为下文提气，故缓中带急。

下文便以"陵至浚稽山，与单于相直，骑可三万围陵军"③领入，干净利落、直截了当地引至战斗场面的铺叙，急笔成章。"军居两山间，以大车为营。陵引士出营外为陈，前行持戟盾，后行持弓弩"④，此写战阵；两军相待，剑拔弩张，气氛异常紧张激烈，这是叙战之始，下笔又极其不凡；"陵搏战攻之，千弩俱发，应弦而倒"⑤，此写战斗。"杀数千人"、"单于大惊"⑥者，用增文势；"陵且战且引，南行数日，抵山谷中"⑦，此写战法。而"连战，士卒中矢伤，三创者载辇，两创者将车，一创者持兵战"⑧，愈重复，愈见战斗之惨烈，亦愈增文味。"陵曰"至"陵搜得，皆剑斩之"⑨，此又是忙里偷闲，文笔急中见缓——既缓合了文势，也缓合了战斗。自"明日复战，斩首三千余级"⑩以下，则进入新一轮战争铺叙。如此往复，以结此文。中间又补入俘虏语、管敢语，格调多变，头绪层出，叙来如辔在手，张弛咸宜。而李陵便衣独步出营一节，则直是神来之笔。"太息""叹"等字词穿插其间，沙场上将士推心置腹、悲情关爱的交谈，使久沥于血雨腥风的文章，复又浸润于浓浓的温情里。末了一句"无面目报陛下"⑪，简洁但含意深远，悲感而轻柔地将战争的叙写引入终结。整段文字于战阵、战斗、战法的叙写皆曲尽其妙；节奏与文笔，更是缓急相间，两臻其美。

最后录司马迁之言为李陵予以申辩，则属尾声，文笔也再次转缓。然司马迁"盛言"之中"张空拳，冒白刃"⑫等语句力道劲肆，语感上复增文章气势，则又缓中见

---

① 前四史：汉书[M].北京：中华书局，1997：2451.
② 前四史：汉书[M].北京：中华书局，1997：2451.
③ 前四史：汉书[M].北京：中华书局，1997：2451.
④ 前四史：汉书[M].北京：中华书局，1997：2452.
⑤ 前四史：汉书[M].北京：中华书局，1997：2453.
⑥ 前四史：汉书[M].北京：中华书局，1997：2453.
⑦ 前四史：汉书[M].北京：中华书局，1997：2453.
⑧ 前四史：汉书[M].北京：中华书局，1997：2453.
⑨ 前四史：汉书[M].北京：中华书局，1997：2453.
⑩ 前四史：汉书[M].北京：中华书局，1997：2453.
⑪ 前四史：汉书[M].北京：中华书局，1997：2455.
⑫ 前四史：汉书[M].北京：中华书局，1997：2456.

急。司马迁推李陵之功，为其鸣冤；而班固却是以李陵之独当一面，力战匈奴，对照于司马迁之言，实兼为司马迁鸣冤，这又是题外之义。李景星认为，"太史公推言陵功一段，已载于史公传中，此处似不宜重出。"① 我意却以为不然。原因有二：《汉书·司马迁传》本取"述而不作"之意②，故悉录马迁《太史公自序》及《报任安书》。彼处虽言及李陵事，但全系司马迁自言。此处引录，却是从史官的视角立说。体用不一，本不相违；其次，太史公此段说辞柔中带刚，语势充沛，正可接续上文对战事的铺叙所造就的文势，故作一缓冲和过渡，而不致陡然走低。舍史公之言，谁能承之？且在结构上，此段呼应战前之一段缓笔文字，经过中间的急促紧张、扣人心弦，此处复归于缓笔，完整而有层次，实为章法之妙，故不可省。至于就写作之微意存焉，则尤不可缺。

讲求完备、详尽，前引后收，如《李陵传》之叙战事者，在《汉书》尚只是其战争叙写风格之一种。有时一些短章，也别具特色。上一节讨论《汉书》叙事模式的"预叙"，我们已举陈汤、甘延寿发兵会战郅支单于的一幕，那是一段多镜头、特写式的战争叙述。下面试以《王莽传》中一处战事描写为例，体味其稍带幽默意味的另一种风格。王莽新室四年四月，"世祖与王常等别攻颍川，下昆阳、郾、定陵。莽闻之愈恐，遣大司空王邑驰传之洛阳，与司徒王寻发众郡兵百万，号曰'虎牙五威兵'，平定山东。……邑至洛阳，州郡各选精兵，牧守自将，定会者四十二万人，余在道不绝，车甲士马之盛，自古出师未尝有也。"的确盛乎其盛。班固在发出上述稍带夸张和讽刺的赞美之后，这样继续下文：

> 六月，邑与司徒寻发雒阳，欲至宛，道出颍川，过昆阳。昆阳时已降汉，汉兵守之。严尤、陈茂与二公会，二公纵兵围昆阳。严尤曰："称尊号者在宛下，宜亟进。彼破，诸城自定矣。"邑曰："百万之师，所过当灭，今屠此城，喋血而进，前歌后舞，顾不快邪！"遂围城数十重。城中请降，不许。严尤

---

① 李景星.四史评议[M].韩兆琦，俞樟华，校点.长沙：岳麓书社，1986：207.
② 王先谦《汉书补注·司马迁传》引钱大昕曰："刘知几谓篇首当云司马迁，字子长，冯翊夏阳人，继以其自序曰云云，方合著述之体。其说固然，然此例人所共知，孟坚命世大才，讵犹未了。盖叔皮父子踵史迁而作书，故《自叙》一篇，悉因旧文，附以后事，取述而不作之义，意主拘谦，非失于检照也。"王先谦《汉书补注》，上海古籍出版社2008年版，第4325页。

又曰:"'归师勿遏,围城为之阙',可如兵法,使得逸出,以怖宛下。"邑又不听。会世祖悉发郾、定陵兵数千人来救昆阳,寻、邑易之,自将万余人行陈,敕诸营皆按部毋得动,独迎,与汉兵战,不利。大军不敢擅相救,汉兵乘胜杀寻。昆阳中兵出并战,邑走,军乱。大风蜚瓦,雨如注水,大众崩坏号呼,虎豹股栗,士卒奔走,各还归其郡。邑独与所将长安勇敢数千人还雒阳。关中闻之震恐,盗贼并起。①

很明显,这段战争叙写,其胜处却在前后落差造成的幽默效果和语言的精工上,真正于战事所费笔墨反而绝少。方其始出,车马士甲盛况空前,大有席卷一切之势;乃其落败,轰然崩颓,士卒奔散,各还其郡,何等狼狈。前如虎,后如鼠,极度的落差,巧妙映衬出王莽军队的华而不实,徒有其表,很具幽默效果。而班固笔端生花,更施渲染,加重了这种幽默意味。尤以"大风蜚瓦,雨如注水"②"虎豹股栗"③等句,杂用夸张、比喻、拟人等修辞手法,十分形象贴切。加之用词狠重,语势强劲,将败军之势描述得精炼而形象,使人如闻其声,如睹其形,其表现力反而要优于正面描述战争场面。至于其间写到严尤两次进言被拒,则又属叙事中的曲笔,也是一种调剂。而王邑前掷狂言:"喋血而进,前歌后舞"④,正与下文他的落荒而逃形成鲜明对比。前后暗有照应,这又是短章内部在结构上的精心安排。总之,《汉书》多处写到战争,而情态各具,精彩纷呈。

四、注重突出细节

细节描写,《国语》《左传》已多有,《国策》《史记》以至《汉书》,一脉相承。但每部著作都有其关于细节的偏重和特色,也各有其美学效果。像《汉书》这样宏阔壮大的历史叙事之中,若偶尔间以一二细微的聚焦镜头,抓住某些细节使之突出,便往往能使读者惹眼动心。因为凡细节处,均求微妙而逼真,故它于人物形象的塑造、

---

① 前四史:汉书[M].北京:中华书局,1997:4183.
② 前四史:汉书[M].北京:中华书局,1997:.4183
③ 前四史:汉书[M].北京:中华书局,1997:4183.
④ 前四史:汉书[M].北京:中华书局,1997:4183.

心理的揭示，或者整体的叙事情境，都具有无法替代的优越性和特殊效应。"于细微处见精神"，这句话用在史传叙事上，也再合适不过。

如《王莽传》，王莽倒行逆施，众叛亲离，至其末年，内忧外困，潦倒穷愁。本传记载：

> 莽忧懑不能食，但饮酒，啖鳆鱼。读军书倦，因冯几寐，不复就枕矣。①

这是王莽在"军师外破，大臣内畔，左右无所信，不能复远念郡国"②的境况下的真实写照。作者从细处着眼，寥寥几笔，却概尽了王莽一生由极盛走向极衰的沧桑感。尤以"读军书倦，因冯几寐"最可咀嚼。王莽此时，不知真能读得几页军书？千种滋味，一笔收尽。大刀阔斧的历史叙事中，难得有这样轻灵而细致的记叙和描写，如涓涓细流，倍增文味。

又如《酷吏传·田延年》，田延年曾在霍光废黜昌邑王刘贺继承大统一事上发挥过关键作用③，宣帝即位后，"延年以决疑定策封阳成侯"④。他办事果敢，不避豪强，终于因疵累之行落人把柄，被举发告上，而事下丞相府。大将军霍光对此当然不会袖手旁观。"霍将军召问延年，欲为道地，延年抵曰：'本出将军之门，蒙此爵位，无有是事。'光曰：'即无事，当穷竟。'"⑤这也是一处细节，但属于语言技巧上的细节。"即无事，当穷竟"者，暗含潜台词——若真有事，便当另觅途径解决。霍光之专权、官场之微妙，都透过这样一句轻松自然的话而显露无遗，可见班固深厚的语言功力。而论其叙事之重视突出细节，还在下文。御史大夫田广明是精明之人，他通过太仆杜延

---

① 前四史：汉书[M].北京：中华书局，1997：4186.
② 前四史：汉书[M].北京：中华书局，1997：4186.
③ 班固《汉书·霍光传》载："光曰：'昌邑王行昏乱，恐危社稷，如何？'群臣皆惊鄂失色，莫敢发言，但唯唯而已。田延年前，离席按剑，曰：'先帝属将军以幼孤，寄将军以天下，以将军忠贤能安刘氏也。今群下鼎沸，社稷将倾，且汉之传谥常为孝者，以长有天下，令宗庙血食也。如令汉家绝祀，将军虽死，何面目见先帝于地下乎？今日之议，不得旋踵。群臣后应者，臣请剑斩之。'光谢曰：'九卿责光是也。天下匈匈不安，光当受难。'于是议者皆叩头，曰：'万姓之命在于将军，唯大将军令。'"详见《前四史：汉书》，中华书局1997年版，第2937页。
④ 前四史：汉书[M].北京：中华书局，1997：3665.
⑤ 前四史：汉书[M].北京：中华书局，1997：3666.

年，讽晓大将军霍光以"《春秋》之义，以功覆过"①之理，暗示当赦田延年。班固在安排这段情节时，就有意而且非常成功地依靠了细节描写：

（杜）延年言之大将军，大将军曰："诚然，实勇士也！当发大议时，震动朝廷。"光因举手自抚心曰："使我至今病悸！……"田大夫使人语延年，延年曰："幸县官宽我耳，何面目入牢狱，使众人指笑我，卒徒唾吾背乎！"即闭阁独居齐舍，偏袒持刀东西步。数日，使者召延年诣廷尉。闻鼓声，自刭死，国除。②

前后两处细节交代得十分有情味。读着这段文字，令我想到了中国画的"点染"手法。一片氤氲墨染之中，施以数笔点苔，倍显灵动。霍光抚今追昔，感念当初自己在废王立宣的历史关头，独有田延年按剑助阵，力挺群臣。决疑定策，延年功不可没。想来田延年当时叱咤庙堂，令一班唯唯诺诺的臣子胆战心惊，"震动朝廷"，即使霍将军本人，也是"至今病悸"，感怀在心。所以杜延年之言深中其意，撩拨起霍光的追忆和感佩之情。这些都是"染"笔。但班固使其染而不浑，刻意断之，而插入一小小的举动——"举手自抚心"，真是逼真透纸！霍光之心理活动、言语形象，全赖这一细节而得活灵活现，使人直可目见。而下文田延年"偏袒持刀东西步"的细节描述，也是"染中带点"手法的精妙运用。延年不肯屈就入狱，其心理斗争及闭阁独居等渲染，也因为有这一"点"而更真实，更加深了悲情意味。

的确，细节的力量是无可估量的，请看《汉书·佞幸传·董贤》中的这一描写：

尝昼寝，偏藉上袖。上欲起，贤未觉，不欲动贤，乃断袖而起。其恩爱至此。③

这里的"上"指的是哀帝，"贤"指董贤。以堂堂皇帝之尊，竟为一佞嬖之人"断

---

① 前四史：汉书[M]. 北京：中华书局，1997：3666.
② 前四史：汉书[M]. 北京：中华书局，1997：3666.
③ 前四史：汉书[M]. 北京：中华书局，1997：3733.

《汉书》文学个性初探

袖而起"，只为不惊动他的清梦，哪管窗外的江山早在风雨飘摇之中！一处细节交代，抵得千言万语。宫廷之丑恶淫靡，只此一笔，便足肖之。不能不叹服班固实在善于捕捉历史的瞬间，不愧是一位优秀的史传作家。

而围绕一二处细节描写营造出特别的情境片段，更是《汉书》叙事上的一大特色。在宏阔的历史语境下，这些精彩的叙事片段闪耀其间，既是一种点缀和装饰，同时起到了非常突出的调节文气的作用。班固在《汉书》常态的叙事之中，十分善于攫取传主的一二事迹片段，结合精到的细节展露，加以白描式特写。这种聚焦的镜头，一般都呈现得体小而精，或许灿然可述，也可能平平无奇，但它却最能以小见大，见出人物风神。我们试撷取几段，见其梗概（小标题为笔者所加）：

万年训子（《陈万年传》）：

子咸字子康，年十八，以万年任为郎。有异材，抗直，数言事，刺讥近臣，书数十上，迁为左曹。万年尝病，召咸教戒于床下，语至夜半，咸睡，头触屏风。万年大怒，欲杖之，曰："乃公教戒汝，汝反睡，不听吾言，何也？"咸叩头谢曰："具晓所言，大要教咸谄也。"万年乃不复言。[①]

读完此段，不禁让人哑然失笑。一生以阿谀善事人的陈万年，病中训子，絮絮叨叨，语至夜半，到头来只作了本性"抗直"的儿子的催眠剂。陈咸困睡，竟至头触屏风。父欲杖，子跪谢，无奈点破一个"谄"字。"谄"字而成传家秘宝，正括尽万年毕生心力。此等文笔，不必惊人，却必醒人。温和的情景，娓娓的记叙，却翻滚着万年一生的波澜，更含蕴了多少讥刺。文笔功力之深厚，真无从估摸。

朱云折槛（《朱云传》）：

至成帝时，丞相故安昌侯张禹以帝师位特进，甚尊重。云上书求见，公卿在前。云曰："今朝廷大臣上不能匡主，下亡以益民，皆尸位素餐，孔子所谓'鄙夫不可与事君'，'苟患失之，亡所不至'者也。臣愿赐尚方斩马剑，断佞臣一人以厉其余。"上问："谁也？"对曰："安昌侯张禹。"上大怒，

[①] 前四史：汉书[M]．北京：中华书局，1997：2900．

曰："小臣居下讪上，廷辱师傅，罪死不赦。"御史将云下，云攀殿槛，槛折。云呼曰："臣得下从龙逄、比干游于地下，足矣！未知圣朝何如耳？"御史遂将云去。于是左将军辛庆忌免冠解印绶，叩头殿下曰："此臣素著狂直于世。使其言是，不可诛；其言非，固当容之。臣敢以死争。"庆忌叩头流血。上意解，然后得已。及后当治槛，上曰："勿易！因而辑之，以旌直臣。"①

壮哉朱云！狂哉朱云！许是班固自有熊胆，壮怀激烈，故此种文字运于笔端，凛冽生风，挥洒自如。起首作缓笔，平平道来，树立标靶。朱云的出场倏然使得场面剑拔弩张，亢急奋扬，"云攀殿槛，槛折"，真是神来之笔，使人如睹其状。末尾复归缓调，余味不尽。最后殿以"直臣"二字，总起全段。对此杜甫有《折槛行》一诗赞曰："千载少似朱云人，至今折槛空嶙峋。娄公不语宋公语，尚忆先皇容直臣。"② 宋洪迈在其《容斋随笔》中对此也专门列条加以评述③，可见其影响之深远。

王尊临水（《王尊传》）：

久之，河水盛溢，泛浸瓠子金堤，老弱奔走，恐水大决为害。尊躬率吏民，投沉白马，祀水神河伯。尊亲执圭璧，使巫策祝，请以身填金堤，因止宿，庐居堤上。吏民数千万人争叩头救止尊，尊终不肯去。及水盛堤坏，吏民皆奔走。唯一主簿泣在尊旁，立不动。而水波稍却回还。④

此段笔法之妙，一在衬托，以黄河泛滥，水势凶猛为暗衬，以吏民千人惊恐奔走为明衬，共同烘托出王尊这位父母官临危不乱、镇定自如、为吏表率的高大形象和不凡风度；二在特写之中，更施特写："唯一主簿泣在尊旁，立不动"。此情此景，宛如画面。而最难得的，却在"不动"二字。洪水滔滔，吏民奔散，一切都在快节奏的"动"中，唯此二人如雕像一般岿然不动。在这里，"以静制动"，从现实的情境，移

---

① 前四史：汉书[M].北京：中华书局，1997：2915.
② 杜甫.杜诗详注：下册[M].仇兆鳌，注.北京：中华书局，2015：1297.
③ 洪迈.容斋随笔[M].孔凡礼，点校.北京：中华书局，2005：255.
④ 前四史：汉书[M].北京：中华书局，1997：3237.

《汉书》文学个性初探

于文章的妙境了。

买臣卖关（《朱买臣传》）：

> 初，买臣免，待诏，常从会稽守邸者寄居饭食。拜为太守，买臣衣故衣，怀其印绶，步归郡邸。直上计时，会稽吏方相与群饮，不视买臣。买臣入室中，守邸与共食，食且饱，少见其绶，守邸怪之，前引其绶，视其印，会稽太守章也。守邸惊，出语上计掾吏。皆醉，大呼曰："妄诞耳！"守邸曰："试来视之。"其故人素轻买臣者入内视之，还走，疾呼曰："实然！"坐中惊骇，白守丞，相推排陈列中庭拜谒。买臣徐出户。有顷，长安厩吏乘驷马车来迎，买臣遂乘传去。①

朱买臣本吴地人，这是他得拜会稽太守之后，归乡赴任之前，给曾经的共事者卖的一道关子，可称得上是一出闹剧。班固于正史的叙事中特意拈出这段戏剧性情节，对平板的行文的确是一剂清新活泼的调节。叙写不厌其详，"少见其绶""引其绶""惊""大呼""疾呼""相推排"，一连串细节的交代，状一班小官吏的众生相入木三分；而反照于此，买臣却是"徐出户"，一副欲露先藏、小人得志的情态立然逼真纸上。实际《朱买臣传》一文结构即依朱买臣生平经历而立——先穷后达。开篇叙其穷困时的情状，也是一精彩片段，不妨附带一观：

> 朱买臣字翁子，吴人也。家贫，好读书，不治产业，常艾薪樵，卖以给食，担束薪，行且诵书。其妻亦负戴相随，数止买臣毋歌讴道中。买臣愈益疾歌，妻羞之，求去。买臣笑曰："我年五十当富贵，今已四十余矣。女苦日久，待我富贵报女功。"妻恚怒曰："如公等，终饿死沟中耳，何能富贵！"买臣不能留，即听去。其后，买臣独行歌道中，负薪墓间。故妻与夫家俱上冢，见买臣饥寒，呼饭饮之。②

---

① 前四史：汉书[M].北京：中华书局，1997：2792-2793.
② 前四史：汉书[M].北京：中华书局，1997：2791.

这段描述也是颇具诙谐意味。买臣家贫,"担束薪,行且诵书",这是细节;"歌讴道中",这是他张扬不羁的个性;妻羞欲去,则见出这位妇女的厚实与传统;买臣"笑",妻"恚怒",两相对比,令人解颐。其后买臣独行,故妻与夫"呼饭饮之",又平添了几多温馨色彩,使史书板正、严肃的氛围中,不乏灵动与温情脉脉。尤以"呼"字下得有味,表居高临下,有赐食之意。为将来买臣发迹加深渲染,并作一伏笔[①]。短短一节文字,于叙事、语言、结构等文学因素,俱能见出功力。

五、叙事风格多变

《汉书》叙事,模式不拘,风格多变。模式不拘亦可以理解为叙事视角的转换,或者说叙事主体的移位。《汉书》这种"转换"与"移位",可简单看作是作者借助某一"媒介"以言事,而暂时隐遁自己的一种叙事手段。我们知道《汉书》有一个特点——某种意义上也是一种优点:它大量载录诏令、奏疏、书札等文章。这些文章,又正是活的历史,是对历史最直观的记录。所以行文当中,有时不妨借着这些平台进行叙事,省力省心,态度也更为客观。

可借助诏书叙事。如《匈奴传》。自高后时,匈、汉已行和亲之策。文帝即位,复修和亲,但"其三年夏,匈奴右贤王入居河南地为寇"[②]。在上下文均为大面积的平铺直叙的过程中,班固在此稍做调剂,借文帝诏书叙述右贤王"离其国,将众居河南地,非常故。往来入塞,捕杀吏卒,驱侵上郡保塞蛮夷,令不得居其故。陵轹边吏,入盗"[③]等背约恶行。而《史记·匈奴列传》于此全用作者自己的语言进行叙述,且十分简略。《汉书》之不盲从《史记》,又见其一斑。又如《夏侯胜传》,先录宣帝诏,详细追述武帝一生的文治武功,赫赫明明,推崇备至;但紧接着就推出夏侯胜关于武帝"多杀士众,竭民财力,奢泰无度,天下虚耗"[④]的一番激扬言辞,对武帝功业极尽

[①]本传下文写到朱买臣以太守身份归乡赴任,特出一笔:"入吴界,见其故妻、妻夫治道。买臣驻车,呼令后车载其夫妻,到太守舍,置园中,给食之。居一月,妻自经死,买臣乞其夫钱,令葬。"(详见《前四史:汉书》,中华书局1997年版,第2793页。)可怜其故妻,竟觅短见。这一悲剧,更深刻地印衬了朱买臣小人得志、忘乎所以的丑态。

[②]前四史:汉书[M].北京:中华书局,1997:3756.

[③]前四史:汉书[M].北京:中华书局,1997:3756.

[④]前四史:汉书[M].北京:中华书局,1997:3156.

贬抑。前后紧邻的两段文字，一赞一斥，对立分明。而班固只取实录态度，客观记述，未加评析。

近人李景星对班固善用诏令多有肯定，比如《四史评议》说"《文帝纪》比《史记》只补出几层年月，增得几篇诏令，便又是一样精神。"纪中《振贷诏》《养老诏》《劝农诏》《置三老孝弟力田常员诏》《佐百姓诏》等"皆是文帝恭俭爱民之实在处，《史记》阙之，便觉减色；班氏一一增出，当时善政，千载如目睹矣。"①这样的因增入诏令而使得行文更为质实、或更为灵动，平添几分精神的，《汉书》在在多有。

可以用奏疏言事。如《外戚传·孝成赵皇后》所录解光上奏，就是一篇完整、详尽的叙事文字。以"臣闻许美人及故中宫史曹宫皆御幸孝成皇帝，产子，子隐不见"②叙入，详细记述赵飞燕姊妹如何专宠横行，残杀成帝所幸宫女产儿，令人不忍卒读。甚至成帝也参与其中："帝使客子、偏、兼（按，指赵昭仪御者于客子、王偏、臧兼）皆出，自闭户，独与昭仪在。须臾开户，呼客子、偏、兼，使缄封箧及绿绨方底，推置屏风东。恭（按，指中黄门吴恭）受诏，持箧方底予武（掖庭狱丞籍武），皆封以御史中丞印，曰：'告武：箧中有死儿，埋屏处，勿令人知。'武穿狱楼垣下为坎，埋其中。"③读至此，让人几欲掩卷，发出"虎毒尚不食子"的疾呼。成帝与赵昭仪，人心狠残，下手阴毒，令人发指！解光此奏，许是由于奏文体例的要求，言事详明，稍嫌烦细。但班固予以全文载录，正出于一位正直史家的严正态度。

又如《赵充国传》，充国上书言屯田之便，宣帝报问，充国再上书申言其利，如此往复再三，理愈辩而事益明。班固只记君臣报奏，未加一语评述，而事件原委，俱已详明。

另外，还可以"让人物自己言事"，或通过论辩，如《儒林传》中辕固与黄生围绕汤武革命的御前辩难，《韩安国传》中韩安国与王恢关于兵出马邑的相互辩诘；或通过书信，如《司马迁传》之《报任安书》，《杨敞传》所附杨恽《报会宗书》等，都属于这一情况。

而论风格之变，则当以其"以论为叙"特显突出。顾炎武尝谓"《史记》于序事中

---

① 李景星.四史评议[M].韩兆琦，俞樟华，校点.长沙：岳麓书社，1986：135.
② 前四史·汉书[M].北京：中华书局，1997：3990.
③ 前四史·汉书[M].北京：中华书局，1997：3994.

第五章 《汉书》的叙事艺术（下）

寓论断"①，当议论也常以事实为根据，只是"举"事，而非"叙"事。而《汉书》"以论为叙"，指的是常态叙事的一种变体，即用议论来代替叙事，它可看作叙事的一部分，甚至即为叙事本身。而又因其体例独特，故可同时为常态的叙事服务。它往往成段出现，或在篇首，以奠定叙事基调，或者创设一种氛围，裹挟下文的叙事；或置于篇中，借臣僚的各种疏奏发抒见解。如贾让《治河三策》（见《沟洫志》）、侯应《勿罢边备对》（见《匈奴传》）等，都是这方面的代表作品。这类文章《汉书》中多有载录，内容涉及广泛，体用不一。相对说来，置之篇首的情况较为特殊，如《王贡两龚鲍传》便以议论的文风开篇：

> 昔武王伐纣，迁九鼎于洛邑，伯夷、叔齐薄之，饿死于首阳，不食其禄，周犹称盛德焉。然孔子贤此二人，以为"不降其志，不辱其身"也。而孟子亦云："闻伯夷之风者，贪夫廉，懦夫有立志。"奋乎百世之上，百世之下莫不兴起，非贤人而能若是乎！②

以下接叙"商山四皓"园公、绮里季、夏黄公、甪里先生，和郑子真、严君平二人。虽多似叙事之体，然语短句简，括略概述，其实仍是议论的笔调。特别还引录扬雄《法言·问神》篇和《问明》篇中的相关论调以佐行文，加重了"以论代叙"的色彩。对正式进入王、贡等人传文之前的这段文字，清何焯说："以诸人事迹不备，故总序之于传首，盖亦传也。以此为论者，未读序传耳。体与后牵连。薛、方、郭、蒋诸人例同。"③考《汉书·叙传》本条云"四皓遁秦，古之逸民，不营不拔，严平、郑真"④，何焯之说十分确切。其谓"序之于传首，盖亦传也"，正与我们所说的"以论为叙"相合拍！

---

①顾炎武.日知录集释[M].黄汝成，集释；栾保群，吕宗力，校点.上海：上海古籍出版社，2013：1428.
②前四史：汉书[M].北京：中华书局，1997：3056.
③何焯.义门读书记[M].崔高维，点校.北京：中华书局，1987：314.
④前四史：汉书[M].北京：中华书局，1997：4260.

六、对比、断续之法

《汉书》叙事，深得《史记》对比、断续之妙。《史记》叙事手法之断续、对比，已为历代学者不断发掘析微。仅以其《李将军列传》为例，对李广与程不识二将军成功的对比描述，给人印象之深，影响之远，甚至被后来研究《史》《汉》的人反过来运用到二著文风异同的比较上，如明代凌约言曾谓："班马两家，古今绝笔，譬之名将，子长之才，豪而不羁，李广之射骑也；孟坚之才，瞻而有体，程不识之部伍也。"[①]足够说明它成就之高。至于断续，更是散见于各家评论《史记》的著作中，不胜枚举。《汉书》继承了《史记》的这些优点，消化在自己的叙事方式中，并且带着鲜明的自家特色。可以《游侠传·陈遵》为代表，它综合运用了这两种技巧。

《陈遵传》以遵祖父陈遂与宣帝之间的谐隐逗趣之事拉开序幕，首段别具特色。以"元帝时，征遂为京兆尹，至廷尉"[②]一句收束往后，马上转入对陈遵的介绍。有趣的是，陈遵一出场，便有一"参照物"尾随——"遵少孤，与张竦伯松俱为京兆史"[③]，紧接着却从张竦说起：

> 竦博学通达，以廉俭自守。[④]

再对照以陈遵：

> 而遵放纵不拘。[⑤]

"而"字转折意味较重，很好地起到了强调和突出的作用。然后总束：

[①] 凌稚隆.汉书评林[M]//吴平，曹刚华，查珊珊.《汉书》研究文献辑刊：第一册.北京：国家图书馆出版社，2008：29.
[②] 前四史：汉书[M].北京：中华书局，1997：3709.
[③] 前四史：汉书[M].北京：中华书局，1997：3709.
[④] 前四史：汉书[M].北京：中华书局，1997：3709.
[⑤] 前四史：汉书[M].北京：中华书局，1997：3709.

第五章 《汉书》的叙事艺术（下）

> 操行虽异，然相亲友，哀帝之末俱著名字，为后进冠。①

行文一开一合，十分干练。与张竦的比较，使陈遵"放纵"的一面得以凸显，分量愈足。定好了这个基调，下文对陈遵的种种"不拘"行为的铺叙便顺理成章。值得注意的倒是，张竦这一线的叙述就此戛然止住，下文专记陈遵。从他击贼有功、得封"嘉威侯"始，计有嗜酒大饮、状貌性情、官守河南、罢官归家等一系列内容，八九百字，均绝口不提张竦事。直到陈遵"复为九江及河南都尉"，又再次突然接入张竦这一线索：

> 而张竦亦至丹阳太守，封淑德侯。②

这便是断而复续之法。历经长时间的沉默后，张竦又适时地出现了，继续了他在本传中作为"参照"的角色。用"而"字引入，不过是作为连词，并无转折意味。但对竦之居官只是点到为止，笔触马上予以收束："后俱免官，以列侯归长安"③。为的是将二人在仕宦风波同归于平静之后，继续前文的对比：

> 竦居贫，无宾客，时时好事者从之质疑问事，论道经书而已。而遵昼夜呼号，扯旗满门，酒肉相属。④

看来世事沧桑之后，二人均较以前无大的变化。但我们更应关注的是文章章法之微妙——即存于其间的照应关系。张竦"居贫""论道经书"云云，正对应于他当初的"博学通达，以廉俭自守"，而陈遵的"昼夜呼号""酒肉相属"，则更是他以前"放纵不拘"的绝好写照。《陈遵传》是把"断续"和"对比"二法融合在了一起。

文章接着引入扬雄《酒箴》，"借作遵、竦两人断案，尤有情致"⑤。回到"酒"上，

---

① 前四史：汉书[M]. 北京：中华书局，1997：3709.
② 前四史：汉书[M]. 北京：中华书局，1997：3712.
③ 前四史：汉书[M]. 北京：中华书局，1997：3712.
④ 前四史：汉书[M]. 北京：中华书局，1997：3712.
⑤ 李景星. 四史评议[M]. 韩兆琦，俞樟华，校点. 长沙：岳麓书社，1986：250.

其实也是一种断而复续。"酒"是全篇关目,直至末尾陈遵"时醉见杀",也是统摄于"酒"字之中。《酒箴》之后,文章安排陈、张二人直接对话,道尽机关,为结束全文先作一小结,末了交代二人均死于非命的结局。所以一篇《陈遵传》,首尾俱以张竦作陪衬,传记了陈遵,也相当于同时传记了张竦。李景星说,"《陈遵传》以张竦夹叙,类太史公叙李广、程不识文法。"①的确如此,但更应看到二者的不同之处。在《史记·李将军列传》,司马迁安插程不识,是意在通过比较二人不同的治军风格,"士卒亦多乐从李广而苦程不识"②,以突出李广之可亲、可敬、可爱,暗喻着史公的欣赏和赞许。《史记》的比较法叙事,带有一定的感情倾向,主观色彩比较浓厚;而在《汉书·陈遵传》,这种对比就显得客观和冷静多了,似乎其注意力主要在叙事的手法上,追求高妙的艺术效果,而并不想——至少不明显——通过这一对比来表现出什么爱憎的取向,班固只是在比较着记述而已。即使如他所厉斥的游侠之伦"以匹夫之细,窃杀生之权,其罪已不容于诛矣"③,在陈遵这位"凡三为二千石"④的豪宦身上,不是也不很适用吗?所以班固之客观与冷静,我们也就好理解一些了。

如果对比的双方失了平衡,高低强弱各不同,那么一方便成为另一方的反衬,高者更高,萎者愈萎,这是《汉书》更常用的叙事手法。如《朱云传》描述诸儒生与五鹿充宗口辩,先叙"充宗乘贵辩口,诸儒莫能与抗,皆称疾不敢会"⑤,有了这一层铺垫,朱云的出场便分外耀人眼目:"召入,摄登堂,抗首而请,音动左右。既论难,连拄五鹿君。"⑥其风采熠熠,令人想见。《梅福传》《云敞传》亦皆如是。

七、讲究遣词用字

《汉书》叙事,十分讲究用字。这与它叙事的严密有关。首先应予说明的是,用字虽属语言技巧,但有些情况下的有些用法,从叙事的角度去看待,却更能得其妙处,更能见其力道。这也是《汉书》叙事的一大特色。

---

① 李景星. 四史评议[M]. 韩兆琦, 俞樟华, 校点. 长沙: 岳麓书社, 1986: 250.
② 前四史. 史记[M]. 北京: 中华书局, 1997: 2870.
③ 前四史. 汉书[M]. 北京: 中华书局, 1997: 3699.
④ 前四史. 汉书[M]. 北京: 中华书局, 1997: 3712.
⑤ 前四史. 汉书[M]. 北京: 中华书局, 1997: 2913.
⑥ 前四史. 汉书[M]. 北京: 中华书局, 1997: 2913.

如《匈奴传》，贰师将军李广利兵败投降匈奴，一年之后便因卫律进谗单于而遭诛杀，班固描述当时情景道：

于是收贰师，贰师骂曰："我死必灭匈奴！"遂屠贰师以祠。①

注意这个"屠"字。杀一人而曰"屠"，这在《汉书》乃至之前的所有历史记述中都是十分少见，甚至可以说罕见的。《汉书》写某一人被杀，常用字计有"杀""诛""斩"等，还有"烹"等酷刑。而即使写到匈、汉之间的大规模攻伐，也不离这些字眼，如"单于留塞内月余，汉逐出塞即还，不能有所杀。匈奴日以骄，岁入边，杀略人民甚众。"②皆如此类，从未使用"屠城"之类用语——虽然或有其实，虽然《荀子·议兵》中早就出现过"屠城"一语（见下文）。"屠"字在《汉书》也用得不少，但绝大部分都是用的其本义的引申义。按，屠，《说文·尸部》："屠，刳也。从尸，者声。"③又其《刀部》："刳，判也。从刀，夸声。"④其本义是指宰杀牲畜，判裂皮肉，剥离筋骨。《周礼·地官·廛人》："凡屠者，敛其皮角筋骨，入于玉府。"⑤后又引申为以宰杀牲畜为职业的人。《史记·淮阴侯列传》："淮阴屠中少年有侮信者，曰：'若虽长大，好带刀剑，中情怯耳。'"⑥《汉书·游侠传·原涉》："遣奴至市买肉，奴乘涉气与屠争言，斫伤屠者，亡。"⑦"屠"字皆是此义。盖又因其血腥与残忍，"屠"还引申作杀戮、毁灭之义。《荀子·议兵》："不屠城"，杨倞注："屠，谓毁其城，杀其民，若屠者然也。"⑧于是"屠"字从它带上"杀伐"之义起，就与大规模的杀戮、毁灭性的破坏等义项联结在一起，而非指诛杀个别人。《汉书》之用"屠"字，正多取此义，举数例可见。如《高帝纪》"今父老虽为沛令守，诸侯并起，今屠沛"⑨，"奉，故梁徙

---

① 前四史：汉书[M].北京：中华书局，1997：3781.
② 前四史：汉书[M].北京：中华书局，1997：3762.
③ 许慎.说文解字注[M].段玉裁，注.上海：上海古籍出版社，1988：400.
④ 许慎.说文解字注[M].段玉裁，注.上海：上海古籍出版社，1988：180.
⑤ 方苞.周礼[M].金晓东，校点.上海：上海古籍出版社，2023：207.
⑥ 前四史：史记[M].北京：中华书局，1997：2610.
⑦ 前四史：汉书[M].北京：中华书局，1997：3717.
⑧ 王先谦.荀子集解[M].沈啸寰，王星贤，点校.北京：中华书局，1988：279.
⑨ 前四史：汉书[M].北京：中华书局，1997：9.

也。……不下，且屠丰"①，"沛公归数日，羽引兵西屠咸阳②，杀秦降王子婴，烧秦宫室，所过无不残灭"③，"楚地悉定，独鲁不下，汉王引天下兵欲屠之"④，《萧何传》"羽遂屠烧咸阳"⑤，《苏武传》"南越杀汉使者，屠为九郡"⑥，《王莽传》"今屠此城，喋血而进"⑦，凡所"屠"之对象，无不是某地、某城或某郡等，且都指毁灭性破坏而言。遍检《汉书》，以杀一人而下一"屠"字的，似只有《匈奴传》中对贰师将军李广利的这一处。

班固尽有"诛""斩"等字可用，为什么偏要下一"屠"字呢？固然我们要特别留意"以祠"二字，它说明李广利之受诛不同一般，不是一杀了事，而是要用来"祠兵"的——卫律所言"胡故时祠兵，常言得贰师以社，今何故不用？"⑧考《说文解字·尸部》用来训释"屠"的"剫"字，在其《刀部》又被训释为"判也"⑨，即剖开的意思。而南朝梁顾野王在其《玉篇·刀部》，则对"剫"字有了进一步解释："剫，破腹也，空物肠也。判也，屠也。"⑩挑明了是一种挖出、掏空动物或人的肝肠的行为。明白了这些，便能对班固使用"屠"字的合理性得到一初步理解。

而且结合上下文语境，不管从语义还是语气上讲，这个"屠"字下得格外狠重！似是一种泄愤和解恨。这不是危言耸听。虽然为述"祠兵"，"屠"字再合适不过；但如果只属于客观记叙，原也不必如此曲折。其所以如此者，归根结蒂，还在于班固的"司马迁情结"。班固是深致钦仰于司马迁的，以至于为之立传，不惜采取"变体"——《司马迁传》"通传计六千七百六十六言，除赞语三百六十八言，班氏添入传中者仅八十九言，其馀则尽录司马氏之文"，这是李景星先生统计的结果，他进一步

---

① 前四史：汉书[M].北京：中华书局，1997：12.
② 这里"屠"咸阳与"杀"子婴连言，正可见其含义与用法之别。而"烧秦宫室""所过无不残灭"，也正可视其为前"屠"字之注解。另，"屠咸阳"句又见《汉书·项籍传》。
③ 前四史：汉书[M].北京：中华书局，1997：27.
④ 前四史：汉书[M].北京：中华书局，1997：50.
⑤ 前四史：汉书[M].北京：中华书局，1997：2006.
⑥ 前四史：汉书[M].北京：中华书局，1997：2462.
⑦ 前四史：汉书[M].北京：中华书局，1997：4183.
⑧ 前四史：汉书[M].北京：中华书局，1997：3781.
⑨ 许慎.说文解字注[M].段玉裁，注.上海：上海古籍出版社，1988：180.
⑩ 这是元延祐二年刊刻的圆沙本《玉篇》中的释义。据胡吉宣《玉篇校释》卷十七"刀"部，"空物肠云云，此元刊本作'切破物也，空物肠也'，为更经窜改。"详见胡吉宣《玉篇校释》上海古籍出版社1989年影印本，第3265页。

解释这一现象:"盖班氏之倾倒司马氏深矣,以为司马氏传非他传比也。以他人之文传司马氏,不如即以司马氏之文传司马氏也。"①班固确是对司马迁推崇备至的,虽然在本传的赞语中引录了其父班彪之语以致讥于《太史公书》,但却不能掩盖字里行间流溢的同情与敬仰。而在《李陵传》中,复借史迁之辞,以伸史迁之冤,使史迁之冤大白天下:"初,上遣贰师大军出,财令陵为助兵,及陵与单于相值,而贰师功少。上以迁诬罔,欲沮贰师,为陵游说,下迁腐刑。"②多么沉痛的文字。司马迁之下蚕室,遭诟辱,表面上是因李陵之祸③,实际真正的祸源,却在贰师将军李广利。正是李广利之出师"功少",使得武帝的因宠用人遭受挫败,颜面扫地——李广利毕竟少才低能,而司马迁之言偏偏触及了武帝的痛处,于是悲剧不可避免。个中情由,也许使班固因爱(司马迁)生恨(李广利),故借此"屠"字作一笔伐! 这是其一。

其二,班固自具深沉的爱国情感,所以他的《汉书·苏武传》能写得那样好,正如明代茅坤所评:"武之杖节为汉绝盛事,而班掾亦为汉绝世文。"④而对既无军功可述,又可耻地遭败辄降的李广利,班固自然是深恶痛绝的。这只要拿《李广利传》跟《李陵传》做一比较,便能看得很明白。《李陵传》全篇情感沉郁,刻画得李陵几乎虽败犹荣。而《李广利传》则"前后脉络精神只摹写取善马一事"⑤,贬抑之旨显露无遗。观其笔法,篇首即曰:"李广利,女弟李夫人有宠于上,产昌邑哀王"⑥,不自他人他事引入李广利而专取于此,已深致其讥。这和《元后传》《王莽传》之开篇笔法异曲同工。而通观本传,李广利只知因宠邀功,一生几无一事可称。班固在文字上屡屡示其低能,连同全文都显得格调沉闷。李广利与张骞合传,而本传赞语只及张骞,对李广利却不置一辞一字。这些都显示,班固对李广利,是"心存芥蒂"的。至于将《李广利传》安置于《司马迁传》之前,则大概更是别有用意——这是我们对李景星先生评议此二篇的一点补充意见。对这样一位无功无述,战辄败、败辄降的"将军",爱汉拥汉、

---

① 李景星. 四史评议[M]. 韩兆琦, 俞樟华, 校点. 长沙: 岳麓书社, 1986: 215.
② 前四史: 汉书[M]. 北京: 中华书局, 1997: 2456.
③ 司马迁自己在《报任少卿书》中也是委婉地这么说的, 寸心微言, 冷暖自知。
④ 凌稚隆. 汉书评林[M]// 吴平, 曹刚华, 查珊珊.《汉书》研究文献辑刊: 第二册. 北京: 国家图书馆出版社, 2008: 201.
⑤ 李景星. 四史评议[M]. 韩兆琦, 俞樟华, 校点. 长沙: 岳麓书社, 1986: 215.
⑥ 前四史: 汉书[M]. 北京: 中华书局, 1997: 2699.

为守节者高唱赞歌的班固,在他笔下能不加以挞伐?从这个意义上,"屠"字是更具威力的。《汉书》叙事之字挟风力,于此可见一斑。

这种特重遣词用字的叙事片段,《汉书》中还能检出很多。另如:

《武五子传》记"昌邑哀王髆天汉四年立,十一年薨,子贺嗣。立十三年,昭帝崩,无嗣,大将军霍光征王贺典丧。"① 征,本字为"徵",《尔雅·释言》:"徵,召也。"② 有居高临下之义。昭帝崩后,爵位处下的霍光竟可以让一位藩守一方的诸侯王呼之即来(将来还会"挥之即去"),足见其权倾朝野,既骄且横。着一"徵"字,微意立出。

《外戚传·卫太子史良娣》:"武帝末,巫蛊事起,卫太子及良娣、史皇孙皆遭害。史皇孙有一男,号皇曾孙,时生数月,犹坐太子系狱,积五岁乃遭赦。"③ 先明确点出"时生数月",再落一"犹"字,便加重了"坐太子系狱"的严重性。"犹"在这里是副词,作"尚且"讲。一个才只数月大的婴儿"犹"要"系狱",言外更有深意,不难领会。班固借此"犹"字,对武帝末年疑神疑鬼、用刑刻深暗寓批评。末句"乃"字为此作衬。

《叙传》之《陈胜项籍传》条:"上嫚下暴,惟盗是罚,胜、广熛起,梁、籍扇烈。"④ 这个"熛"字,却胜在它的形象性。《说文解字》:"熛,火飞也。从火,票声。读若摽。"⑤ 此处是其比喻用法,形象而精炼地描绘出秦末农民起义风扬雷动的赫赫威势。

《刑法志》记载,宣帝时,"上常幸宣室,斋居而决事,狱刑号为平矣。"⑥ "号"字一字千钧。"号"为平,与实际状况之差距,真不可以道里计,班固之意,或在斯欤?

类似情形书中在在多有,不遑遍举。从中我们真切地看到,班固在《汉书》的叙事上,极为重视锤炼字句,文字表达臻于其妙,真正做到了刘知幾所谓"省字约文,

---

① 前四史: 汉书[M]. 北京: 中华书局, 1997: 2674.
② 尔雅[M]. 北京: 中华书局, 2016: 15.
③ 前四史: 汉书[M]. 北京: 中华书局, 1997: 3961.
④ 前四史: 汉书[M]. 北京: 中华书局, 1997: 4245.
⑤ 许慎. 说文解字注[M]. 段玉裁, 注. 上海: 上海古籍出版社, 1988: 481.
⑥ 前四史: 汉书[M]. 北京: 中华书局, 1997: 1102.

事溢于句外""一言而巨细咸该,片语而洪纤靡漏"[①]的境界。

第三节 叙事的调节

像《汉书》这样的大部头作品,除了八《表》这一很小的部分,全书均铺展着叙事的文字。只是"志"体中叙事成分较少,色彩稍淡而已。而且不同于《史记》的使气驭笔、以情驱事,《汉书》更多出于正统、严密的叙述风格。所以,即使单就七十列传而言,这样大面积密集的叙事,如果处处讲求谨严肃正,势必会给读者带来枯燥、滞闷之感,对著作本身而言也会负重太深。但班固是一位极富才情的文章大家,历史的凝重与记载的轻灵,在他的笔下兼而有之,完美地融合了。一部八十多万字的《汉书》,读来不仅不让人有老牛拉车的负累和沉重,相反,却能时时感受到它扑面而来的和煦气息,厚重中带着活泼,典正而不乏灵动,以至于让宋诗大家黄庭坚如果久不读《汉书》,便觉"照镜则面目可憎,对人则语言无味"[②],苏舜钦更是用《汉书》作为最好的下酒物[③]。可见他们对《汉书》是如何的热爱。

当然,《汉书》的魅力,是多种因素共同促成的,文学成就只是其一。而在文学成就的一角,叙事之美又仅是其中的一个方面。范晔评析《汉书》叙事,中有一语:"使读之者亹亹而不厌"[④],看似轻松的一句话,实际寄寓着极高的推许。因为范晔本人也著史,感同身受,他是深知"不厌"二字的分量的。其他不论,只究《汉书》在叙事上令人"不厌"之可贵,一方面固来自班固高超独特的叙事技巧,如我们在前面几节里所讨论的那样;另一方面,也与他在堆积的叙事文字中善于调节,消解凝重,不使行文板滞有绝大关系。原其调节之手段,概有数端。

[①] 刘知幾.史通[M].浦起龙,通释.上海:上海古籍出版社,2008:126.
[②] 凌稚隆.汉书评林[M]//吴平,曹刚华,查珊珊.《汉书》研究文献辑刊:第一册.北京:国家图书馆出版社,2008:27.
[③] 龚明之.中吴纪闻[M].孙菊园,校点.上海:上海古籍出版社,1986:39.
[④] 《后汉书·班彪列传》:"若固之序事,不激诡,不抑抗,赡而不秽,详而有体,使读之者亹亹而不厌,信哉其能成名也。"详见《前四史:后汉书》,中华书局1997年版,第1386页。

《汉书》文学个性初探

一、精美的景物描写

用文字状摹优美的景物,创设一种特殊的氛围,以助抒情写怀,如《诗经》《楚辞》;或佐议论说理,如《庄子》《淮南》,这是早已确立的文学传统。汉赋,尤其是逞辞大赋,如枚乘《七发》、相如《上林》等作品,也多有写景的成分,但在感情态度上比较客观,手法亦喜出以夸张粉饰,不免令人觉得隔膜。倒是在大量叙事叠加的史传作品中,偶尔点缀以优美的写景文字,则不啻燥热的空气中淋过一阵清凉的雨,格外醒人心神。班固正是营造这种境界的文中高手。他的很多写景手法,更成为后世作家取法模习的活水之源。

以《汉书·匈奴传》为例,这是一篇两万多字的洋洋巨制,大体依匈奴盛衰流迁的演变史为记述脉络,纬以大小历史事件,多为平铺直叙的风格。但在班固笔下,这样的大制作却丝毫不显滞塞板重。明代唐顺之对此传欣赏有加:"此篇议论叙事夹杂,最为奇作,而中间以仲舒之论贯穿武宣王莽之事,尤其是笔力变化。"并称赞此传是"《汉书》大文字。"① 更难得的是"大文字"中如涓涓流水一样穿插着的精美的景物描写,时时带给"大文字"以提振、以灵醒。如叙及王莽的倒行逆施致使自武、昭、宣、元以来历经战争与怀柔的种种交锋,而出现的汉、匈之间来之不易的和平局面在数年之间颠覆殆尽,战火重燃,人民罹难,作者的心情是沉重的。他笔端掺以写景,巧妙地渲染了这种沉重和悲愤:

> 初,北边自宣帝以来,数世不见烟火之警,人民炽盛,牛马布野。及莽扰乱匈奴,与之构难,边民死亡系获,……数年之间,北边虚空,野有暴骨矣。②

这里出色地运用了比较的叙事手法。前曰"数世",后云"数年",语辞和语义的重复,带动文势的回环跌宕。前"牛马布野",一派欣欣繁荣的景象;后"野有暴骨",凄惨凋敝,无限哀伤。均只四字写景,洗净练达。"布"字用得形象而充满豪

---

① 凌稚隆.汉书评林[M]//吴平,曹刚华,查珊珊.《汉书》研究文献辑刊:第三册.北京:国家图书馆出版社,2008:73.

② 前四史:汉书[M].北京:中华书局,1997:3826.

情,"暴"字则更是写尽了生民之苦难。班固有着极为高深的语言造诣,往往似此从容落墨,轻轻一点,境界全出。段末再结以一"矣"字,气沉力足,延续着绵绵的哀惋之情。在原文语境"拥挤"的叙事空间,只因有了这样精致而或优美、或凄怆的景象描写,让人回味,让人感慨,激荡着我们。既是文势的缓冲,又是绝好的调节。推开来说,"牛马布野",神似于北朝乐府《敕勒歌》中"天苍苍,野茫茫,风吹草低见牛羊"[①]的阔远景象;而"北边虚空,野有暴骨"的凄凉哀景,后世又出现在曹操笔下:"白骨露于野,千里无鸡鸣。"[②]的确,如果只从"简""雅"的角度着眼,我们得承认《汉书》的语言是要比《史记》精致的(而不仅仅是精炼)。这在其写景上尤见得鲜明。《西域传》:

蒲昌海,一名盐泽者也,去玉门、阳关三百余里,广袤三百里。其水亭居,冬夏不增减,皆以为潜行地下,南出于积石,为中国河云。[③]

西域,在人们的印象里总是与漫漫黄沙、疾风劲草的荒远、辽阔景象相联系,《汉书·西域传》也是以触邻旁通的结构方式一气连下(说见前文),相继记载西域五十余国的地貌风土。不论记述的手法如何高妙,文字如何打造,面对对象实际的客观存在状态,总不免要失了一些颜色,受到一些规格和限制,于是便有陷入单调、枯燥的可能。了解了这种写作难度,再对照于《西域传》的成功,我们实在应该对班固的写作才能致以十分的敬意,对其中精致的写景文字珍之重之。上引的这段话取自本传篇首之序,班固于甫开记述时便写到水,怕是要用它的澄静与清凉,去润泽全篇吧!写法上,先从大处着笔——"广袤三百里",瞬时收回视线,聚焦于水。只用"其水亭居"四字,便将蒲昌海的静谧、广远、深幽之美描绘得如在目前,其中尤赖"居"字形象有韵味。"冬夏不增减"一句加深渲染,也为这汪静水抹上了淡淡的神秘色彩。二句字数前四后五,错落有致,句式参差,不仅写景精美,且颇得文势。这样美妙的文句,就不必奇怪它屡被后世文献征引了。郭璞《山海经注》袭此作"其水停,冬夏不

[①]郭茂倩.乐府诗集:第四册[M].北京:中华书局,1979:1213.
[②]曹操.曹操集[M].北京:中华书局,2012:4.
[③]前四史:汉书[M].北京:中华书局,1997:3871.

《汉书》文学个性初探

增减"①，省一"居"字，便大少味；郦道元《水经注》有"其水潋潭，冬夏不减"②，也明显取资于此，只是句式整饬，更显典正。且易"居"为"潋"，意思显豁，但稍欠形象；《初学记》引为"其水淳，冬夏不减"③，则是刻意求简，表义的完整度与形象性均有所降低。

《汉书·西域传》中精致的写景句不时闪现，在其下文也可看到，如"车师前国，王治交河城。河水分流绕城下。"④

《汉书》中，与《西域传》的记述模式最为接近，故其中的写景成分也有大致相似的美学效果的，要数《地理志》了。其中精美的写景文句如：

（秦地）有鄠、杜竹林，南山檀柘，号称陆海，为九州膏腴。⑤

深得顿挫取势之美感。"鄠、杜竹林，南山檀柘"二句八字，以地名加木名的结构方式形成工整的对仗句，尤显精致。又如：

（巴、蜀、广汉）土地肥美，有江水沃野，山林、竹木、疏食、果实之饶。⑥

其妙处已早被陶渊明所激赏，并化入其《桃花源记》一文中："土地平旷，屋舍俨然，有良田、美池、桑竹之属。"⑦《汉书·叙传》中对《天文志》的说明有如下优美的写景文字：

炫炫上天，悬象著明。日月周辉，星辰垂精。⑧

---

① 郭璞.山海经[M].张耘，校点.长沙：岳麓书社，1992：24.
② 郦道元.水经注校证[M].陈桥驿，校证.北京：中华书局，2007：40.
③ 徐坚.初学记[M].北京：中华书局，1962：115.
④ 前四史：汉书[M].北京：中华书局，1997：3921.
⑤ 前四史：汉书[M].北京：中华书局，1997：1642.
⑥ 前四史：汉书[M].北京：中华书局，1997：1645.
⑦ 袁行霈.陶渊明集笺注[M].北京：中华书局，2003：479.
⑧ 前四史：汉书[M].北京：中华书局，1997：4243.

写法上都十分合于早期的四言诗体。刘知幾在论及《汉书·叙传》中作叙目之用的逐条文字时说："班固变为诗体，号之曰'述'"①，确是抓住了它的写作特点。《叙传》中百条"述××"的叙目，均以四言成句（除末条），整齐而有极强的概括力，且喜用联绵词，注重协韵，多采《诗经》成句，洵为诗体文字，具有很高的艺术价值。就是眼光苛刻的昭明太子，在他专辑文学作品的《文选》中也收录了其中的三条②。

二、"列女"角色的穿插

《汉书》塑造的人物形象长廊里，有一类人特别显眼，给人留下了非常深刻的印象，那便是大量的女性形象。这是《汉书》在人物塑造上体现的一个突出特点。这些女性形象中的大部分都集中在《外戚传》中，那不是我们此处要论列的对象。这里所要讨论的，是少数介入、穿插于《汉书》他传常态的叙事中，对记述传主的生平事迹，起到一定调节、衬托作用的女性。

然而这种写作意识却是导源于《史记》。《史记》中的女性形象也不在少数，但绝大多数都集中于《外戚传》中，此外便很少。与《汉书》记载重合的部分，《史记》中有关的女性形象全被《汉书》继承了下来，有陈婴母③、王陵母④、张汤母⑤、淳于缇萦⑥等，其他只言片语带出的，如高祖之母等，当然不计在内。《汉书》秉承了这种写作意识，在《史记》之后的历史记述中，也大量载录了这类女性，而且往往比《史记》的记述更加曲折生动。但我们还应看到刘向辑纂《列女传》对班固的触动。《列女传》是第一部集中记载各种贤贞和佞嬖女性的专著，前者为了颂扬，后者以存鉴戒。而这两种女性形象在《汉书》中都有出现。更重要的是，班固继承了刘向对"列女"们的情感取向，所以《汉书》中的女性叙事要比《史记》更多感情色彩，即使对于外戚，《汉书·外戚传》的情感郁扬，也完全有别于《史记·外戚世家》笔调的淡漠、木然。因

---

①刘知幾.史通[M].浦起龙，通释.上海：上海古籍出版社，2008：60.
②萧统《文选》专列"史述赞"一体，甄录《班孟坚述高纪第一》《述成纪第十》《述韩英彭卢吴传第四》三首，及《范蔚宗后汉书光武纪赞》一首。
③前四史：史记[M].北京：中华书局，1997：298.
④前四史：史记[M].北京：中华书局，1997：2059.
⑤前四史：史记[M].北京：中华书局，1997：3144.
⑥前四史：史记[M].北京：中华书局，1997：427.

此，也就不难理解班固在《楚元王传》附《刘向传》中，对刘向辑录《列女传》一事的记述饱含赞赏之意："向以为王教由内及外，自近者始。故采取《诗》《书》所载贤妃贞妇，兴国显家可法则，及孽嬖乱亡者，序次为《列女传》，凡八篇，以戒天子。"①所以我们取《列女传》书名，为本节论题标目。"列女"之义，亦依乎此，不过但取"贤""贞"的一面，亦且不论列与《史记》记载重合的女性。

如《酷吏传·严延年》特地引入严母：

> 初，延年母从东海来，欲从延年腊，到雒阳，适见报囚。母大惊，便止都亭，不肯入府。延年出至都亭谒母，母闭阁不见。延年免冠顿首阁下，良久，母乃见之，因数责延年："幸得备郡守，专治千里，不闻仁爱教化，有以全安愚民，顾乘刑罚多刑杀人，欲以立威，岂为民父母意哉！"延年服罪，重顿首谢，因自为母御，归府舍。母毕正腊，谓延年："天道神明，人不可独杀。我不意当老见壮子被刑戮也！行矣！去女东归，扫除墓地耳。"遂去，归郡，见昆弟宗人，复为言之。后岁余，果败。东海莫不贤知其母。延年兄弟五人皆有吏材，至大官，东海号曰"万石严妪"。②

整篇《酷吏传》，从头至尾都弥漫着酷吏们诛杀成性的血腥与残忍，所以这段"严母责子"的情节便来得格外珍贵，因为它体现着温情，充满了暖意，对一班酷吏们的武健严残、专横刻深，真是一剂化解的良方。全文紧张的叙事笔调，也因为这段舒暖、温情的记述，而得以舒息和调节。严母的一席话，情理兼容，关切中满含忧戚。字面上是说给严延年听，其实也不妨看作是对所有酷吏的谆谆告诫。"天道神明，人不可独杀"，真可谓立片言以居要，直可视为全篇警策。

类似的慈母形象，又见于《隽不疑传》，在记述笔法甚至故事结构上都与此有相近之处，只是与严延年终遭弃市的结局不同，隽不疑因病殁身。

---

① 前四史：汉书[M].北京：中华书局，1997：1957.
② 前四史：汉书[M].北京：中华书局，1997：3672.

又如《王章传》中记王章妻女：

> 初，章为诸生学长安，独与妻居。章疾病，无被，卧牛衣中，与妻决，涕泣。其妻呵怒之曰："仲卿！京师尊贵在朝廷人谁逾仲卿者？今疾病困厄，不自激卬，乃反涕泣，何鄙也！"后章任官历位，及为京兆，欲上封事，妻又止之曰："人当知足，独不念牛衣中涕泣时耶？"章曰："非女子所知也。"书遂上，果下廷尉狱，妻子皆收系。章小女年可十二，夜起号哭曰："平生狱上呼囚，数常至九，今八而止。我君素刚，先死者必君。"明日问之，章果死。妻子皆徙合浦。[①]

这是《王章传》末的补叙部分。其实对王章本人，在本传中的正面着墨并不多，作者只是从全知视角，作大跨度、跳跃式的概述。他的主要事迹——即在京兆尹任上上书言王凤专权之弊，为凤所忌，终死狱中等，皆用互见法详述于《元后传》记王凤一节，显示出班固对材料的匠心安排。班固在《王章传》中只用一半篇幅记略王章，而腾出另一半篇幅来补叙上面这段情节。描述是十分生动而动情的。从妻子、女儿这一侧面深刻地烘托出王章的刚直守节，大大加重了本传的悲情氛围。其妻女的引入，已经远远超出仅作为叙事调节的地位和作用了。另外，关于此处"呵怒"一词的妙意，详见本文第三章第一节中的讨论。

而《杨敞传》中只用寥寥数笔，描绘一言一行，便塑造了杨敞夫人这位深明大义、善于见机行事的女性形象，反倒衬托出杨敞不识大体、谨小畏事的萎顿性格，也可谓叙事主脉络上斜逸出的烂漫一枝，为主体叙事增色不少。

综上可见，《汉书》中的"列女"形象人各异面，记叙的手法也不尽相同，但她们共同谱成《汉书》人物群体中一道亮丽的风景，为行文叙事增光添彩，其调节作用是相通的。另外，以上所举的女性形象，后来都被收入《续列女传》一书中。

三、合理的虚构艺术

作为记录历史的文本，史书叙事之"实"，是其理所当然的本色。《史》《汉》并

[①] 前四史：汉书[M]. 北京：中华书局，1997：3238-3239.

以"实录"见称于后世，嘉其精神则可，若论本质，则属当然。但处处求实，过于求实，"实"的堆垛，难免使行文烦冗重沓，密不透风。所以，必有一种清凉的调节剂——虚构艺术，才能在历史记述的厚重中劈开一点空隙，显出轻灵，而不至于压迫得人喘不过气来。"虚"之于"实"，永远是相生相成的一对，一如"阴"之于"阳"。朱熹说"盈乎天地之间者，无非一阴一阳之理"①，史著之虚实相间，庶几其然？但这种"虚"，必须是一种合理的想象与虚构，而无伤于其"实"之大雅。

如《汉书·王章传》所记王章与其妻"牛衣泣决"事（文见上节引），既云"独与妻居"，且"卧牛衣中"，那么其妻呵怒之语何所得闻？即下文"章小女年可十二，夜起号哭"②之事，又谁见之？其出于作者合理之想象无疑。但正因为有了此处一温馨、一悲凄的情境，王章直言敢谏、"死不以其罪"③的可悲结局才得到了浓烈的渲染，其悲剧意义也得到了进一步的挖掘和提升。两处精巧的虚构情节，为王章之死营造了浓浓的悲情氛围，令人深为叹惋。

又如《外戚传》记霍光夫人与女医淳于衍合谋毒死宣帝许皇后一事，则更是连细节都想象到了：

女医淳于衍者，霍氏所爱，尝入宫侍皇后疾。衍夫赏为掖庭户卫，谓衍"可过辞霍夫人行，为我求安池监。"衍如言报显。显因生心，辟左右，字谓衍："少夫幸报我以事，我亦欲报少夫，可乎？"衍曰："夫人所言，何等不可者！"……④

"显"即霍光夫人。这里淳于衍与其丈夫、与霍夫人的谈话，都是不可能为外人所听闻的，霍夫人"字谓衍"的细节更显然属于虚构。然而这一情节很有力量，具有可意会而无法具言的深刻意蕴。《外戚传》人物众多的外戚史的梳理中，这样纤微的虚构情节，无疑更辛辣、更有力地揭露了宫廷斗争的险恶与残酷。及至事发，霍夫人以状

---

① 朱鉴.朱文公易说[M]//影印摛藻堂四库全书荟要.台北：世界书局，1988：384.
② 前四史：汉书[M].北京：中华书局，1997：3239.
③ 前四史：汉书[M].北京：中华书局，1997：3239.
④ 前四史：汉书[M].北京：中华书局，1997：3966.

具告霍光,光听闻此事后,"惊愕,默然不应"①的反应,显然也是出于班固的臆测。但也正是这一细节,更深刻地揭示了霍光"不学亡术,暗于大理"②的人性弱点,并为霍氏的最终败亡埋下伏笔。这里的虚构越生动、越凸现细节,则下文叙写日后霍氏覆灭的结局便越淋漓、越彻底,这又是笔法和结构上的精到之处。所以,虽然只是虚构的情节,但它的意义却远远不止作为调节的手段。

有时候,虚构的故事更被涂上浓厚的神秘色彩,离奇怪异,不可捉摸。但又因置于历史叙事的大语境中,与某种历史事实或现象挂钩,所以又显得有一定的命意,或者说,是一种怪诞的合理。这大概也是史著中的神秘叙事,有其不同于神话传说及后世小说中的神鬼故事的根本原因所在。但不管怎么说,记述历史却给它套上了神秘的光环,于杂沓的实录型叙事而言,调节的效果是十分明显的——因为它带给人足够的遐想和回味空间。

不消说《汉书》本以神秘叙事启开全书,即高祖母"梦与神通""交龙于上""已而有娠,遂产高祖"③那段轶事,全袭自《史记》,也为大家所熟悉。我们且来看看独属于《汉书》的类似情节,怎样体现它自有的特色。

如《元后传》,在历述元后(王政君)的家庭出身及家族背景之后,在叙及她被元帝(时为太子)选为嫔妃之前,作者有意插入了她的奇特经历:

> 初,李亲任政君在身,梦月入其怀。及壮大,婉顺得妇人道。尝许嫁未行,所许者死。后东平王聘政君为姬,未入,王薨。禁独怪之,使卜数者相政君,"当大贵,不可言。"④

"李"指的是元后的母亲。这段记载,用了元后出生之前的不凡征兆,和既生之后的怪异现象,极力突出元后确非普通女子,将其命运神秘化,甚至似乎带上了神圣的使命,将一个用"奇"字包装了的元后定格在读者心目中。而卜相者的预言,正以其

---

① 前四史:汉书[M].北京:中华书局,1997:3966.
② 前四史:汉书[M].北京:中华书局,1997:2967.
③ 前四史:汉书[M].北京:中华书局,1997:1.
④ 前四史:汉书[M].北京:中华书局,1997:4015

"不可言"笼括下文，并让人产生了强烈的阅读期待。于是紧接而来的太子选妃、巧中政君，和政君入宫、"一幸而有身"等"奇"事，便似乎都顺理成章了。我们知道，从叙事的结构着眼，《元后传》可以看作是《王莽传》的"预叙"式作品[①]。作为一篇"张本"性质的传文，本来交代清楚相关的情事背景即可，故易流于泛泛的平铺直叙，而走向单调。但本传却写得分外精彩——优点不一而足，其结构上的长处在本文第一章第三节进行了讨论。叙事上，这种适时增入的神秘叙事，无疑也为全文增色不少。

如果说《汉书·元后传》中的上述神秘化叙事还有点遮遮掩掩，那么在《外戚传》中对诡异之事的描绘便直接多了。本传记载，哀帝崩后，王莽秉政，大肆迫害元、哀二帝的外戚傅、丁二姓，甚至于要发掘哀帝祖母傅太后与其母丁太后之墓，令其降格改葬。于是，"既发傅太后冢，崩压杀数百人；开丁姬椁户，火出炎四五丈"[②]；但王莽不仅不为所动，反而变本加厉，奏言将二人之棺代以木棺，于是又出现了更为神奇的事："时有群燕数千，衔土投丁姬穿中"[③]。诸种怪异之事频发，读来确实够让人心头一震，在本传堆砌的外戚人事的记述中，注入了鲜活的调剂。但我们不能仅仅将它视作简单的调节。班固的这些交代，也并不表示他多么好奇，或者迷信。不，这些怪异现象的特意点出，描述不厌其"诡"，不过是以一种曲折的形式映射现实，且自以小见大，意在说明王莽倒行逆施程度之深，和将由此导致的后果的严重，暗合于紧随此篇之后的《元后传》中，元后私下里对左右之人说的评价王莽的一句话："此人嫚神多矣，能久得祐乎！"[④]这是文章结构上关锁掩映之处，不可不察。

至于《于定国传》采录刘向《说苑》中"东海孝妇"的故事来旁衬定国之父于公的精明，《龚胜传》中安排一倏忽而来、倏忽而去的老者形象等，倘若细加检绎，搜集起来，《汉书》中的此类神秘人物和怪诞事迹，足够织成一片让我们玩赏不已的诡奇风景，五彩缤纷，变动不居。它们以轻灵忽幽、神秘莫测的身影穿插于全书各个角落，使得厚重的历史叙事显示出缥缈的美，而变得愈加值得品味。

当然，《汉书》十二本纪中，往往像《春秋》记事一般一笔带过的某些怪异现象，

---

① 详见本书第一章第三节内容。

② 前四史：汉书[M].北京：中华书局，1997：4003.

③ 前四史：汉书[M].北京：中华书局，1997：4004.

④ 前四史：汉书[M].北京：中华书局，1997：.

以及列传部分中的一些与此相类的怪异事件,如《霍光传》中霍氏覆亡之前的种种凶兆,这些都与某种五行思想相挂钩;而《汉书·五行志》全篇皆是此类现象的罗列,简直是一篇"怪异录",则都与我们上文所说的那些起到调节作用的神秘叙事相去甚远,不在一个范畴,不在我们讨论之列。

四、诗歌的调节作用

注重引录各类体裁的文章,以及诗歌民谣,发挥其相应的调节作用,同时也使文章显出多样的风格,这是《汉书》叙事的又一特色。但正如我们在前一章指出的,诏令奏疏和信札等文章在《汉书》的叙事中,一般扮演着参与的角色,承担了一定的叙事功能,它的参与比它所起到的调节作用更为重要。这里我们也不打算把民谣牵扯进来,因为它缺少抒情的特质。民谣代表着民间的心声,往往带有一定的寓意,能为历史的记载增加厚度,所以它在史著的叙事中,某种程度上也成了其中的一部分。只有诗歌表现得不同。它本身不带叙事的性质,它只是以一种另类的文体的身份,短小精致地存在于叙事文本之中,以其特有的抒情的氛围,为历史的记述增加情致。诗歌作为调节的手段和作用,要比其他意义表现得更加突出。《汉书》纪、志、传三部分都录有大量诗歌,它们穿插于叙事文字之中,使历史板正、严肃的记述颇显情意绵绵,婉转多姿。《汉书》中的这些作品如下表所示(见表5.1)。

表5.1 《汉书》引录歌诗统计

作者	作品数量	作品名	出处
汉高祖刘邦	歌诗二首	大风	《高帝纪》
		鸿鹄	《张良传》
项羽	歌诗一首	力拔山操	《项籍传》
戚夫人	歌诗一首	舂歌	《外戚传》
赵幽王刘友	歌诗一首	歌(诸吕用事兮刘氏微)	《高五王传》
城阳王刘章	歌诗一首	耕田歌	《高五王传》
汉武帝刘彻	歌诗三首	瓠子歌二首	《沟洫志》
		李夫人歌	《外戚传》

续表

作者	作品数量	作品名	出处
李延年	歌诗一首	歌（北方有佳人）	《外戚传》
韦孟	诗二首	讽谏诗	《韦贤传》
		在邹诗	
燕剌王刘旦	歌诗一首	歌（归空城兮狗不吠）	《武五子传》
华容夫人	歌诗一首	歌（发纷纷兮置渠）	《武五子传》
李陵	歌诗一首	歌（径万里兮度沙漠）	《苏建传》附《苏武传》
广川王刘去	歌诗二首	歌（背尊章）	《景十三王传》
		歌（愁莫愁）	
广陵王刘胥	歌诗一首	歌（欲久生兮无终）	《武五子传》
乌孙公主细君	歌诗一首	歌（吾家嫁我兮天一方）	《西域传》
杨恽	歌诗一首	歌诗（田彼南山）	《杨敞传》附《杨恽传》
韦玄成	诗二首	自劾诗	《韦贤传》附《韦玄成传》
		戒子孙诗	
息夫躬	诗一首	绝命辞	《息夫躬传》

它们或表现得大气磅礴，如刘邦、项羽的作品；或凄恻哀婉，如燕剌王、李陵等人的作品；或严正、庄重，如韦孟、韦玄成之作；或流丽婉转，如李延年之作。风格多样，情态不一，大大丰富了历史的记述状态。

以乌孙公主细君的作品为例。《汉书·西域传》记乌孙国，是个"去长安八千九百里……地莽平，多雨，寒。山多松樠。不田作种树，随畜逐水草，与匈奴同俗"①的国家，在匈、汉两个大国对垒的缝隙间左右逢源，生存维艰。其国王号昆莫者遣使献马于汉，愿得尚汉公主。"汉元封中，遣江都王建女细君为公主，以妻焉。……乌孙昆莫以为右夫人。匈奴亦遣女妻昆莫，昆莫以为左夫人。"②在这样的大背景下，这样宏阔的

---

① 前四史：汉书[M].北京：中华书局，1997：3901.
② 前四史：汉书[M].北京：中华书局，1997：3903.

叙事框架里，作者突然笔调一沉，转从"细"处为这位远嫁西域的细君公主进行特写：

> 公主至其国，自治宫室居，岁时一再与昆莫会，置酒饮食，以币帛赐王左右贵人。昆莫年老，言语不通，公主悲愁，自为作歌曰："吾家嫁我兮天一方，远托异国兮乌孙王。穹庐为室兮旃为墙，以肉为食兮酪为浆。居常土思兮心内伤，愿为黄鹄兮归故乡。"天子闻而怜之，间岁遣使者持帷帐锦绣给遗焉。①

公主之诗以"吾"字领起，紧接以"远""异"等字眼，直白、亲切而更显凄惋，一下子营造出浓浓的抒情气氛，在精到地描述不能适应的异域生活后，马上总归为思乡远念、恨不能归的情结。尤其是"兮"字的密集使用，使得诗歌透出浓郁的汉家特色。从遥远的西域，在国与国的交锋、周旋的大环境下，这样一个置身其中、孤苦愁思的汉家女子，其纤纤嫋嫋的哀鸣显得是那么细弱、无力，却强烈地震撼人心。最可贵、也最耐咀嚼处在于，从西域传出的这一汉家之音，由班固将它从现实搬进了自己的作品，使《西域传》这篇全文笔调皆流转于西域诸国的叙事语境，也因之有了别样的风貌，于行文、于我们品读都是一种绝好的调剂。《苏武传》中李陵对酒悲歌、诀别苏武的一段，也是吟诗于大漠辽远之地，身处绝域，思恋远汉的悲情与此处所引公主之诗保持了同调，但风格上却表现出苍劲壮气的一面。总之，都是因有了诗的引入，为叙事注入了浓郁的情致，营造了特定的氛围。

而《外戚传》中记叙孝武李夫人，一开始便以李延年"北方有佳人，绝世而独立，一顾倾人城，再顾倾人国。宁不知倾城与倾国，佳人再难得"②的一曲轻歌善舞，将本传导入婉丽曼妙的美的氛围。末了又以武帝因思念李夫人，悲戚所感而作的一诗一赋结束传文，余音袅袅，哀感无限。这段首尾都以诗和类诗的赋包裹起来的、充满浓郁抒情气氛的传文，在整篇充溢着宫廷斗争的残酷和险恶的《外戚传》中，显出十分的不同凡俗、别具一格，实在是对宫廷险恶最好的消解。

在西汉皇族中，武帝是最具文人气息和文学才华的一位，他的诏书文采斐然，气

---

① 前四史：汉书[M].北京：中华书局，1997：3903.
② 前四史：汉书[M].北京：中华书局，1997：3951.

势不凡；就是诗歌，也是写得最好的。除上举《李夫人传》，《汉书·沟洫志》也引录了他的两首《瓠子歌》，是黄河决口，泛滥成灾后，武帝亲临决口，伤悼塞治之功不成而作。其二曰：

> 河汤汤兮激潺湲，北渡回兮迅流难。搴长茭兮湛美玉，河公许兮薪不属。薪不属兮卫人罪，烧萧条兮噫乎何以御水！隤林竹兮揵石菑，宣防塞兮万福来。①

《志》文接着写道："于是卒塞瓠子，筑宫其上，名曰宣防。而道河北行二渠，复禹旧迹，而梁、楚之地复宁，无水灾。"②似乎武帝此诗的气质、格调，特为此次塞河保民的行动助威摇旗，以成其功。同时也特壮文势。

《汉书》于叙事中掺入诗作以发抒情怀的情形各有不同，但诗歌用来营造气氛、调节文味以助叙事之功能，则是相通的。

五、以叙事作为调节

用精致短小的叙事对大的叙事语境进行调节，这是《汉书》叙事高妙的又一层境界。长段的事件铺叙，容易造成审美疲劳，所以需要起伏与点缀。而这种起伏与点缀，正可借助"事中之事"来完成。如果将整片叙事看作一个圆，那么在这个圆里面的某一点上施以特别的提动，插叙一小段似乎无关宏旨的事件，哪怕只是一个小片段——即使看上去好像是故意节外生枝，却恰恰能对主干的叙事起到特殊的调节作用。所以从同是叙事的角度，这种事与事之间的关系，正可喻之以中国画的点染手法。整体的叙事为染笔，墨色一片；而穿插其中的小事件则为点苔，灵动轻跃，醒人眼目。点染结合，才能避免单调空落，才能达于艺术的妙境。

《霍光传》中，废黜昌邑王一事是记载的重中之重。在"谋废"一节，田延年按剑叱廷的言行描述得虎虎有生气（文见前引），可看作是其中一处小小的调节；而在废黜一事进行的过程中，班固实际是借了霍光率群臣联名上奏给太后的奏文来完成了

---

① 前四史：汉书[M].北京：中华书局，1997：1683.
② 前四史：汉书[M].北京：中华书局，1997：1684.

记叙。但这篇奏文因为详细罗列了昌邑王所以被废的种种情由和罪状,不厌琐碎,篇幅很长。如果一气连成,自无不可,但势必造成内容冗沓繁缀,从而影响到文章气脉,使其滞塞不畅。然而班固的笔下,往往便能生花出锦。当尚书令在殿堂读诵此奏文,太后垂闻,昌邑王、霍光及群臣伏听,待读到昭帝崩后,昌邑王在负责典丧期间"亡悲哀之心,废礼谊,居道上不素食,使从官略女子载衣车,内所居传舍……发长安厨三太牢具祠阁室中,祀已,与从官饮……召皇太后御小马车,使官奴骑乘,游戏掖庭中……与孝昭皇帝宫人蒙等淫乱,诏掖庭令敢泄言要斩"①等一系列罪状时,班固突然收束笔调,却适时插入这样一个情节:

太后曰:"止!为人臣子当悖乱如是邪!"王离席伏。尚书令复读曰:……②

这一情节的安插带来小幅波动,安排得恰到好处,十分巧妙。以"止"字顿住,既暂时休止了因各种悖乱之事的不断堆积,而已隐然积成的渐行渐促的文势,起到了非常及时的调节作用;同时又是借太后之口宣泄愤慨的情绪。太后所斥,正是读者欲吐之言。"王离席伏"的举动,既是太后厉声呵斥下的反应,又是及时补充的一处细节,形象而且自然,读之如在目前。宋李涂评曰:"此段最妙,载一时君臣堪画。"③李景星对本传中这一节文字也是激赏不已:"至于《光传》叙废立事,尤为出色。当是时也,以一弱龄女主端坐于上,众文武大臣罗列于旁,一昏庸废帝匍匐于下,挨次写来,亦既摹绘如画矣。而于废帝过失,只用奏议一通,绝不自为断语。更于群臣读奏议之中,间以一'止'字顿挫之,最后以一'可'字收束之,酣畅淋漓,逐字生动,千载而下,如见所闻。"④

实际《霍光传》在叙事上精彩之处不一而足。仅以"叙事作为调节"而言,除上举严延年叱庭与太后断呵这两处之外,前文也有一处叙事可作调剂的文字看,即昭帝

---

① 前四史:汉书[M].北京:中华书局,1997:2940.
② 前四史:汉书[M].北京:中华书局,1997:2944.
③ 凌稚隆.汉书评林[M]//吴平,曹刚华,查珊珊.《汉书》研究文献辑刊:第三册.北京:国家图书馆出版社,2008:357.
④ 李景星.四史评议[M].韩兆琦,俞樟华,校点.长沙:岳麓书社,1986:221.

《汉书》文学个性初探

以十四岁的幼龄而聪颖过人，一眼识破上官桀、桑弘羊及燕王刘旦等人合谋陷害霍光的奸计，致使"尚书左右皆惊"[①]的记载。这段事件，霍光只作为陪衬，而记叙的聚光灯全部打在了年幼敏慧的昭帝身上。在专为霍光所立的传记中，自也是一种"旁逸"式、属于调节性质的叙事片段。

而《儒林传》《西域传》《匈奴传》等作品，重在平铺直叙、梳理历史发展脉络，参以共时的事件记述或空间方位排列，表现出一种寥廓恢宏的气象。于是其中往往而见的一小段叙事，在这大面积铺开记述的语境中，便是"点"的聚光闪耀，是避免行文单调的一剂良方，它的调节作用是十分重要而突出的。就好像一片微澜的湖面上，分散地投下去几个石子，必更能使人赏心悦目。

要说到对板正、严肃的历史叙事加以调节，除了以上所举的技巧，幽默——也许可称为最有分量的手段。所以我们拟专辟一节，来领略《汉书》幽默叙事的艺术。

第四节　幽默讽刺的笔法

幽默讽刺的笔法是《汉书》叙事的又一突出特色。关于"幽默"的含义及中国的幽默文学，林语堂在他的《论幽默》一文中有过精彩的阐发[②]。但其中并没有深入谈到中国向来谨严平实的历代正史中也不乏幽默的文笔。也许正因为其板严，所以特需要幽默的文字作一调剂。

《汉书》有一种大幽默，比如在官家的指挥棒下，班固硬做着实录的个人的抗争，这称得上是幽默；文笔上的时出奇境，也有幽默的表现。它比《史记》更能、也更多地在文字的细微处见出幽默的本色。笔头一扬，抖落一串文字，便能令人解颐，或为之会心一笑，甚至大笑，这是班固的文字功夫。这对全书的叙事，尤其对它本身严密的记述风格，实在是绝妙的调节手段。讨其缘由，我以为《汉书》之幽默，一是出自班固的闲适，二是由于班固的愤激。有了闲适的写作态度，故于历史大势，洪纤俱能看得透彻，把握自如，记述时深入浅出，不时幽默一笔，以作暂时的调剂；而因为愤

---

① 前四史：汉书[M].北京：中华书局，1997：2936.
② 林语堂.林语堂经典作品选.[M].北京：当代世界出版社，2002：32.

激的内蕴,欲得喷薄,却不能任其喷之,故借婉转的文笔,以幽默的文字写出,令人发笑,笑过之后,更见得历史的本质。前者合于林语堂所论,即所谓"幽默只是一种从容不迫的达观态度""幽默的情境是深远超脱""欲求幽默,必先有深远之心境"[①];后者是我们的体会,却似更合于《汉书》的实际。前者书中多有,后者可以《王莽传》为典型。

先看前者。《汉书·外戚传·高祖吕皇后》承袭《史记·吕太后本纪》,记载了惠帝崩后,"太后发丧,哭而泣不下"[②]。张良之子张辟彊时年十五,献计丞相陈平,请拜诸吕为将军,"太后说,其哭乃哀"[③]。吕太后的举动真是太滑稽了,居然可以因为高兴而哭得悲哀!一"说"一"哀",在吕太后是何等的矛盾统一。这种心理活动的刻画实在细致而逼真。轻描淡写的一句话,却深藏玄机,幽默来得太过冷峻,以至于让人都笑不起来。但这正是《史记》幽默文笔的本色,为《汉书》所继承了的。附带一提,此处十五岁的张辟彊,与前文所举十四岁的昭帝,不由使人想起《左传》中的王孙满[④],三人都是少年老成的形象。从《左》到《史》,再到《汉》,对此类早慧人物的关注和塑造,一脉相承。

《汉书·游侠传·原涉》记涉深自韬晦期间,"茂陵守令尹公新视事,涉未谒也,闻之大怒"[⑤],只因"末谒",便致"大怒",尹公的脾气是够坏的。轻轻一点,世态全出。程度副词"大"字下得煞有介事,当重音读出,幽默效果也随之而来。这种幽默,同时兼施以浓烈的讽刺。

《汉书》中作为调节手段存在的幽默文字,它的主要功能是逗人愉悦。讽刺也罢,平实也罢,都可一笑会意——即使其笑容因裹着历史的外衣而显得沉重。于是在《游侠·陈遵传》中,我们检得了《汉书》幽默的一般面目。这篇传记,全文都以轻松便侃的笔调写来。如写陈遵与人酣饮一段,已见出幽默的风采:

---

① 林语堂.林语堂经典作品选.[M].北京:当代世界出版社,2002:32,38,39.
② 前四史:汉书[M].北京:中华书局,1997:3938.
③ 前四史:汉书[M].北京:中华书局,1997:3938.
④《左传·僖公三十三年》:"三十三年春,秦师过周北门,左右免胄而下。超乘者三百乘。王孙满尚幼,观之,言于王曰:'秦师轻而无礼,必败。轻则寡谋,无礼则脱。入险而脱,又不能谋,能无败乎?'后果败。"秦师此次伐郑未果,反被晋国遮击,此战即著名的秦晋崤之战。杨伯峻《春秋左传注》,中华书局2017年版,第494页。
⑤ 前四史:汉书[M].北京:中华书局,1997:3717.

《汉书》文学个性初探

> 遵耆酒，每大饮，宾客满堂，辄关门，取客车辖投井中，虽有急，终不得去。尝有部刺史奏事，过遵，值其方饮，刺史大穷，候遵沾醉时，突入见遵母，叩头自白当对尚书有期会状，母乃令从后阁出去。[1]

陈遵的举动、刺史的窘态，再对照记述的文字，相映生辉，几已令人发笑。在营造了这样幽默氛围之后，下文紧接着交待陈遵在当时士民中的影响力之大，已经到了"请求不敢逆，所到，衣冠怀之，唯恐在后"的地步，乃至于：

> 时列侯有与遵同姓字者，每至人门，曰陈孟公（按：陈遵亦字孟公），坐中莫不震动，既至而非，因号其人曰陈惊座云。[2]

让人不禁失笑。前已用"莫不"的双重否定加重渲染，便很自然地在"既至而非"的落差中，逼出一个"陈惊座"的"雅号"，幽默手法十分高明。尤赖"因"字开启了幽默意味，末尾殿以"云"字，则加重了幽默效果。《汉书》多处可见此二字的这类用法。

《汉书》的幽默，像流动的溪水，游走在全书很多角落，每能让人赏心一笑，会意更深，带动整部著作也颇显轻灵。但要论其堆叠出现、酣畅淋漓的"总爆发"，无疑的应以《王莽传》为中心。这却是出于愤激的笔伐，故讽刺的意味亦显特浓。对王莽这位奸诈狠毒的专制者，班固用幽默的笔调记载了他可笑、可鄙的言行，进行了辛辣的冷嘲热讽。不仅使这篇《汉书》中篇幅最长的传记谐趣横生，丝毫不显冗赘繁沓，也在很大程度上用文字表达出的"笑"，来消解了班固心中的愤激情绪，而不使之走向极端，全篇感情基调得以保持平缓内敛，不失雍容之美。至于幽默背后，沉淀着多少历史的反省和思索，那是要读者自己去领受的。不过不妨从《沟洫志》迂回体味作者对王莽幽默而辛辣的记述笔调。

《沟洫志》一文结尾处，在全文引录了哀帝时贾让的《治河三策》之后，中间没有

---

[1] 前四史：汉书[M].北京：中华书局，1997：3710.
[2] 前四史：汉书[M].北京：中华书局，1997：3711.

任何其他作为过渡，而是直接接入"王莽时，征能治河者以百数"[①]的情事，然后以颇为凌厉的行文气势，连续列举"长水校尉平陵关并言""大司马史长安张戎言""御史临淮韩牧以为""大司空掾王横言""沛郡桓谭为司空掾，典其议，为甄丰言"[②]云云，中间更不用任何衔接的字眼，文势一贯而下，愈积愈强；而这些放言高论的官属们，发言高蹈，凌空一切，睥睨黄河水灾如小菜一碟，诸如"河决……其南北不过百八十里者，可空此地，勿以为官亭民室而已""可各顺从其性，毋复灌溉，则百川流行，水道自利，无溢决之害矣""宜却徙完平处，更开空，使缘西山足乘高地而东北入海，乃无水灾""上继禹功，下除民疾"[③]等等，语壮气盛，往往而然[④]。呜呼，倘真能此，水灾平治，生民艾安，黄河复何患哉！众臣强劲的说辞托举着我们漂浮于满足和设想之中，无限憧憬……可是，待众臣放言完毕，理性、冷静的史家班固却只撇给我们十一个字："王莽时，但崇空语，无施行者。"[⑤]一头凉水泼下，我们倏然惊醒。《沟洫志》就此作结！

回头再读这段文字，我们便不禁要笑着欣赏这批"口头治河者"的表演了，于是也更深入地领会了班固的幽默笔法。这些挂着王莽所托古改定的古怪官名的治河者们，其言辞越激，唱调越高，结尾便来得越冷酷、越滑稽。班固正是要利用这种巨大的落差，末了施以点醒之法，让人在极度的悬殊中忍俊不禁，哑然失笑。

可以说，《王莽传》虽被置于《汉书》正文的最后，但班固早就在书中其余部分，围绕王莽此人营造了一种诙谐、幽默的氛围，让一位可笑可鄙的统治者形象已然存于读者的印象中，所以《王莽传》中幽默笔法之浓烈，就显得自然。仅仅类似上述因落差而使用"点醒法"的幽默片段，在《王莽传》中就能检出许多，比如：

> 单于咸既和亲，求其子登尸。……莽选儒生能专对者济南王咸为大使，五威将琅邪伏黯等为帅，使送登尸。敕令掘单于知墓，棘鞭其尸。又令匈奴

[①]前四史：汉书[M]．北京：中华书局，1997：1696．
[②]前四史：汉书[M]．北京：中华书局，1997：1697．
[③]前四史：汉书[M]．北京：中华书局，1997：1697．
[④]原文此处整段文字，班固可谓出色地施展了他的语言才能。此处每人用词用语风格各异，句式参差，夹以骈句，更穿插了许多精妙的语气词，务使人人出语不凡，极尽主张。
[⑤]前四史：汉书[M]．北京：中华书局，1997：1697．

却塞于漠北，责单于马万匹，牛三万头，羊十万头，及稍所略边民生口在者皆还之。莽好为大言如此。①

汉兵乘胜逐围宛城。……诏："太师王匡，国将哀章、司命孔仁、兖州牧寿良、卒正王闳、扬州牧李圣亟进所部州郡兵凡三十万众，迫措青、徐盗贼。纳言将军严尤、秩宗将军陈茂、车骑将军王巡、左队大夫王吴亟进所部州郡兵凡十万众，迫措前队丑虏。明告以生活丹青之信，复迷惑不解散，皆并力合击，殄灭之矣！大司空隆新公，宗室戚属，前以虎牙将军东指则反虏破坏，西击则逆贼靡碎，此乃新室威宝之臣也。如黠贼不解散，将遣大司空将百万之师征伐剿绝之矣！"遣七公干士隗嚣等七十二人分下赦令晓谕云。嚣等既出，因逃亡矣。②

莽遣使者分赦城中诸狱囚徒，皆授兵，杀豨饮其血，与誓曰："有不为新室者，社鬼记之！"更始将军史谌将度渭桥，皆散走，谌空还。③

以上诸条，都是轰轰烈烈的过程与轰然落空的结局的极大反差，幽默的效果，也全集中于结尾一句点醒之处爆发，是为《汉书》幽默艺术之"点醒法"，即对过程进行重度渲染，再于结局处轻轻一"点"，让文字所有的灵性和力道，全来自那一"点"笔上，四两拨千斤。

《王莽传》的幽默艺术，还表现在作者细微而生动的场景描摹，以颇生"波澜"的王莽得封"安汉公"的事件最见精彩，讽刺的意味也很浓厚。王莽初揽朝政后，便大力培植党羽，排斥异己，渐成气候。于是群臣见风使舵，赞莽功德，上奏王太后，盛陈"莽有定国安汉家之大功，宜赐号曰安汉公"④，但王莽却要故作姿态，欲进先退。这样，一场集太后、王莽和群臣的滑稽好戏便上演了：

---

① "单于咸"，指匈奴前单于"知"之弟，知死，咸立。"登"，乃知之子，咸之侄。已为莽诛杀。详见中华书局1997年出版的《前四史：汉书》第4139-4140页。

② 前四史：汉书[M].北京：中华书局，1997：4181-4182.

③ 前四史：汉书[M].北京：中华书局，1997：4190.

④ 前四史：汉书[M].北京：中华书局，1997：4046.

莽上书言："臣与孔光、王舜、甄丰、甄邯共定策，今愿独条光等功赏，寝置臣莽，勿随辈列。"①

还是甄邯识眼色，马上出面"白太后下诏"，言"君有安宗庙之功，不可以骨肉故蔽隐不扬。君其勿辞"②云云。但王莽还是抑退，"复上书让"。于是太后采取强制措施，"诏谒者引莽待殿东箱"，而王莽干脆"称疾不肯入"。太后毕竟是姑辈，对侄子王莽的执拗表现得很有耐心，复使尚书令诏之，令莽"亟起"，而王莽依然故我，"遂固辞"。③太后再使长信太仆承制召莽，王莽则固执得更加起劲，"固称疾"！这时便轮到一班臣子出场，体察姑侄二人的苦处，微言以讽谕太后，"宜勿夺莽意，但条孔光等，莽乃肯起"，于是"太后下诏曰"④云云，以极美誉之辞隆盛封赏王莽保举的孔光、王舜、甄丰、甄邯四人，遂了王莽的心愿。于是大家也终于明白了王莽几番称疾不起、病得不轻的症结所在，真是用心良苦。而就在"四人既受赏，莽尚未起"⑤之际，群臣抓住时机，奏言太后加赏王莽，太后也终于得此机会，"乃下诏曰"云云，赐王莽"安汉公"之号。为封此号，前后一波三折，好不热闹。然这出闹剧到此还没完全落幕。文章既续写道："于是莽为惶恐，不得已而起受策。策曰"⑥云云，这样，"安汉公"的嘉号算是赐定了，王莽还得了大片的封地。可是"莽受太傅安汉公号，让还益封畴爵邑事，云愿须百姓家给，然后加赏"⑦，好一副仁爱谦让、体国爱民的心肠。自然一班追随者是不会答应这个请求的，班固在这里特意突出了四个字："群公复争"，逼得太后再下诏，而王莽"复让不受"，非常大度地"建言宜立诸侯王后及高祖以来功臣子孙，大者封侯，或赐爵关内侯食邑，然后及诸在位，各有第序。上尊宗庙，增加礼乐，下惠士民鳏寡，恩泽之政无所不施"⑧，天下太平。前前后后，王莽的确善于演戏，趁此为自己赚足了政治资本。

---

① 前四史：汉书[M].北京：中华书局，1997：4046.
② 前四史：汉书[M].北京：中华书局，1997：4047.
③ 前四史：汉书[M].北京：中华书局，1997：4047.
④ 前四史：汉书[M].北京：中华书局，1997：4047.
⑤ 前四史：汉书[M].北京：中华书局，1997：4047.
⑥ 前四史：汉书[M].北京：中华书局，1997：4048.
⑦ 前四史：汉书[M].北京：中华书局，1997：4048.
⑧ 前四史：汉书[M].北京：中华书局，1997：4048.

《汉书》文学个性初探

围绕赐封"安汉公"一节，作者泼墨一千多字，着眼细处却落笔多大略，洪纤靡失。你推我就的交锋之间，非常形象而诙谐地展示了这出历史的闹剧。对于王莽做态的描述，班固的笔调是十分幽默的，让人油然而生一种鄙夷的讥笑。尤其是"莽遂固辞""莽固称疾"，连续用了两个"固"字，王莽做作之态毕见，极具诙谐意味；下文"群公复争"一语，也是幽默之极，功力在一"公"字。"公"乃尊称，作者在这里使用反语手法，暗寓讥刺。再配一"争"字，活画一班从臣阿谀捧誉、唯恐落后的形象如立纸上，不觉使人对之摇首含笑。

但有时作者的幽默叙述却不似这般"立竿见影"，而是改为一本正经的平叙。可越是如此，越让人忍俊不禁，这是《汉书》幽默艺术的第三种手法。王莽继获封"安汉公"后，又逐渐侵夺太后之权，使自己"权与人主侔矣"[①]。但王莽又"欲以虚名说（即悦）太后"，于是先建言太后"宜且衣缯练，颇损膳，以视天下"[②]，示天下以节俭防奢之意。莽并上书，"愿出钱百万，献田三十顷，付大司农助给贫民"，使得公卿"皆慕效焉"。在做足这样的声势后，王莽便"帅群臣奏言"：

> 陛下春秋尊，久衣重练，减御膳，诚非所以辅精气，育皇帝，安宗庙也。臣莽数叩头省户下，白争未见许。今幸赖陛下德泽，间者风雨时，甘露降，神芝生，蓂荚、朱草、嘉禾，休征同时并至。臣莽等不胜大愿，愿陛下爱精休神，阔略思虑，遵帝王之常服，复太官之法膳，使臣子各得尽欢心，备共养。惟哀省察！[③]

一段劝导之词诚诚恳恳，情兼雅怨，好像太后真的衣练减膳，造成了什么不得了的局面。王莽一己的孝廉体仁之心，太后损己利民的高节，均赖这一"奏"而得以彰显。但太后哪有过什么实际的节俭行动呢？王莽本来就是要以"虚名"取悦太后的。即使有，也不过是王莽的精心安排。可轮到王莽劝导太后之时，语气之诚、用意之挚，

[①] 前四史：汉书[M].北京：中华书局，1997：4049.
[②] 前四史：汉书[M].北京：中华书局，1997：4050.
[③] 前四史：汉书[M].北京：中华书局，1997：4050.

直要教人感动得呼天抢地。这还不够,"莽又令太后下诏曰"①云云,进一步造势,似乎要将此次"国奢则视之以俭"(见诏文)的行动进行到底。还可注意这个"令"字,含义是十分微妙的,太后之作为王莽的傀儡和玩偶,不点自明。细加体味,更是幽默非常。而借此诏的声明,这次又轮到王莽做态了:"每有水旱,莽辄素食",也便轮到太后诏莽:

> 闻公菜食,忧民深矣。今秋幸孰,公勤于职,以时食肉,爱身为国。②

读到这里,我们不觉又一次哑然失笑。姑侄二人始则你减膳,我来劝;继而我素食,你推恩,联袂上演了一出双簧好戏!而班固对此始终只是以平实的笔调、平实地写出。文外之幽默,全留予读者去品受。

还有比此种写法更一本正经的。我们知道王莽每每"自谓黄帝之后",他杜撰《自本》,将其氏族世系上推至五帝时代:"黄帝姓姚氏,八世生虞舜。舜以妫汭,以妫为姓"③云云,七拐八曲,总之硬是靠拢到他的"王"姓上了(并见《元后传》)。于是他在践位登帝以后,所下诏书、策命等,动辄先搬出"皇初""祖考"之类字眼来表明"真身",大概也还带点唬人的意思,如"予之皇始祖考虞帝受嬗于唐"④"予之皇初祖考黄帝定天下"⑤等等,可笑可鄙。班固往往照实具录,本身便是一种再幽默不过的笔法。但班固的幽默尚不止于此,他还能"借力打力",十分巧妙地运用王莽的这些滑稽做法以助文资。如叙及王莽过河拆桥、诛杀功臣之事时,班固那煞有介事、一本正经的记述:

> 乃流菜于幽州,放寻于三危,殛隆于羽山,皆驿车载其尸传致云。⑥

---

① 前四史:汉书[M].北京:中华书局,1997:4050.
② 前四史:汉书[M].北京:中华书局,1997:4050.
③ 前四史:汉书[M].北京:中华书局,1997:4013.
④ 前四史:汉书[M].北京:中华书局,1997:4018.
⑤ 前四史:汉书[M].北京:中华书局,1997:4158.
⑥ 前四史:汉书[M].北京:中华书局,1997:4123.

《汉书》文学个性初探

很显然,这是班固用典出新、"将计就计"之法:王莽时时处处以黄帝、虞舜等人自命,班固便顺其心意,将舜时"流共工于幽陵,以变北狄;放驩兜于崇山,以变南蛮;迁三苗于三危,以变西戎;殛鲧于羽山,以变东夷"①之事,冠于王莽诛杀刘棻等人的行为上,甚至连其中"流""放""殛"等动词,"幽州(陵)""三危""羽山"等地名都故意保留了原貌。如此庄严板重、正经八百地化用典故,实在要让人掩卷喷笑。而首尾分别安置"乃""云"二字,带动语气回转、迂曲,大大加重了幽默意味。

这样以子之矛攻子之盾,幽默因而更具一种辛辣的讽刺和讨伐效果。《汉书·叙传》述《王莽传》时有如下文字:

> 咨尔贼臣,篡汉滔天,行骄夏癸,虐烈商辛。伪稽黄、虞,缪称典文,众怨神怒,恶复诛臻。百王之极,究其奸昏。②

这里的"咨尔贼臣"一词用得十分独特老到。《论语·尧曰》有云:"咨尔舜!天之历数在尔躬,允执其中。"并云"舜亦以命禹"③。可见"咨尔……"语气凝重,君对臣言之谆谆,句式特殊而罕用,用则关涉天下禅让这样的体大之事。王莽却似乎用之乐此不疲,《汉书·王莽传》就两次记载王莽使用此语,一用于篡权,一用于策命,二者皆冠冕堂皇,好不讽刺!特别是篡权,王莽"咨尔婴,昔皇天……历数在于予躬……"④这种明显模仿尧舜禅位的句式和语气,顾不得让自己的野心欲盖弥彰,在以汉为正统的班固看来太过大逆不道,所以班固刻意再用此语,语意的庄重却恰恰迸射出浓浓的反讽意味,可谓一大黑色幽默。

类似的顺着王莽之意行文,令人忍俊不禁的又如:莽之末年,为镇压各地起义军,"莽拜将军九人,皆以虎为号,号曰'九虎',将北军精兵数万人东"⑤。后来,在叙及这些虎牌王师的"威力"时,班固也仿照王莽,径以"九虎"名之:"九虎至华阴回

---

① 前四史:史记[M].北京:中华书局,1997:28.
② 前四史:汉书[M].北京:中华书局,1997:4270.
③ 杨伯峻.论语译注[M].北京:中华书局,2015:238.
④ 前四史:汉书[M].北京:中华书局,1997:4099.
⑤ 前四史:汉书[M].北京:中华书局,1997:4188.

第五章 《汉书》的叙事艺术（下）

溪，距隴……六虎败走……其四虎亡。三虎郭钦、陈翚、成重收散卒保京师仓。"①原来虎军如鼠。但班固却如此一本正经地一再强调"六虎""四虎""三虎"的名号，明显是有意借力打力，幽默至极。这不是哗众取宠，而是一种深沉的、冷峻的幽默，是将厚重的历史叙述轻盈化的一点小技巧。

《王莽传》幽默艺术的另一种手法，是充分地"借重"于王莽本人可笑的言行。比如他刚刚登基，大概为了显示他的与众不同，或许为了革命的彻底性，当然更是由于符命的缘故，他大改特改各种官职称号和各地郡县地名。仅仅为了立他所谓的"十一公"②，由于要选拔合适的人员，竟至出现这样的荒唐事：

> 王兴者，故城门令史。王盛者，卖饼。③莽按符命求得此姓名十余人，两人容貌应卜相，径从布衣登用，以视神焉。④

依我们看来，"神"就罢了，盲信于符命的鬼话连篇倒是真的。不然，当新室迅速败亡，王莽困穷末路之时，此诸公安在？但这等事情虽然荒诞，比起他大改官号地名的举动来，也不过是"小巫"而已。王莽篡位后，别的实绩未见突出，但在官名、地名的修正补益上做足了文章。他一开始便设立了一些闻所未闻、古怪异样的官职名号，诸如"大司马司允""大司徒司直""大司空司若"，又"更名大司农曰羲和，后更为纳言，大理曰作士，太常曰秩宗，大鸿胪曰典乐，少府曰共工，水衡都尉曰予虞……"⑤不胜赘举，班固一口气用三百多字列举了这些更名改制的情况，然而这仅仅是其中的一小部分。"天凤"元年，王莽又"以《周官》、《王制》之文，置卒正、连率、大尹，职如太守；属令、属长，职如都尉……及它官名悉改。大郡至分为五，郡县以亭为名者三百六十，以应符命之文也。缘边又置竟尉……"⑥王莽在庙堂之上所津

---

①前四史：汉书[M].北京：中华书局，1997：4188.
②如"安新公""就新公""嘉新公""美新公"等，无非是在王莽"新朝"之"新"字前安一称号，凡十一人。
③"十一公"中的卫将军和前将军，前者号"奉新公"，后者号"崇新公"。
④前四史：汉书[M].北京：中华书局，1997：4101.
⑤前四史：汉书[M].北京：中华书局，1997：4103.
⑥前四史：汉书[M].北京：中华书局，1997：4136.

233

津乐行的，尽是这些华而不实、转滋淆惑的名目更定，以至于出现"其后岁复变更，一郡至五易名，而还复其故"者！更可笑的是由于名称变动频繁，改来改去，"吏民不能纪，每下诏书，辄系其故名"，于是王莽下的诏书竟成了这个样子：

> 制诏陈留大尹、太尉：其以益岁以南付新平。新平，故淮阳。以雍丘以东付陈定。陈定，故梁郡。以封丘以东付治亭。治亭，故东郡。以陈留以西付祈隧。祈隧，故荥阳。陈留已无复有郡矣。大尹、太尉，皆诣行在所。①

真是人间第一奇怪诏文。始则分明是给"陈留大尹、太尉"下的诏，说到后来，却是"陈留已无复有郡矣"，竟连下诏的目的地都不存在了！捧腹之余，直要怀疑这到底是班固的幽默，还是王莽本来已经够幽默的了。然而我们不能忘记这时的国家，已经陷入四围邻国竞相叛乱，"缘边大饥，人相食"②的地步。班固具录王莽可笑行径的同时，毫不留情地指出当时的社会实况，这是史家的清醒和正义。

但是"盗贼"多了，不能不管。王莽的策略是，先遣使者即赦盗贼，使者还报，如果据实以告，说"民穷，悉起为盗贼"，王莽便"大怒，免之"；反之，"其或顺指，言'民狡黠当诛'，及言'时运适然，且灭不久'，莽悦，辄迁之！"③书中记载王莽应对民乱：

> 六年春，莽见盗贼多，乃令太史推三万六千岁历纪，六岁一改元，布天下。下书曰："《紫阁图》曰'太一、黄帝皆仙上天，张乐昆仑虔山之上。后世圣主得瑞者，当张乐秦终南山之上。'予之不敏，奉行未明，乃今谕矣。复以宁始将军为更始将军，以顺符命。《易》不云乎？'日新之谓盛德，生生之谓易。'予其饬哉！"欲以诳耀百姓，销解盗贼。众皆笑之。④

---

① 前四史：汉书[M].北京：中华书局，1997：4137.
② 前四史：汉书[M].北京：中华书局，1997：4138.
③ 前四史：汉书[M].北京：中华书局，1997：4151.
④ 前四史：汉书[M].北京：中华书局，1997：4154.

而对付匈奴，王莽亦有超乎寻常的一套：

> 又博募有奇技术可以攻匈奴者，将待以不次之位。言便宜者以万数：或言能度水不用舟楫，连马接骑，济百万师；或言不持斗粮，服食药物，三军不饥；或言能飞，一日千里，可窥匈奴。莽辄试之，取大鸟翮为两翼，头与身皆著毛，通引环纽，飞数百步堕。①

王莽在不断倒行逆施，使自己陷入众叛亲离、穷途末路之时日，面对人民越来越激烈的起义和反抗，他已束手无策，却仍热衷于胡闹：

> 莽愈忧，不知所出。崔发言："《周礼》及《春秋左氏》，国有大灾，则哭以厌之。故《易》称'先号咷而后笑'。宜呼嗟告天以求救。"莽自知败，乃率群臣至南郊，陈其符命本末，仰天曰："皇天既命授臣莽，何不殄灭众贼？即令臣莽非是，愿下雷霆诛臣莽！"因搏心大哭，气尽，伏而叩头。又作告天策，自陈功劳千余言。诸生小民会旦夕哭，为设飧粥，甚悲哀及能诵策文者除以为郎，至五千余人。②

简直令人啼笑皆非。直到起义军攻入殿门，烧作宫室，火及近身，王莽仍然执迷不悟："持虞帝匕首，天文郎桉栻于前，日时加某，莽旋席随斗柄而坐，曰：'天生德于予，汉兵其如予何！'"③俨然以孔圣人自居了④。真是不可救药！班固平静而不露声色的叙述，包含着极深的幽默的底蕴和辛辣的警省。

以上所举，仅仅是抽取了《王莽传》中的一小部分可笑情节，传文中类似事迹在在多有，不胜罗列。斯人之荒唐悖谬，如何担得起天下苍生？斯人统治下的元元黎民，是生活在怎样一种悲苦惨厉的现实之中！念之令人深痛于心，哽咽在喉。于是我们明

---

① 前四史：汉书[M].北京：中华书局，1997：4155.
② 前四史：汉书[M].北京：中华书局，1997：4187-4188.
③ 前四史：汉书[M].北京：中华书局，1997：4190.
④ 《论语·述而》："子曰：天生德于予，桓魋其如予何？"详见杨伯峻《论语译注》，中华书局2015年版，第84页。

白，班固那些幽默的笔调带给我们的，终是一抹含泪的微笑！

当然，也有比较轻松一点的说笑，可视为《王莽传》幽默艺术的又一种手法，即"便侃"。往往从群臣的角度，对王莽的滑稽做法进行调侃，看似轻松的闲笔，却多具点睛之效。如，王莽假托符命篡夺汉室，所以对符命、天书等珍之若宝，对"献"上（其实全系人工制作出来，详本传）这些宝物的人，更是大加厚赏，予以封爵，视同恩人。梓潼人哀章本为不学无术、好为大言的落魄者，只因制作铜匮，使王莽利用这一机会卒成篡位之实，马上就被加封为国将，赐号"美新公"，乃所谓"四辅"之一，位居"十一公"第一高层。王莽又于是年"封符命臣十余人"，并"班《符命》四十二篇于天下"，[①]为自己篡汉之事极尽造势之能。于是风气使然，"献符命"居然成了一道禄利之通衢，使得吏民争相为之。但其间更多冷静的清醒者，班固轻松叙来：

是时争为符命封侯，其不为者相戏曰："独无天帝除书乎？"[②]

十分幽默，颇令人解颐。一句戏语，却深刻道出了符命的虚伪，正中其软肋，极具讽刺意味。又如新室地皇二年，王莽的恶政已经造成严重的社会危机，面临群乱四起的境地，王莽依然深托于符命之兆，胡乱作为，班固在《王莽传》中呈堆积式地排列了这些事件，读来让人啼笑皆非。其中之一云："或言黄帝时建华盖以登仙，莽乃造华盖九重，高八丈一尺，金瑵羽葆，载以秘机四轮车，驾六马，力士三百人黄衣帻，车上人击鼓，挽者皆呼'登仙'。莽出，令在前。"多么壮观、滑稽的一幕，而对此情此景，班固便适时着一侧笔：

百官窃言："此似轓车，非仙物也。"[③]

"轓车"，颜师古注曰"载丧车"。下层官员幽默的调侃，内含多少辛酸和不满，也见出王莽的所作所为，导致人心涣散。

---

①前四史：汉书[M].北京：中华书局，1997：4112.
②前四史：汉书[M].北京：中华书局，1997：4122.
③前四史：汉书[M].北京：中华书局，1997：4169.

以上我们对《汉书》的幽默笔法进行了大致的探抉，伴随着或轻松、或诙谐、或沉重的阅读体验，也领略了班固记述历史的大手笔。其活泼多变、丰富复杂的技巧层面，令我们在历史厚重的缝隙中放松解颐，忘记疲劳，得到了很好的调剂。

最后，还有一个现象值得一提。我们发现，《汉书·王莽传》若从全篇考察，其中幽默的笔调虽然处处多有，但也有所侧重。从使用的次数和频率来看，应以传文前半部分为重。而《王莽传》的总体结构，从大处着眼，也正可划为两大部分，呈山峰状，以王莽即位就真、建立新室为界，文章前半部分为其事业的上升期，后半部分在保持一段平缓的行进之后，便转入每况愈下的衰亡期。前半部分，王莽风光无限，青云直上，文势也随之渐行渐升，相应地，笔调也多活泼诙谐；后半部分则相反，故幽默之处虽仍不时闪现，但较前半部分似有所"收敛"，且格调亦显沉重。以此衡之于《汉书》其余篇章，则可看出大致相同和相通的规律，即：文笔的幽默与否及其程度浅深，往往随文脉之走势而定，或者说与文势相应。这，也是《汉书》幽默艺术的另一特色。

参考文献

[1] 前四史：全四册[M].北京：中华书局，1997.

[2] 汪荣宝.法言义疏[M].北京：中华书局，1987.

[3] 王充.论衡[M].黄晖，校释.北京：中华书局，1990.

[4] 班固.汉书补注[M].王先谦，补注.上海：上海古籍出版社，2008.

[5] 施丁.汉书新注[M].西安：三秦出版社，1994.

[6] 许慎.说文解字注[M].段玉裁，注.上海：上海古籍出版社，1988.

[7] 两汉诏令[M].影印文渊阁本四库全书.上海：上海古籍出版社，1987.

[8] 荀悦，袁宏.两汉纪[M].张烈，点校.北京：中华书局，2002.

[9] 曹植集校注[M].北京：人民文学出版社，1984.

[10] 陈寿.三国志[M].裴松之，注.北京：中华书局，1974.

[11] 郭璞.山海经[M].张耘，点校.长沙：岳麓书社，1992.

[12] 郦道元.水经注[M].陈桥驿，校证.北京：中华书局，2007.

[13] 刘勰.文心雕龙注[M].范文澜，注.北京：人民文学出版社，1958.

[14] 萧统.文选[M].李善，注.上海：上海古籍出版社，1986.

[15] 王利器.颜氏家训集解[M].北京：中华书局，1993.

[16] 房玄龄.晋书[M].北京：中华书局，1974.

[17] 魏征.隋书[M].北京：中华书局，1973.

[18] 李延寿.南史[M].北京：中华书局，1975.

[19] 徐坚.初学记[M].北京：中华书局，1962.

[20] 刘知幾.史通[M].浦起龙,通释.上海:上海古籍出版社,2008.

[21] 郑处诲,裴庭裕.东观奏记[M].北京:中华书局,1994.

[22] 沈括.梦溪笔谈[M].胡道静,校证.上海:上海古籍出版社,1987.

[23] 郑樵.通志[M].北京:中华书局,1987.

[24] 洪迈.容斋随笔[M].孔凡礼,点校.北京:中华书局,2005.

[25] 龚明之.中吴纪闻[M].上海:上海古籍出版社,1986.

[26] 倪思.班马异同评[M].刘辰翁,评.王晓鹃,整理.西安:陕西人民出版社,2022.

[27] 章樵.古文苑[M].北京:中华书局,1985.

[28] 王应麟.困学纪闻[M].栾保群,田松青,校点.上海:上海古籍出版社,2015.

[29] 黎靖德.朱子语类[M].北京:中华书局,1986.

[30] 胡传志,李定乾.滹南遗老集校注[M].沈阳:辽海出版社,2006.

[31] 胡应麟.少室山房笔丛[M].上海:上海书店,2009.

[32] 凌稚隆.汉书评林[M].北京:国家图书馆出版社,2008.

[33] 顾炎武.日知录集释[M].黄汝成,集释.栾保群,吕宗力,校点.上海:上海古籍出版社,2013.

[34] 吴见思,李景星.史记论文 史记评论[M].陆永品,点校整理.上海:上海古籍出版社,2008.

[35] 何焯.义门读书记[M].北京:中华书局,1987.

[36] 袁仁林.虚字说[M].解惠全,注.北京:中华书局,2004.

[37] 刘大櫆.论文偶记[M].舒芜,校点.北京:人民文学出版社,1959.

[38] 浦铣.历代赋话校证[M].何新文,路成文,校证.上海:上海古籍出版社,2007.

[39] 四库全书研究所整理.钦定四库全书总目[M].北京:中华书局,1997.

[40] 钱大昕.廿二史考异[M].方诗铭,周殿杰,校点.上海:上海古籍出版社,2014.

[41] 赵翼.廿二史札记校证[M].王树民,校证.北京:中华书局,1984.

[42] 赵翼.陔余丛考[M].上海：上海古籍出版社，2011.

[43] 章学诚.文史通义校注[M].叶瑛，校注.北京：中华书局，1985.

[44] 仓修良.文史通义新编[M].上海：上海古籍出版社，1993.

[45] 梁玉绳.史记志疑[M].北京：中华书局，1981.

[46] 林联桂.见星庐赋话[M].何新文，校证.上海：上海古籍出版社，2013.

[47] 曾国藩.曾国藩诗文集[M].王澧华，校点.上海：上海古籍出版社，2005.

[48] 刘熙载.艺概注稿[M].袁津琥，校注.北京：中华书局，2009.

[49] 李慈铭.越缦堂读史札记全编[M].北京：北京图书馆出版社，2003.

[50] 郑鹤声.班固年谱[M].上海：商务印书馆，1933.

[51] 王国维.观堂集林[M].北京：中华书局，1959.

[52] 刘师培.中国中古文学史论文杂记[M].北京：人民文学出版社，1959.

[53] 陈望道.修辞学发凡[M].上海：上海教育出版社，1976.

[54] 张高评.左传之文学价值[M].台北：文史哲出版社，1982.

[55] 李景星.四史评议[M].韩兆琦，俞樟华，校点.长沙：岳麓书社，1986.

[56] 钱钟书.管锥编[M].北京：中华书局，1986.

[57] 杨燕起，陈可青，赖长扬.历代名家评史记[M].北京：北京师范大学出版社，1986.

[58] 马积高.赋史[M].上海：上海古籍出版社，1987.

[59] 骆鸿凯.文选学[M].北京：中华书局，1989.

[60] 姜书阁.汉赋通义[M].济南：齐鲁书社，1989.

[61] 高步瀛.两汉文举要[M].北京：中华书局，1990.

[62] 费振刚，胡双宝，宗明华.全汉赋[M].北京：北京大学出版社，1993.

[63] 刘梦溪.中国现代学术经典：黄侃 刘师培卷[M].石家庄：河北教育出版社，1996.

[64] 刘梦溪.中国现代学术经典：顾颉刚卷[M].石家庄：河北教育出版社，1996.

[65] 陈引驰.刘师培中古文学论集[M].北京：中国社会科学出版社，1997.

[66] 蒋伯潜，蒋祖怡.骈文与散文[M].上海：上海书店出版社，1997.

[67] 任继愈.中华传世文选[M].长春：吉林人民出版社，1998.

[68] 陈兰村.中国传记文学发展史[M].北京：语文出版社，1999.

[69] 柳诒徵.国史要义[M].上海：华东师范大学出版社，2000.

[70] 白寿彝.中国史学史教本[M].北京：北京师范大学出版社，2000.

[71] 吴小如.古文精读举隅[M].天津：天津古籍出版社，2002.

[72] 张舜徽.汉书艺文志通释[M].武汉：华中师范大学出版社，2004.

[73] 余嘉锡.目录学发微[M].北京：中国人民大学出版社，2004.

[74] 黄霖.文心雕龙汇评[M].上海：上海古籍出版社，2005.

[75] 杨义.中国叙事学[M].北京：中国社会科学出版社，2006.

[76] 朱东润.八代传叙文学述论[M].上海：复旦大学出版社，2006.

[77] 刘咸炘.刘咸炘学术论集：史学编[M].黄曙辉，编校.桂林：广西师范大学出版社，2007.

[78] 王水照.历代文话[M].上海：复旦大学出版社，2007.

[79] 解惠全，崔永琳，郑天一.古书虚词通解[M].北京：中华书局，2008.

[80] 朱龙铭."然"字释义[M].上海：学林出版社，2008.

[81] 班固.汉书艺文志讲疏[M].顾实，讲疏.上海：上海古籍出版社，2009.

[82] 陈其泰，张爱芳.汉书研究[M].北京：中国大百科全书出版社，2009.

[83] 章太炎.国故论衡疏证[M].庞俊，郭诚永，疏证.北京：中华书局，2011.

[84] 王承略，刘心明.二十五史艺文经籍志考补萃编[M].北京：清华大学出版社，2011.

[85] 汪春泓.史汉研究[M].上海：上海古籍出版社，2014.

[86] 孙福轩，韩泉欣.历代赋论汇编[M].北京：人民文学出版社，2016.

[87] 许结.历代赋汇[M].南京：凤凰出版社，2018.

[88] 安学勇.余嘉锡学术思想研究[M].石家庄：河北人民出版社，2020.

2